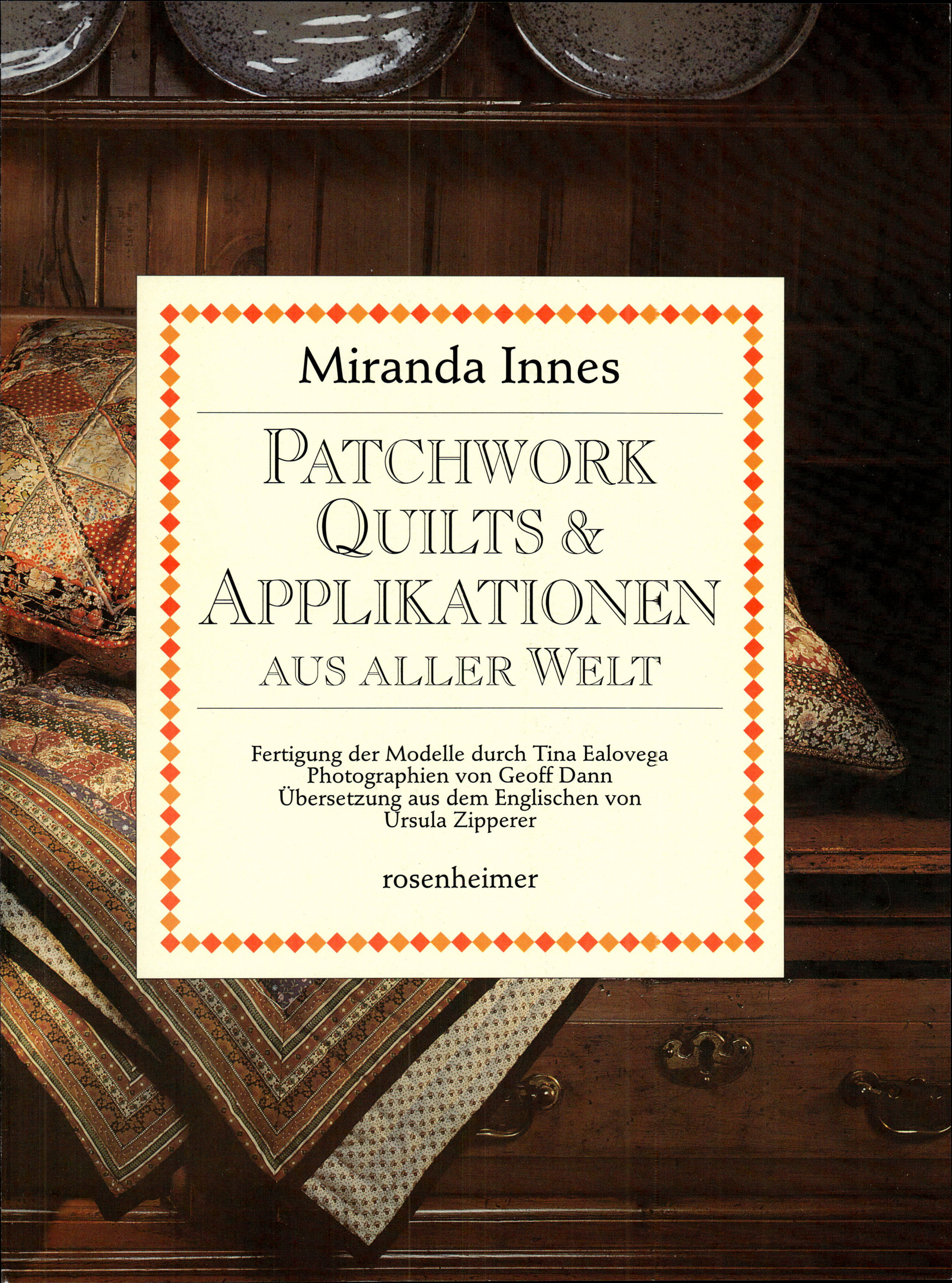

Miranda Innes

PATCHWORK QUILTS & APPLIKATIONEN

AUS ALLER WELT

Fertigung der Modelle durch Tina Ealovega
Photographien von Geoff Dann
Übersetzung aus dem Englischen von
Ursula Zipperer

rosenheimer

2. Auflage

ISBN 3-475-52763-4

Dieses Buch erscheint in der Reihe „Rosenheimer Raritäten“ im Rosenheimer Verlagshaus Alfred Förg GmbH & Co. KG, Rosenheim. Es wurde gesetzt von Utesch Satztechnik in Hamburg, die Reproduktionen fertigte Colourscan, Singapore, Druck und Bindung besorgte OFSA SpA, Mailand.

DANKSAGUNG

Die Fotos wurden freundlicherweise zur Verfügung gestellt von: *Barbro Ager-Lädin,* Schweden 21 (unten), 116, 117 (oben und unten); *American Museum in Britain,* Bath 74, 75; *Australian National Gallery* 44; *Beamish Open Air Museum,* County Durham 6, 56 (links), 57 (oben), 80; *British Museum* 11 (oben); *Crane Gallery, Museum of English Naive Art* 7, 27 (oben), 32, 33 (oben); *Dundee Art Galleries and Museums* 51 (oben links); *Éditions Jeanne Laffitte,* Marseilles 69 (links); *Marilyn Garrow* (fotografiert von Geoff Dann) 13 (oben und unten); *Joss Graham, Oriental Textiles,* London 10 (links), 11 (unten), 14, 15 (oben und unten), 38 (rechts), 39 (unten), 99 (unten links und rechts); *Miranda Innes* (fotografiert von Geoff Dann) 8, 12 (unten), 98, 99 (oben); *Japan Folk Crafts Museum* 86, 87 (oben und unten), 92 (links und rechts), 93; *Susan Jenkins, Antique American Quilts,* London 9 (rechts), 20, 21 (oben), 33 (unten), 81 (unten); *Museum of Applied Arts and Sciences,* Sydney, Australien 45 (unten links und rechts); *Museum of Fine Arts,* Boston 10,11; *National Library of Australia* 45 (oben); *National Trust of Australia* (Victoria) 51 (unten); *Netherlands Openluchtmuseum* 68, 69 (rechts); *"Out of the Ark"* (fotografiert von Ling Wong) 26, 52 (oben rechts), 56 (rechts), *Peabody Museum of Archeology and Ethnology,* Harvard University 110, 111 (unten), *Doris Rau* 38 (links), 39 (oben); *Royal Ontario Museum* 9 (links), 62, 63 (oben und unten); "Tobias and the Angel" (fotografiert von Geoff Dann) 57 (unten); *Tokyo National Museum* 12 (oben); *Ulster Folk and Transport Museum* 27 (unten links und rechts) 50, 81 (oben); *Galerie Urubama,* Paris (fotografiert von Geoff Dann) 104, 105 (oben links und rechts, unten).

Der afrikanische Pieced-Quilt und das japanische Sashiko-Kissen wurden von Karin Round gearbeitet. Die Schablonen wurden von Fred Ford und Mike Pilley, Radius, gezeichnet.

Menschen aus der ganzen Welt haben mitgeholfen, dieses Buch zu schreiben: In erster Linie Tina Ealovega, die immer einen kühlen Kopf bewahrte, jede Idee mit Gespür und Begeisterung verfolgte und trotz ihrer vielen Arbeit immer Zeit dazu fand, wundervoll zu nähen. Patty Vickery entwarf die Muster für den Britischen Streifen-Quilt, Karin Round half beim Nähen und konnte mit ihrem Schwedisch Kontakte knüpfen. Zu diesen gehörte Barbro Ager-Lädin, die selber eine lesenswerte Geschichte der Schwedischen Quilts schreibt. Janet Rae war sehr hilfreich und versorgte uns mit wichtigen Informationen sowie Dorothy Daniels von der Quilter Gilde. Gill Turley nahm sich die Zeit, eine Videoaufnahme einer schwedischen Quilt-Ausstellung zu zeigen. Joss Graham versorgte uns äußerst großzügig mit Informationen und Bildern. Jonathan King vom Museum of Mankind erklärte uns wichtige und schwer verständliche Einzelheiten der Seminole-Technik. "Out of the Ark" und Marily Garrow liehen uns Quilts zum Fotografieren, und Jilly Sutton und Irene Bow färbten mit japanischem Indigo.

Letztendlich war eine Bernina 1230 Nähmaschine lebenswichtig für dieses Buch.

Ohne die folgende faszinierende und wirklich inspirierende Literatur wäre dieses Buch nicht zustande gekommen: *African Textiles* John Picton and John Mack (BMP); *The Amish Quilt* Eve Wheatcroft Granick (Good Books); *Amish Quilts* Robert Bishop and Elizabeth Safanda (Laurence King); *Anonymous Was a Woman* Mirra Bank (St Martin's Press); *The Art of the Loom* Ann Hecht (BMP); *Clues in the Calico* Barbara Brackman (EPM Publications Inc.); *En Jupon Piqué et Robe D'Indienne* Michel Biehn (Éditions Jeanne Laffitte); *Japanese Decorative Art* Martin Fedderson (Faber and Faber); *Japanese Detail, Traditional Costume and Fashion* Sadao Hibi (Thames and Hudson); *Japanese Quilts* Jill Liddell and Yuko Watanabe (Studio Vista); *Mennonite Quilts and Pieces* Judy Schroeder Tomlonson (Good Books); *The Mingei* Nihon Mingei Kyokai, *Mingei Japanese Folk Art* Robert Moes (The Brooklyn Museum); *Mingei, The Living Tradition in Japanese Arts* (Japan Folk Crafts Museum); *Mola Designs* Frederick W. Shaffer (Dover Design Library); *Nigerian Handcrafted Textiles* Joanne Bubolz Eicher (University of Ife Press); *Patchwork* Pamela Clabburn (Shire Books); *Patchwork Quilts in Australia* Margaret Rolfe (Greenhouse Publications); *Pieced Quilts of Ontario* Dorothy Burnham (Royal Ontario Museum); *Polynesian Barkcloth* Simon Kooijman (Shire Ethnography); *Quilts* Susan Jenkins and Linda Seward (HarperCollins); *Quilts* Judy Wentworth (Crescent Books); *The Quilter's Catalog* Vicki Brooks and Linda Stokes (Main Street); *Sashiko Quilting* Kimi Ota; *Seminole Patchwork* M. Brandebourg (Batsford Press); *Textile Collections of the World* Cecil Lubell; *Textiles of the Kuna Indians of Panama* Herta Puls (Shire Ethnography); *Tifaifai and Quilts of Polynesia* Joyce D. Hammond (University of Hawaii Press); *Traditional Indian Textiles* John Gillow and Nicholas Barnard (Thames and Hudson).

INHALT

Einleitung 7
Afrikanischer Bänder-Quilt 14
Amerikanischer Blockhaus-Quilt (Log Cabin Quilt) 20
Amerikanischer Windmühlen-Quilt (Windmill Quilt) 26
Amischer Kinderbett-Quilt (Cot Quilt) 32
Asiatischer Ikat-Quilt 38
Australischer Schneider-Quilt (Taylor Quilt) 44
Britischer Soldaten-Quilt (Soldier Quilt) 50
Britischer Streifen-Quilt (Strippy Quilt) 56
Kanadischer Hemden-Quilt (Shirting Quilt) 62
Französischer Boutis-Quilt 68
Hawaiische Applikation 74
Irischer Ketten-Quilt (Irish Chain Quilt) 80
Japanisches Sashiko-Kissen 86
Japanischer Yogi-Quilt 92
Pakistanischer Quasten-Quilt (Tasselled Quilt) 98
Panamaischer Mola 104
Seminolisches Patchwork 110
Schwedischer Woll-Quilt 116
Schablonen und Arbeitsanleitungen 122
Arbeitsmaterial 127
Bezugsquellen 128

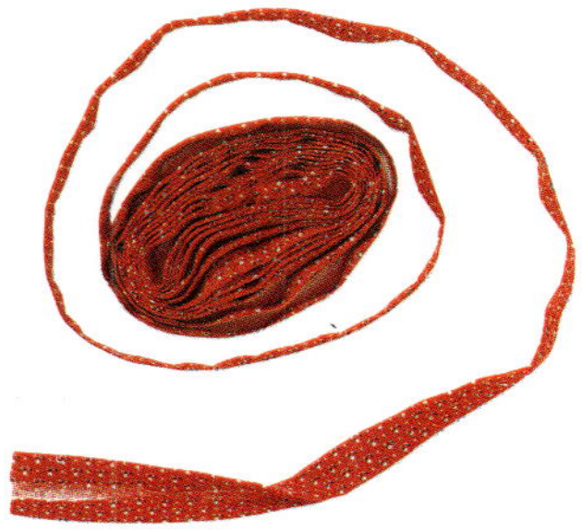

EINLEITUNG

Quilts sind aus vielen Gründen faszinierend: Zum einen sehen sie wunderschön aus, und die Vielfalt ihrer kleinen Stoffstücke strahlt Wärme und Behaglichkeit aus. Zum anderen sind sie eine anspruchslose Art von Kunst, dabei oft genug die erste, mit der man in Berührung kommt: Manch Kind wacht in der Schönheit von Mustern und Farben auf, die die kleine Welt seines Bettchens bilden. Wenn es alt genug ist für Plaudereien im Bett, wird der Quilt zu einem Buch voll Erinnerungen an die Kindheit. Jeder einzelne Block erzählt eine Geschichte, und die zusammengenähten »Schulhäuser« oder applizierten »Sues mit dem Sonnenhut« können Vergangenes wieder lebendig werden lassen. Als sei unter dem Quilt ein Talisman versteckt, beschützt er gegen nächtliche Urängste. Er steht für Geborgenheit und Schutz, für Gefühle, die man nie im Leben vergißt. Dieser sanfte Zauber kann Jahrhunderte überdauern. Erinnerungsstücke wie Freundschafts- und Hochzeitsquilts oder auch an harte Zeiten, in denen Quilts aus getragenen Kleidungsstücken genäht wurden, werden Teil der Familiensaga.

oben: *Dieser Streifenquilt aus Durham aus dem späten 19. Jahrhundert trägt den romantischen Namen »Auf dem Fliederpfad«. Er wird durch Kanten im Sägezahn-Muster belebt.*

URSPRÜNGE DES QUILTS

Quilten wurde vor vielen Jahrhunderten etwa gleichzeitig in China und Ägypten erfunden, um preiswerte Stoffe zu bekommen. In China sollten diese gesteppten Stoffe gegen bittere Kälte, in Ägypten gegen unerträgliche Hitze schützen. Es gibt Überreste gequilteter Kleidung und Fahnen mit applizierten Wappendarstellungen aus dem 11. Jahrhundert, als die Kreuzritter gegen die Ungläubigen zu Felde zogen. Gequiltete Kleidung war nicht nur warm, sie bot auch Schutz vor Pfeilen und Knüppeln. Sie wurde von Soldaten als Ersatz für eine Rüstung aus Metall und von bessergestellten als weiche und saugkräftige Unterwäsche verwendet. Das gequiltete rotblaue Samtgewand des »Schwarzen Prinzen«, älter als 1376, kann man noch heute in der Kathedrale von Canterbury bewundern. Zur Auspolsterung wurden gewebte Stoffe, Leder oder andere ungewöhnliche Materialien verwendet. Die französische Armee verlangte 1450, daß bei Schutzjacken dreißig Schichten Leinen zwischen Hirschleder genäht werden. Die Gewänder von Königin Elisabeth I. erhielten ihre notwendige Standfestigkeit durch üppige Füllungen. Italienische Adelige der Epoche von Tizians »Ariosto« trugen gesteppte Jacken mit voluminösen Ärmeln. Britische, europäische und amerikanische Damen des 18. Jahrhunderts hatten eine Vorliebe für Kleider mit gekürzten Röcken, die den Blick auf wunderschöne gequiltete Unterröcke aus Seide oder Satin freigaben. Diese waren vernünftigerweise mit Wolle unterlegt, um gleichzeitig zu wärmen.

BETTZEUG

Gequiltetes Bettzeug wurde von den Römern in Europa eingeführt. Sie benutzten eine Art gestopften Sack oder Matratze, »culcita« genannt. Im mittelalterlichen England wurde daraus eine alles bedeckende kombinierte Matratze und Zudecke, genannt »cowlte«. Von diesem stammt das Wort »Quilt«. Das älteste erhaltene Beispiel gequilteten Bettzeugs ist ein Totengewand, das den Körper eines skythischen Fürsten, der um die Jahrtausendwende starb, einhüllte. Es ist gefüttert und gequiltet und zeigt Rhomben, die um einen spiralförmigen Mittelpunkt angeordnet sind. Kämpfende Tiere bilden einen farbenprächtigen Rand. Gequiltetes Bettzeug nahm in Japan die Form von »Yogi«-Quilts an und war der beste Schutz gegen Wind und Kälte. Sie waren die mächtige und dick wattierte Version des bekannten Kimonos, gefüllt mit Rohbaumwolle. Zusammengehalten wurden sie von schmucklosen geraden Nähten mit weißen Stichen und dienten sowohl als Matratze als auch als Zudecke. Im 15. Jahrhundert hüllten sich die Wohlhabenden in England und Europa während einer langen Kälteperiode, bei der Rhein, Rhône und die Themse zufroren, in gequiltete Bettdecken, gefüllt mit Wolle, Flockwolle oder Daunen. Tagsüber begegneten sie der Kälte mit gesteppten Kleidern, Vorhängen und Wandbehängen. Zum Ende des 16. Jahrhunderts wurden die Betten mit Federbett, Kopfkissen und Gobelindecken ausgestattet.

links: *Beendet wurde Miss Egglestones Durham Streifenquilt (Durham strippy) 1890. Er ist ungewöhnlich verziert mit fünf eng gemusterten Streifen und einem breiten Rhomben-Streifen (diamond) aus schwach farbigen Baumwolldrucken, angereichert mit krapproten Elementen. Die ganze Arbeit ist sehr exakt mit Herzen, Winkeln, Rhomben und parallelen Linien gequiltet.*

oben: *Krankenhaus- oder Bibelquilts gab es bereits im Schlafsaal des Klosters in Durham (1446). Diese Version aus Viktorianischer Zeit ist nicht gequiltet und bildet ein Quadrat mit 140 cm Kantenlänge. Seine etwas beklemmenden Botschaften sind mit Wäschetinte auf den Baumwollstoff geschrieben. Die Rückseite ist hellblau und weiß gestreifte Baumwolle.*

PATCHWORK

Patchwork wurde aus der Not geboren. Zusammengestückelte, vielfarbig geflickte Kleidung wurde als buntscheckig empfunden und eignete sich im verarmten 16. Jahrhundert höchstens als Gewand des Narren, der am Hof in keck zusammengewürfelter Livree aus groben Flicken und geborgten Fetzen einherstolzierte. Seit dem späten Mittelalter ist der Harlekin auf italienischen, britischen und französischen Bühnen an seinem Kostüm aus bunten Flicken in Rhombenform zu erkennen. Patchworkkleidung war aber auch – wie der vielfarbige Mantel des hl. Josef – ein Zeichen von Reichtum und Würde. In der Zeit, bevor fabrikmäßig gedruckt und raffiniert gefärbt werden konnte, war das Zusammenstückeln verschiedener Stoffe eine einfache Art, Kleidung schmuckvoller und farbiger erscheinen zu lassen.

INDISCHE DRUCKE

Schlichtes Patchwork und Quilten gehörten schon immer zum Leben der ländlichen Bevölkerung Englands. Mit dem Import von Baumwollstoffen aus Indien im 18. Jahrhundert

links und oben: *Zwei unterschiedliche Beispiele für Kultiviertheit: Ein komplizierter indischer »palampores«* (links), *in dessen Mitte ein wunderschön gedruckter Lebensbaum prangt, umgeben von einer breiten Umrandung.* (rechts) *Ein Quilt mit »Irischer Kette« der Mennoniten in leuchtend bunten Farben beweist in seiner offensichtlichen Schlichtheit, daß Schönheit meistens im Einfachen und Praktischen zu finden ist.*

wuchs bei den Wohlhabenden die Vorliebe für schmuckvollere Patchworkarbeiten. Die bedruckten Baumwollstoffe erschienen in Großbritannien kurze Zeit, nachdem die East-India-Trading-Company gegründet worden war. Anfangs handelte man vor allem mit Gewürzen. Einige Meter Stoff hatten aber irgendwie ihren Weg nach Großbritannien gefunden und stießen dort auf enormes Interesse. Aber nicht erst seit König Charles I. 1635 den Handel mit Indien endlich gestattete, hatten die Menschen Zugang zu diesen Stoffen. Ihre Bedeutung für Quilts, Vorhänge, Wand- oder Bettbehänge war sofort erkannt worden. Zuerst entsprachen die Drucke auf den Stoffen nicht ganz dem britischen Geschmack. Folglich wurden den indischen Herstellern von Druckstöcken botanische Druckvorlagen geschickt, Farben wurden geändert und neue Muster eingeführt. Einige Jahre später waren bedruckte Baumwollstoffe aus Indien die große Mode (bis 1650 sind niemals *mehr* als 100 Ballen Baumwollstoff auf einmal eingeführt worden, 1660 waren es niemals *weniger* als 1400 Ballen pro Ladung).

Der Einfluß des Textilhandels mit Indien auf die britische Wirtschaft war so groß, daß 1700 der Import von bedruckten Baumwollstoffen verboten wurde, und es dauerte bis 1774, bis der freie Handel wieder aufgenommen werden konnte. Die indischen Baumwollstoffe verschwanden also vom Markt, als sie am beliebtesten waren. Das hatte natürlich zur Folge, daß sie ins Land geschmuggelt und auf dem schwarzen Markt verkauft wurden. Der steigende Wert auch der kleinsten Stoffstückchen bedeutete für die nähenden Frauen eine regelrechte Herausforderung, der sie mehr als gerecht wurden. Das außerordentlich feine »Levenshall Patchwork« – sorgfältig gearbeitete Bettvorhänge von 1708 – ist das älteste noch erhaltene Beispiel. In dieser Zeit der Verfeinerung wurde der Patchworkquilt aus Baumwollstoffen erfunden. Persische Stickerei, das waren kleine Applikationen aus Baumwollstoff, aufgenäht auf einen einfarbigen Hintergrund, wurde erfunden, um den Stoff länger reichen zu lassen und um den mühsam gestickten Einzelheiten aus Crewell-Stickwolle näher zu kommen.

Die Franzosen zogen ihr Verbot der Einfuhr bedruckter Baumwolle fünfzehn Jahre früher als die Engländer zurück. Daraufhin begann eine lebhafte Industrie mit Christophe Philippe Oberkampfs Drucken aus Jouy. Stoffe im »Indischen Stil« wurden jetzt auch in der Provence und in Marseille bedruckt, sie hießen »les indiennes«. Sie wurden der riesigen Menge bunt bedruckter Baumwollstoffe hinzugefügt, die wunderschön gequiltet zu Möbelstoffen und dicker Kleidung verarbeitet wurden und dem Mistral widerstehen sollten.

Zusätzlich zu den Baumwollstoffen produzierte Indien »palampores«, sehr schöne und kostbare Stoffe mit einem Motiv in der Mitte, umgeben von einer breiten, gemusterten, rechtwinkligen Bordüre mit schräg zusammenlaufenden Kanten. Die Farben und Muster waren unwiderstehlich reichhaltig und raffiniert, und auch sie wurden für den unersättlichen britischen und amerikanischen Markt über Holland, das keine Handelsbeschränkungen kannte, geschmuggelt und zu Quilts verarbeitet. Holländische Museen zeigen Unmengen dieser Kunst, Stoffe zu bedrucken.

FERNÖSTLICHER EINFLUSS

In Japan wußte man geschickt die Tatsache, daß ein Quilt aus vielen Einzelteilen ein großartiges Ganzes bildet, zu nutzen. »Yosegire« ist eine Art des »Crazy-quilting«, bei dem Stoffteilchen mit geraden Kanten verarbeitet werden. Yosegire-Arbeiten verwendete man in Japan gern zum Verschönern von Kleidung, Wandbehängen und Wandschirmen. Es ist möglich, daß nach einer großen japanischen Ausstellung im späten 19. Jahrhundert in Boston die Yosegire-Arbeiten zur Inspiration für die »Crazy-Quilts« von Europa und Amerika wurden.

Japanische Frauen schufen herrliche Gewänder für Krieger und Würdenträger. Dazu stellten sie geometrisch geschnittene Teile aus importiertem chinesischem Seidenbrokat zu Mustern zusammen und nähten sie zu Streifen. Diese Gewänder sahen nicht nur wunderschön aus, sie schienen das Leben ihrer Träger auch auf geheimnisvolle Art zu verlängern, denn die große Anzahl kostbarer Stoffe, aus denen eine solche Robe gearbeitet worden war, sollten auf die vielen ruhmreichen Jahre ihres Trägers verweisen.

Traditionelle japanische Stoffe werden immer in der präzisen Länge und Breite, die zur Herstellung eines Kimonos erforderlich ist, gewebt: zwei Streifen für das Rückteil, eineinhalb jeweils für ein Vorderteil, eine Stoffbreite für jeden Ärmel und eine als Schal. Es gibt zwei Arten, wie die Farben angeordnet werden: »katami-gawari«, das bedeutet, daß beide Kimonohälften aus unterschiedlichen Stoffen gearbeitet werden, und »dan-gawari«, was heißt, daß stufenweise drei verschiedene Stoffe verwendet werden. Das Ergebnis ist der Eindruck schlichter Eleganz: Die Anzahl der Farben ist begrenzt, der Reiz liegt im Zusammenwirken der verschiedenen Muster. Die japanische Militärregierung verhängte 1639 ein totales Importverbot, das bis 1853 aufrechterhalten wurde. Den Kaufleuten wurde gleichzeitig untersagt, Kleidung aus luxuriösen Stoffen zu tragen. Der Erfolg davon war, daß die frustrierten Kaufleute es zu meisterhafter Fähigkeit im Indigofärben und Stoffdrucken brachten. Dabei verwendeten sie die groben Materialien, die noch erlaubt waren. Sie perfektionierten eine besonders dekorative Art des Quiltens, das sie »Sashiko« nannten. Ursprünglich war Sashiko dazu gedacht, dem locker gewebten groben Stoff aus Baumfasern Festigkeit zu verleihen. Mit dem für Sashiko typischen Stil wurde diese Stickerei dann verfeinert und als kompliziertes, weiß gesticheltes Netz auf indigoblauer Baumwolle und Leinen gleich-

links: *Diese komplizierte Applikation von Harriet Power, betitelt »Die Erschaffung der Tiere«, ist eine zu Recht berühmte Glanzleistung, die trotz Armut und unbarmherziger Arbeit auf ihrem Bauernhof in Athens, Georgia, 1898 fertiggestellt wurde. Sie ist möglicherweise beeinflußt von Bildern der »Fantefahnen« aus West Afrika.*

ganz links und unten links: *Zwei Fahnen mit Wappen, Fantefahnen, aus Ghana. Hier werden Karikaturen lokaler Ereignisse mit anderen dekorativen Motiven verbunden.*

zeitig Teil der geheimnisvollen Ausrüstung von Samurai-Kriegern. Der Begriff der schlichten Eleganz wurde zum wichtigsten Bestandteil japanischer Ästhetik. Er stammt aus der Zeit des heimlichen Tragens verbotener Kleidung unter der vorgeschriebenen groben Oberbekleidung. Seitdem besteht in Japan eine Abneigung gegen das Tragen mehrerer Schichten Kleidung übereinander.

EUROPA UND AMERIKA

Das 19. Jahrhundert war die große Zeit des Quiltens in Europa und Amerika. Quilts aus zusammengesetzten Blöcken sind eine amerikanische Erfindung. Auch die Arbeiten der Amischen- und Mennonitengemeinden übten großen Einfluß aus. In England gab es überwiegend Quilts aus kompletten Stoffbahnen, solche mit Motiven in der Mitte jedes Stoffteils, Quilts, die ganz aus über Schablonen genähten Einzelteilen bestanden und Streifenquilts. Musterstoffe von Schneidern und blumig bedruckte Stoffabfälle von Fabriken wurden besonders gern verarbeitet. Wenn die Leute vom Land damals zusammenkamen, gab es »quilting-bees«, Parties und ausgelassene Feste, bei denen oft mehrere Quilts an einem Nachmittag fertiggestellt wurden. Auf dem Land, wo die Kirche oftmals der einzige Veranstaltungsraum war, waren das beliebte Gelegenheiten zu geselligem Beisammensein. Sie boten den

oben und unten links: *Ein Papagei (unten), eines der beliebtesten Motive in den Molas der Kuna-Indianer. Die umgekehrte Applikationstechnik ist derjenigen sehr ähnlich, die die Hmong in Thailand verwenden, um die etwas nüchternen, nicht gequilteten Decken herzustellen (oben).*

Frauen die Möglichkeit, sich außerhalb der häuslichen Umgebung zu treffen und dabei noch etwas »Nützliches« zu tun.

Quilten und andere Handarbeiten bedeuteten ein Betätigungsfeld für künstlerische Aktivitäten. Geld, Erziehung oder Bildung wurden unwichtig, wenn es um ein hübsches Muster ging. Ein wenig geachteter Gebrauchsquilt aus alten Arbeitshemden kann mindestens genauso schön sein wie ein Quilt, bei dem müßige Damen Tausende briefmarkengroße, unpassende Seidenstückchen aneinandergestichelt haben. In unserem genormten Maschinenzeitalter sind soziale Unterschiede Gott sei Dank weniger spürbar, aber Individualität ist auch heute noch ein kostbares Gut. So werden die guten alten Werte, die man in einem Quilt findet, nie ihren Reiz verlieren.

rechts und links oben: *Die steife Eleganz des festlichen Seidenbrokatgewandes aus Japan (oben links), dessen appliziertes Doppelaxtsymbol für Tapferkeit steht, ist ein Beispiel hervorragender handwerklicher Fertigkeit. Im Gegensatz dazu ein etwas zwangloseres Baumwollgewand aus Persien (rechts), dessen besonderer Reiz im geschickten Nebeneinander von zwei unterschiedlichen Drucken liegt.*

Afrikanischer Bänder-Quilt

An vielen Orten der Welt webt man nur lange schmale Bänder, zum Beispiel auf Rückengurt- oder Bandwebgeräten, die dann an ihren Webkanten zusammengenäht werden, um Stoffe von akzeptabler Breite zu ergeben. Die Vorteile für den Weber liegen darin, daß der »Webstuhl« einfach, billig und transportabel ist und man überall dann arbeiten kann, wenn man eine freie Minute hat. Man fand Reste karierter und gestreifter indigoblauer Bänder, die in der gleichen Art wie heute gewebt waren und die ins 11. Jahrhundert datiert werden konnten. Die Webgeräte bestehen noch heute aus Ästen oder Stöcken, Steinen oder Kettfäden. Mit diesen einfachen Mitteln werden stilistisch hochentwickelte Gewebe hergestellt. Die gebräuchlichste Faser ist Baumwolle. Alternativen sind Schafwolle, Kamel- oder Ziegenhaar und Seide. Aber die Zeiten haben sich geändert, und auch die Menschen in Westafrika finden Geschmack an der Leuchtkraft und dem Glitzern moderner synthetischer Gewebe wie Rayon und Lurex. Weiß ist die Farbe ihrer Kleidung, oft in Verbindung mit indigoblau. Alle natürlichen Brauntöne kommen hinzu und eine Vielfalt von gewebten Karos und Streifen, Ikat-Streifen und gobelinartig eingewebte Winkel dienen als Muster. Die Webart eines Stoffes wird manchmal sehr bildhaft bezeichnet, wie zum Beispiel »fleckiges Indigo«, oder weiße Gewebe, die »Perlhuhn«, »Grillenbein«, »Albinomädchen« und »Pudding aus Yamwurzeln mit einem roten Fleck« genannt werden. Normalerweise weben Männer repräsentative Gewänder auf zweischäftigen Webstühlen. Es gibt viele Arten von Gewebe, bei denen man für etwa einen Meter einen ganzen Tag arbeiten muß. Dem Zufall überlassen wird das Einweben einfacher geometrischer Muster, die zum Beispiel einen Kamm, einen Stuhl oder andere Haushaltsgegenstände darstellen. Rhomben, Dreiecke, Winkel und Spiralen vergrößern die Vielfalt der Muster. Wenn sie besonders sorgfältig gearbeitet worden sind, benennt man sie mit »adwinasa«, was soviel heißt wie »eine Fülle von Verzierungen« oder »das ist alles, was ich kann«. Die dabei entstehenden Bänder werden zu langen endlosen Bahnen aneinandergenäht und zu voluminösen Männergewändern, Sarongs für Frauen, Bettdecken, Turban- oder Kopftüchern, Wandbehängen und Hängematten verarbeitet.

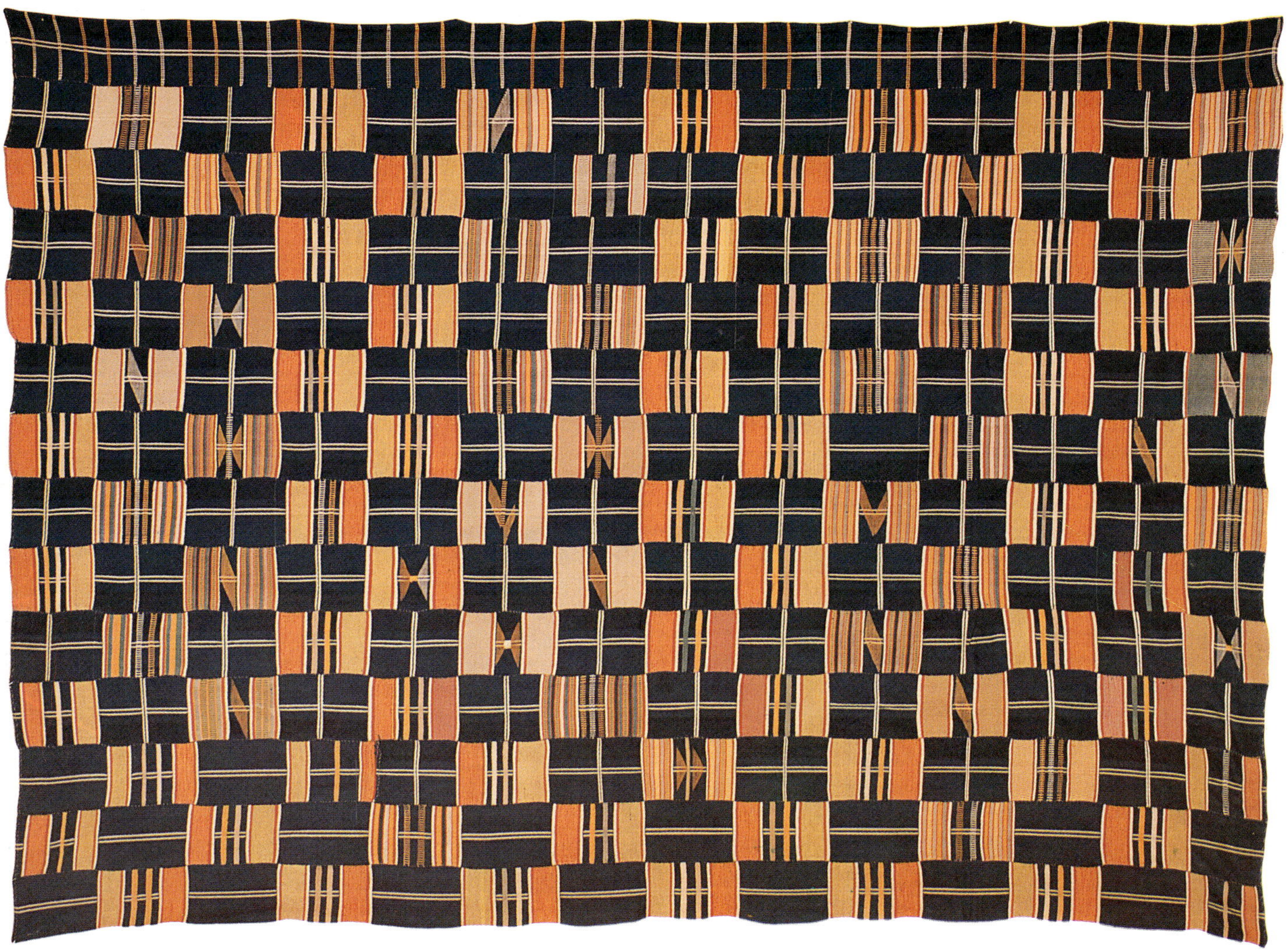

unten links: *Ein pulsierendes Miteinander von Farben in einem Baumwollkleidungsstück, hergestellt aus Stoffen, die auf einem doppelschäftigen Webstuhl von den Ewe, Ghana, gewebt wurden.*

rechts: *Beim näheren Hinsehen zeigt das feine Gewebe die schönen Farben und die Mühe, die es kostet, aus 10 cm breiten Bändern ein durchgehendes Stoffteil herzustellen.*

unten: *Die Materialmenge, die für ein fertiges Ewe-Gewand erforderlich ist, muß sorgfältig vor Beginn der Arbeit berechnet werden, damit genug, aber nicht zuviel für die sich abwechselnden Farbblocks zur Verfügung steht.*

Afrikanischer Bänder-Quilt

Nichts hat der kühne und geschmackvolle Stil der Afrikaner mit behutsam und zierlich gearbeitetem Patchwork gemeinsam. Hier erfahren üppige Streifen mit leuchtenden Farben durch schimmernde Satingewebe noch eine Steigerung. Die Anregungen dazu stammen von den strengen neuzeitlichen Asante-Stoffen aus Ghana, deren Ruf allerdings durch die Aufdringlichkeit früherer westafrikanischer Muster belastet ist.

Die Textilien Westafrikas entstammen einer erstaunlichen Verbindung zwischen einfachstem technischem Gerät und der Erfahrung und Eingebung von Jahrhunderten. Mit primitivsten Webgeräten aus Stöcken, Steinen und Kettfäden stellen Weber der Ewe-, Yoruba-, Mende- und Asante-Völker Gewebe her, deren meisterhafte Muster und Farben ihresgleichen in der Welt suchen. Sie nutzen die begrenzten Möglichkeiten ihrer Webgeräte unbekümmert aus und nähen die schmalen bunten Bänder, die sie herstellen, so aneinander, daß am Ende ein perfekter Gesamteindruck entsteht, der den der Einzelteile bei weitem übertrifft. Die Breite der Streifen liegt zwischen 2,5 und 76 cm. Obwohl traditionell Naturfasern verwendet werden, lieben die Westafrikaner auch moderne Fasern. Die Asante verarbeiten seit mindestens dreihundert Jahren Baumwolle und Seide. Die geschickte Art, mit Schuß- oder Kettfäden Streifenmuster in die schmalen Stoffstreifen einzuweben, wirkt, wenn die Streifen dann aneinandergenäht werden, sehr ansprechend. Man kann diesen Effekt auch mit Patchworktechnik erreichen. In anderen Gegenden Westafrikas werden breite, einfarbige Streifen kontrastreich zu großflächigen Schachbrettmustern aneinandergenäht. Traditionelle Färbemittel ergeben matte Farben auf den unebenen, handgesponnenen Fasern. Rot kommt von den Cassavawurzeln, Braun von Colanüssen, Beige von der Mangorinde. Das Blau, das man in vielen Schattierungen überall findet, stammt aus den Blättern des Indigostrauchs. Heute liebt man synthetische Farben. Die Streifen in Karminrot, Gold, Grün und Blau haben mit den traditionell blassen Pastelltönen nichts mehr gemein. Besonders brillant wirken sie, wenn man sie gegen Schwarz setzt. Gebrannter Siena als Hintergrund dämpft die Kontraste.

EINKAUFSLISTE

Schwarz-weiß gestreifter Satin
36 in/90 cm breit: 3 yd/2,75 m
Satinstoffe 36 in/90 cm breit:
3 helle Streifenmuster, je
1 yd/90 cm
Schwarzes Satinband für die Kante
3 in/7,5 cm breit: 5,75 yd/5,25 m
Schwarzes Schrägband
0,75 in/2 cm breit: 5,75 yd/5,25 m
Einfarbiger Kattun für die Rückseite
60 in/1,50 m breit: 1⅔ yd/1,50 m
Baumwollgarn passend zu jeder Stoffarbe

STOFFE

Drei unterschiedliche, buntgestreifte und ein schwarz/weiß gestreifter Stoff.

BESTANDTEILE

33 farbige Blöcke jeweils 11,5 cm x 21,5 cm, hergestellt aus Streifen der drei buntgestreiften Stoffe.

33 schwarz/weiß-gestreifte Blöcke von derselben Größe wie die farbigen.

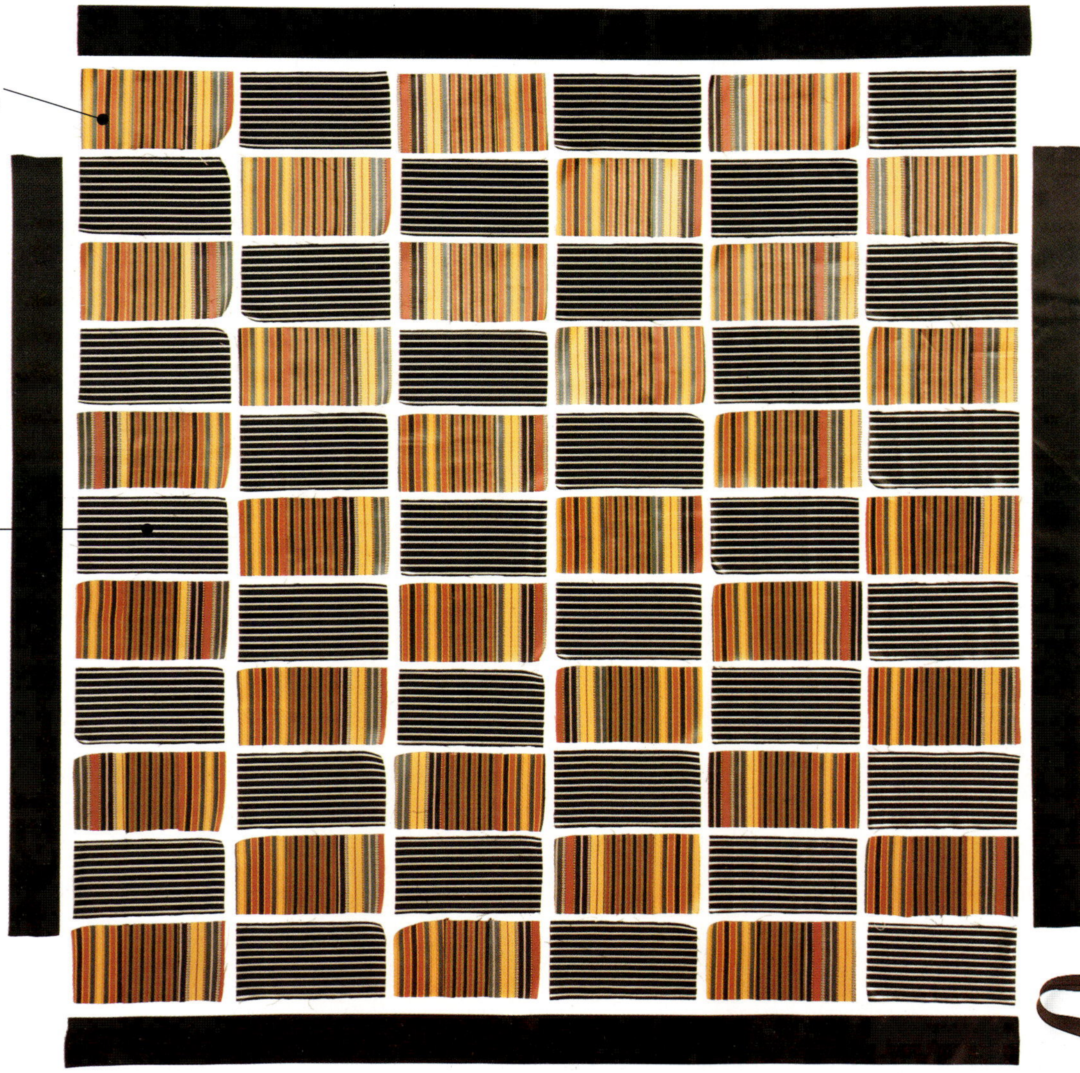

RÄNDER: 4 Streifen schwarzes Satinband, 7,5 cm breit, auf die Größe des Quilts zugeschnitten (Zugabe an den Ecken!).

Der fertige Quilt mißt 117 cm x 132 cm

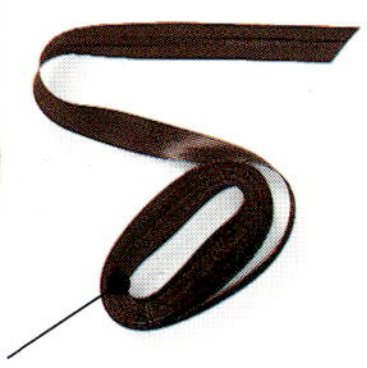

EINFASSUNG: Schwarzes Schrägband. Annähen siehe Hinweise auf Seite 126.

ARBEITSANLEITUNG

1 *Schneiden Sie Streifen der buntgestreiften Stoffe unterschiedlich breit, von 6,5 bis zu 9 cm, je nachdem, wo Sie das Muster wiederholen möchten.*

2 *Nähen Sie die Streifen der Länge nach aneinander, nehmen Sie eine Nahtzugabe von 6 mm. Bügeln Sie die Nahtzugaben so, daß sie alle in einer Richtung liegen.*

3 *Schneiden Sie den zusammengenähten Streifen nun alle 11,5 cm rechtwinklig in 33 Einzelteile.*

4 *Aus dem schwarz/weiß gestreiften Stoff schneiden Sie nun 11,5 cm breite Streifen. Zerschneiden Sie den Streifen in 33 Einzelteile, die genauso lang sind wie die aus den drei Stoffen zusammengenähten Teile. Nähen Sie die Blöcke abwechselnd zu Reihen aneinander.*

5 *Bügeln Sie die Nähte von den buntgestreiften Blöcken zu den schwarz/weißgestreiften Blöcken hin.*

6 *Nähen Sie die Reihen aneinander. Beachten Sie sorgfältig, daß die Nähte genau aufeinanderstoßen (wenn Sie exakt 6 mm Nahtzugabe benutzt haben, wird das genau klappen. Wenn nicht, dann ziehen Sie die kürzeren Nähte ein wenig, damit sie passen). Bügeln Sie sorgfältig.*

7 *Nähen Sie die Kanten aus schwarzem Satinband an die Ränder. (Siehe Nr. 8 auf S. 37)*

8 *Baumwollstoff für die Rückseite ein wenig größer als die Oberseite zuschneiden. Vorderseite mit Wattierung an der Rückseite befestigen (siehe S. 125). Zum Quilten immer an der flacheren Seite der Nähte entlangnähen. Jeweils zur Farbe des Stoffes passendes Garn verwenden!*

9 *Befestigen Sie das schwarze Schrägband an allen äußeren Kanten (siehe dazu S. 126).*

Amerikanischer Blockhaus-Quilt

Die ägyptische Abteilung des Britischen Museums in London zeigt eine Katzenmumie, die seit mehr als tausend Jahren in Leinenbinden vor dem Verwesen bewahrt wird. Noch verblüffender aber ist für jemanden, der sich für Patchwork interessiert, die Ähnlichkeit der Leinenbindung mit dem Blockhausmuster (Log Cabin). Das beweist, daß die Idee eines Musters mit konzentrischen Streifen um einen Mittelpunkt nicht neu ist. Über die Frage, woher das Blockhausmuster stammt, wird zwischen britischen, kanadischen, amerikanischen und schwedischen »Konkurrenten« heftig gestritten. Die Niederländer hatten ihre eigene Tradition und verwendeten grundsätzlich nüchterne, klare Farben. Dafür gibt es in Großbritannien ein Beispiel aus der Mitte des 17. Jahrhunderts in Form eines quadratischen Parfümbehälters aus Seide. Weiter nördlich im Bereich der riesigen Nadelwälder Nordamerikas und Schwedens ist die Verbindung zwischen der Art, wie man Stamm über Stamm ineinander verkeilt Holzhäuser baut und wie Stoffstreifen Stück für Stück ähnlich verzahnt zu einem Block werden, naheliegend. Man stieß faktisch überall in der Architektur auf dieses Muster. Sogar das traditionelle rote Mittelquadrat, umgeben von hellen und dunklen Streifen, könnte mit einem flackernden Feuer verglichen werden, das Licht und Schatten auf dunkle Holzwände wirft. Die unterschiedlichen Blockhausmuster haben sehr bezeichnende, meist aus dem Ländlichen stammende Namen: »Gerade Furche« (straight furrow), »Einen Schuppen aufstellen« (barn raising), »Drehende Räder« (turning wheels), Stern, Zick-Zack, um an das Auf und Ab des Holzzauns um den Flecken Land der ersten Siedler zu erinnern, und »Windmühlenflügel« (windmill blades). Für die staubgeplagten ersten Siedler von Texas, die in höhlenähnlichen Unterständen lebten, war eine Windmühle mit einer Quelle absolut lebensnotwendig. Das Blockhausmuster wurde in den 1870er Jahren von Abraham Lincoln als Wahlkampflogo verwendet und dadurch noch beliebter. Es überlebte den Wahlkampf, und anschließend wanderten immer feinere Materialien in die Flickenbeutel der Quilter. Man entwickelte helle Varianten des alten Themas und verwendete immer feinere Streifen und kostbarere Stoffe. Wolle und Leinen wurden von Baumwolle, Seide, Samt, Satin, Hutbändern und modischen Kleiderstoffen verdrängt. Und natürlich schufen die Amischen ihre zauberhaften Quilts mit der einfachen Idee, klare Grundfarben zu verwenden, deren Leuchtkraft nicht durch Muster zerstört wurde und so die plastische Wirkung der Quilts noch steigerte. Die Mennoniten liebten die gleichen leuchtenden Farben, aber mit dem gewagten Zusatz von schmal gestreiften und karierten Stoffen. Die Holländer von Pennsylvania übernahmen die Technik, bereicherten sie aber mit Schockfarben wie knalligem Pink, Gelb, Grün, Purpur, Streifen und Punkten.

links: *Dieser klar gearbeitete Mennoniten-Quilt zeigt die Blockhaus-Anordnung »Gerade Furche« (straight furrow), 1880 Burks County, Pennsylvania. Die schlichte Farbgebung von Erde und Himmel bewirkt eine ruhige Ausgeglichenheit. Wolle als Grundgewebe, verziert mit Kettenquiltmustern, gibt dem fertigen Quilt das richtige Gewicht.*

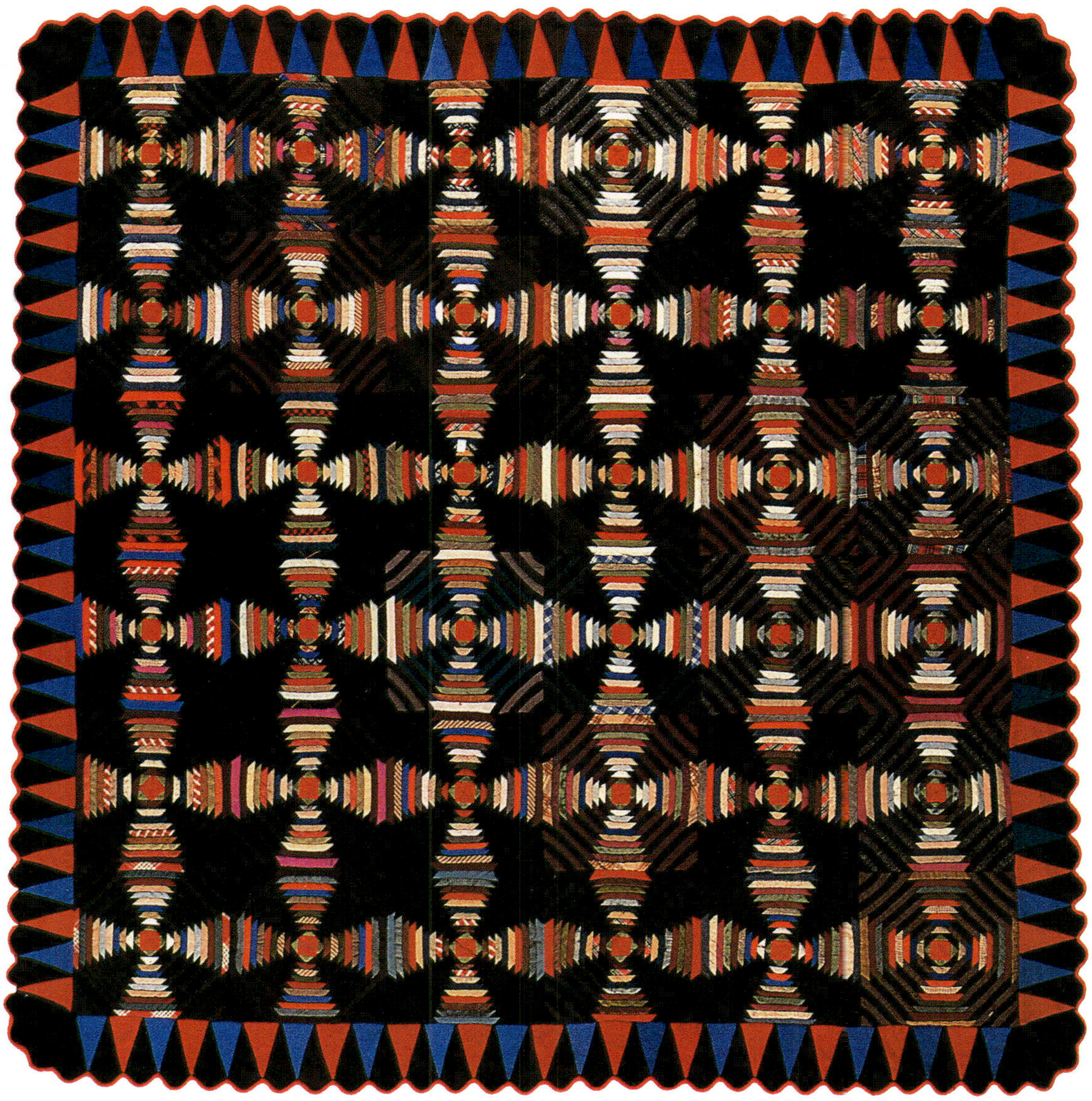

oben: *Dieser verwirrende Amischen-Quilt in den typisch dunklen und schweren Farben ist im »Ananas-Muster«, das die Gastfreundschaft symbolisiert, gearbeitet. Die schöne Umrandung wiederholt die wichtigsten Farben wie dunkelrot, königsblau und schwarz. Eine sehr komplizierte Zierkante bildet den Abschluß.*

links: *1914 entstand dieser Quilt aus Regenbogenseide von Constance Erikson aus Söder-Marjum, Schweden. Die breite Umrandung mit großen Winkeln bildet einen auffallenden Rahmen. Die Rückseite besteht aus hellgelber Baumwolle mit pünktchenförmigen blauen Quasten, die aus den geknoteten Quiltfäden gerupft werden.*

Amerikanischer Blockhaus-Quilt

Für einen Blockhaus-Quilt (Log Cabin Quilt) mit dem Flair der guten alten Zeit verwendet man immer noch Stoffe mit winzigen Blumenmustern in allen nur denkbaren Farben. Nur braucht man heute dazu viel weniger Zeit als früher. Obwohl man helle und dunkle Farben auf verschiedene Arten anordnen kann, bleibt der Eindruck von Frische und Gesetzmäßigkeit immer durch das leuchtend rote Quadrat im Innern eines jeden Blockes erhalten.

Das Blockhausmuster stammt zweifellos aus Amerika. Geboren wurde es sicherlich aus dem Wunsch, unschöne, aber warme Stoffe, die man von Anzügen und Mänteln hatte retten können, wiederzuverwenden. Hier konnte man sogar schwere und leichte Stoffe erfolgreich miteinander verarbeiten. Die ursprüngliche Technik stammt aus der zweiten Hälfte des 19. Jahrhunderts und hat sich inzwischen zu ausgeklügelten dreidimensionalen Mustern entwickelt, die fließen, sich bewegen und als optische Illusionen vor- und zurückspringen. Manche der Ananas-Variationen (Pineapples) wirken auch für sich allein, gemeinsam ergeben sie dann ein Gefühl schwirrender Bewegung. In Schweden, wo man auch seit mindestens zweihundert Jahren Blockhausquilts macht, ist der Stil einfacher. Klaren kräftigen Farben mißt man mehr Bedeutung zu als dem Gebrauch von winzigen Streifen. Einer der größten Vorteile des Blockhausmusters besteht darin, daß man es auch dann machen kann, wenn man wenig Zeit hat, denn jeder Block wird einzeln fertiggestellt. Dazu kommt, daß die Arbeit nicht mehr gequiltet werden muß. Ein Quiltrahmen ist also überflüssig. Die einzelnen Streifen kann man leicht ausmessen, schneiden oder reißen, und das ganze Muster ist mit der Maschine sehr bequem zu nähen. »Blockhaus« ist also das ideale Muster, wenn Sie wenig Zeit haben und nicht viel Geld ausgeben wollen. Es ist ein äußerst anpassungsfähiges Muster, man kann es aus den unterschiedlichsten Stoffen arbeiten. Seide und Samt fallen sehr gut und sehen kostbar aus, Baumwollstoffe wirken frisch und können – gleichgültig ob man wertvoll bedruckten Chintz, einfachere Muster oder Karos nimmt – mit den historischen Quilts konkurrieren. In letzter Zeit verarbeitet man sogar Wollstoffe und Leinen in klaren kräftigen Farben für Quilts, die von den Amischen beeinflußt worden sind. Traditionelle schmale Einfassungen schützen die Ränder des Patchworkoberteils. Amisch-Quilts haben oft breite zweifarbige, hin und wieder aus Einzelteilen zusammengesetzte Ränder. Es ist möglich, daß schwierigere Versionen des Blockhausmusters die Streifentechnik so verbessern, daß man große gestreifte Winkel an den Kanten entlang plazieren kann.

EINKAUFSLISTE

Baumwollbatist 36 in/90 cm breit:
6 dunkle Drucke je ½ yd/45 cm,
6 helle Drucke je ½ yd/45 cm

Vorgewaschener farbechter Baumwollstoff 36 in/90 cm breit:
rot ¼ yd/25 cm
dunkelbraun ½ yd/45 cm
burgunderrot, dunkel bedruckt 1 yd/90 cm
burgunderrot 1 yd/90 cm

Vorgewaschene leichte Baumwolle für die Rückseite der einzelnen Blöcke 36 in/90 cm breit: 1,5 yd/1,40 m

Vorgewaschene farbechte Baumwolle für die Quiltrückseite 45 in/115 cm breit: 4 yd/3,65 m

Vliesstoff dick 60 in/115 cm breit: 2 yd/1,80 m

Vliesstoff nur halb so dick, 60 in/150 cm breit: 2 yd/1,80 m

Baumwollgarn zu jeder Farbe passend

STOFFE

Sechs dunkle und sechs helle Baumwolldrucke – warme Farben –, einen bedruckten burgunderroten Stoff, unirot und unibraun.

BESTANDTEILE

Der fertige Quilt mißt ungefähr 48 x 60 in/122 x 152 cm

BLOCKHAUS:
12 Blocks helle und dunkle Streifen werden in einem Arbeitsgang konzentrisch um das rote Mittelquadrat genäht und gequiltet.

LETZTE KANTE DES QUILTS:
Streifen aus unbedrucktem burgunderfarbenem Stoff, 3 in/7,5 cm breit. Zum Vorbereiten und Annähen. Siehe Seite 126.

ZWEITER RAND:
4 Streifen bedruckter burgunderfarbener Stoff, etwa 4 in/10 cm breit. Die Ränder werden in einem Arbeitsgang auf lange Vliesstreifen genäht und gequiltet. Erst danach schneidet man sie zur erforderlichen Länge und Breite des endgültigen Quilts und näht sie fest.

ERSTER RAND:
Vier Streifen dunkelbrauner Stoff, ungefähr 1,5 in/4 cm breit.

ARBEITSANLEITUNG

1 Schneiden Sie aus hellen und dunklen Baumwolldrucken 1¾ in/4,5 cm breite Streifen.

2 Trennen Sie helle und dunkle Streifen und klammern sie zu Bündeln zusammen (Stecknadel, Wäscheklammer etc.)

3 12 einfarbige Baumwoll- und dicke Vliesquadrate zu je 15 in/38 cm schneiden. Bei den Baumwollquadraten die Mitte bestimmen. Auf das Vlies stecken. 12 rote Quadrate zu 3 in/75 cm schneiden. In die Mitte stecken.

4 Ohne aus dem Bündel zu lösen, hellen Streifen, rechte Seite nach unten, auf das rote Quadrat legen, Kanten rechtsbündig. Bis zum Ende des roten Quadrates nähen. Füßchen anheben und die Arbeit drehen.

5 Schneiden Sie den angenähten Streifen bündig zum roten Quadrat ab. Auseinanderfalten und offen feststecken. Quilten und Nähen geschieht gleichzeitig. Drehen Sie die Arbeit um 90 Grad.

6 Nehmen Sie einen 2. hellen Streifen. Bündig über die aufgeklappte Seite des 1. Streifens nähen. Prüfen, ob der Streifen parallel zur Kante des roten Quadrates läuft. $^{1}/_{4}$ in/6 mm Nahtzugabe! Streifen öffnen und feststecken.

7 Machen Sie wieder eine Drehung um 90 Grad, und befestigen Sie nun sorgfältig einen dunklen Streifen, genau parallel zum ersten. Beginnen Sie mit dem Nähen am zuletzt angenähten Streifen.

8 Immer 2 helle und 2 dunkle zufällig gegriffene Streifen wie oben beschrieben annähen. Prüfen Sie jedesmal, ob sie genau parallel laufen und daß sich gleichfarbige Streifen niemals gegenüberstehen.

9 Der fertige Block (14 $^{1}/_{4}$ in/37 cm) hat konzentrische Streifen um das Mittelquadrat. In Form ziehen, den letzten Streifen nach außen stecken. Mit Zickzackstich an den Kanten entlangnähen, Überstehendes wegschneiden.

10 Blöcke auf den Boden legen, beste Zusammenstellung auswählen. Auf der Innenseite der letzten Zickzacknaht die Blöcke aneinandernähen. 4 Blockreihen machen, zur Quiltoberseite aneinandernähen.

11 Schneiden Sie 4 Vliesstreifen 5 in/13 cm breit, 4 Streifen Burgunderdruckstoff 4 in/10 cm breit, 4 braune Streifen 1,5 in/4 cm breit, alle 54 in/140 cm lang. Nähen Sie mit Zickzackstich den braunen Streifen an das Vlies.

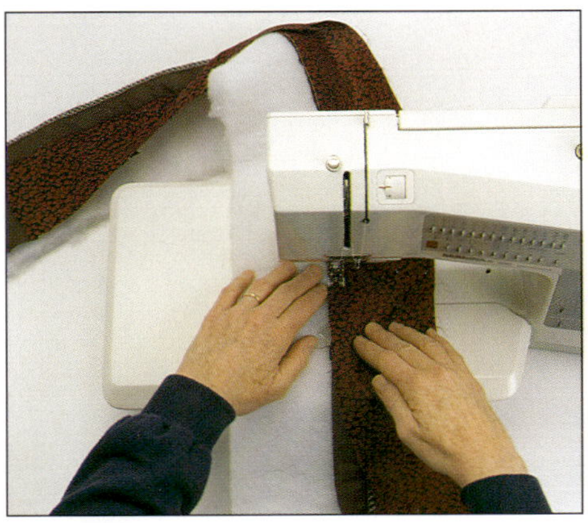

12 Breiten Burgunderstreifen rechts auf rechts an die linke Kante des braunen nähen. Durch das Vlies nähen; bildet eine Quiltnaht. Den Streifen über dem Vlies öffnen und links an dem Vlies mit Zickzack festnähen. Diese Kanten an beide Seiten des Quilts nähen.

13 Restlichen Burgunderstreifen auf Quiltbreite plus $^{1}/_{2}$ in/13 mm Nahtzugabe zuschneiden. Braunen und Burgunderstreifen auf Vlies nähen. Fortsetzung des schmalen braunen Streifens auf den Burgunderstreifen applizieren. Kante an den Quilt nähen, begradigen.

14 Rückseite zuschneiden und ein »Quiltsandwich« legen. Vlies etwas an allen Seiten überstehen lassen. Mit der Hand zwischen den Block und an den Rändern quilten. Beschneiden Sie die Ränder, und nähen Sie die letzte schmale Kante an den Quilt.

AMERIKANISCHER WINDMÜHLEN-QUILT

Das Windmühlenmuster (windmill) ist nur wenig schwieriger als das Arbeiten mit einfachen Quadraten, aber seine Wirkung ist ganz anders und voller Bewegung. Junge Quilter, die am Anfang ihrer Patchwork-Karriere stehen, arbeiten zuerst einmal mit Quadraten und Rechtecken, denn sie sind ohne nennenswerte Stoffverluste zu schneiden und leicht zu nähen. Die Arbeit mit Dreiecken, die dann folgt, ist schon etwas schwieriger. Man muß die schrägen Kanten sehr sorgfältig behandeln. Wenn sie verzogen werden, fransen sie aus. Wichtigster Bestandteil des Windmühlenmusters ist das Dreieck. Es kommt in vielen verschiedenen Zusammensetzungen vor und ist in den unterschiedlichsten Patchworkmustern, angefangen beim schlichten wollenen Gebrauchsquilt – nur aus Dreiecken zweier unterschiedlicher Farben bestehend – bis hin zu sehr dekorativen Rändern und hochkomplizierten Medaillon-Quilts aus Chintz, typisch für das späte 18. und das frühe 19. Jahrhundert, zu finden. Auf den Britischen Inseln waren Dreieckskombinationen besonders in Süd-Wales und in Nordengland beliebt. Dort wurden sie zu komplizierteren Mustern weiterentwickelt, die man dann »Baumwollspule« (cotton reel) oder »Windrädchen« (pinwheel) nannte. In den USA findet man Muster mit bildhaften Namen wie »Peter bestehlen, um es Paul zu geben« (robbing Peter to pay Paul), oder die beliebten »Körbe« (baskets), die bei Hochzeitsquilts Reichtum und Wohlstand ausdrücken sollten, und die »Nadelbäume« (pine trees). Holländische Quilts aus Chintz und Karostoffen (siehe Seite 116) zeigen Dreiecke in leuchtenden Farben. In Skandinavien arbeitet man einfacher, aber genauso farbig. Die bekannten Dreiecke erscheinen in Gebrauchsquilts aus selbstgesponnenen karierten Wollstoffen. In olivgrün und auffallenden Gewürzfarben drehen sich Windmühlenmuster auf indischen Arbeiten bis hin zu dem Quasten-Quilt aus Pakistan, der auf Seite 98 vorgestellt wird.

rechts: *Dunkle Farben in einem Quilt aus dem 19. Jahrhundert mit innerem Medaillon. Seine Nüchternheit wird durch Randstreifen aus rotweiß kariertem Stoff belebt. Es folgen Ränder mit Dreiecken im Muster »Wildgänsejagd« (wild goose chase) und mit Quadraten angeordnet im »Sanduhr«-Muster (hourglass).*

rechts: *Medaillon-Quilt aus Dundee von 1910. Die Ränder im Muster »Wildgänsejagd« (wild goose chase) erzeugen die optische Illusion von Bewegung. Durch zwei kontrastreiche schwarz-weiß Streifen, die wie Pfeile wirken, und die Verwendung von unterschiedlichen rot-weiß Drucken im äußeren Rand wird der Quilt noch lebendiger.*

unten rechts: *Wild bewegt bei äußerster Schlichtheit zeigt ein Quilt aus Wollköper ein »Windmühlen«-Muster in Dunkelblau und Scharlachrot, Nordirland, 19. Jahrhundert. Eine Wolldecke dient als Zwischenfutter. Der Rand besteht aus einem schmalen blauen Band. Die Rückseite zeigt ein auffallendes Paisley-Muster.*

oben: *Irischer Quilt aus blauen und weißen »Windmühlen«. Er hat eine ungewöhnliche Rüschenkante und wird von winzigen gequilteten Rhomben zusammengehalten.*

Amerikanischer Windmühlen-Quilt

Die »Segel« (sails), eine der vielen überlieferten Spielarten des Windmühlenthemas, werden hier aus kleingemusterten marineblauen und roten Baumwolldrucken gearbeitet. Hell geblümter Stoff bildet den Hintergrund für diesen Kinderquilt, der jedes Baby stundenlang beschäftigen wird. Hübsch gemusterter Stoff für die Rückseite und leichter Füllstoff ergeben einen gut waschbaren Quilt.

Patchworkmuster, die aus Dreiecken, Quadraten und Rechtecken bestehen, sind leicht zu nähen und auszuarbeiten. »Fliegende Gänse« (flying geese), »Sägezahn« (sawtooth), »Körbe« (baskets), »Yankee Puzzle« und »Veränderlicher Stern« (variable star) sind Weiterentwicklungen des unkomplizierten Arbeitens mit rechtwinkligen Dreiecken. Wenn man sie an die diagonalen Kanten gleichgroßer Dreiecke näht, bilden sich Quadrate. Derartig gearbeitete Streifen oder Ränder beleben ein ansonsten einfaches Muster und werden gern als auffallende, gezackte Rahmen bei Medaillon-Quilts verwendet.

Es macht Freude, mit Blocks und Streifen zu arbeiten. Sie sind schnell fertig, passsen sich einander an, man kann damit experimentieren und sie zu aufregenden Mustern, die beim Nähen ständig wachsen, zusammensetzen. Akkurates Schneiden und Nähen ist natürlich wie bei jedem anderen geometrischen Muster von größter Bedeutung. Kompliziertheit muß dabei nicht unbedingt den Ausdruck des Quilts verbessern. Die Fliegenden Gänse, die einfachste Abwandlung von Dreiecken und Streifen, können jedem Quilt ein unschlagbar frisches Aussehen verleihen. Unterschiedliche Kombinationen einfachster Muster wie der quadratische Windmühlen-Block, Streifen mit rechtwinkligen Dreiecken, die wie Pfeilspitzen wirken (arrowhead) und eine Sägezahn-Kante können auf vielfältige Art verwendet werden. Es gibt eine Tradition, bei der man das innere Motiv eines Medaillon-Quilts, das selber aus Harlekin-Rhomben bestehen kann, mit konzentrischen Streifen Fliegender Gänse umrandet. Eine gezahnte Kante aus Dreiecken kann die Ränder zusammenhängender Formen (die selber auch aus Dreiecken bestehen) auffedern, zum Beispiel bei Sternen, aber auch die schlichten Streifen eines Streifen-Quilts verzieren. Die Streifen eines solchen Quilts können selber aus Quadraten und Dreiecken bestehen. Der Quilt kann auch insgesamt aus Dreiecken bestehen, wie in dem ruhelosen Gittermuster »Ozeanwellen« (ocean waves), oder man kann winzige Dreiecke zu größeren vielfarbigen Wimpeln auf einfarbigem Grund zusammennähen.

EINKAUFSLISTE

Die Drucke sollten in ihrer Art nicht zu verschieden sein und farblich sanfte Kontraste bilden.

Baumwollstoff 45 in/115 cm breit:
3 verschiedene kleine marineblaue Drucke je $\frac{1}{2}$ yd/45 cm
4 verschiedene kleine rote Drucke $\frac{1}{2}$ yd/45 cm
4 verschiedene Drucke mit hellem Hintergrund, $\frac{1}{2}$ yd/45 cm
Einfarbiger marineblauer Stoff: $\frac{1}{4}$ yd/25 cm
Hellfarbiger Baumwolldruck für die Rückseite: 45 in/115 cm breit: 1,25 yd/1,15 m

Dicke Watteline 60 in/150 cm breit: 1,25 yd/1,15 m

Vlieseline zum Aufbügeln 12 in/13 cm

Entweder passendes Baumwoll- oder unsichtbares Garn.

STOFFE

Drei marineblaue Drucke, vier rote Drucke, vier Drucke auf hellem Hintergrund und einfarbig marineblauer Stoff.

BESTANDTEILE

Verwenden Sie die RIT-Schablonen auf S. 124.

Der fertige Quilt mißt etwa 34 x 41 in/86 x 104 cm

6 ROTE WINDMÜHLEN aus 24 Quadraten der RIT-Schablone Nr. 2.

6 BLAUE WINDMÜHLEN aus 24 Quadraten der RIT-Schablone Nr. 2.

62 QUADRATE IM SANDUHRMUSTER aus der RIT-Schablone Nr. 3 aus hellen und dunklen rot und blau gemusterten Stoffen.

6 ROTE QUADRATE aus der RIT-Schablone Nr. 1 aus rot gemustertem Stoff, in der Mitte jeweils ein kleines, hell gemustertes Quadrat appliziert.

ERSTE KANTE: 4 Streifen marineblau, etwa 1,25 in/3 cm breit (anfügen, wenn nötig), richtige Länge zuschneiden, obere und untere Kanten müssen über die Seiten hinausreichen.

ZWEITE KANTE: 4 Streifen bedruckt, marineblau, etwa 2,5 in/6,5 cm breit (anfügen, wenn nötig), zur richtigen Länge zuschneiden, obere und untere Kante müssen über die Seiten hinausreichen.

14 HELLFARBIGE QUADRATE aus RIT-Schablone Nr. 1

ÄUSSERE KANTE: Streifen aus dunkelrot gemustertem Stoff, 3 in/7,5 cm breit. Vorbereiten und annähen siehe Seite 126.

ARBEITSANLEITUNG

1 *4 Stoffstücke (rot, marine, zwei hellgrundige Stoffe) 17 x 13 in/43 x 33 cm schneiden. Roten mit einem hellen und marine mit einem hellen Druck rechts auf rechts aufeinanderlegen. Auf die helle Rückseite jeweils ein Gitter zeichnen. Dazu Schablone Nr. 3 (S. 124) benutzen. Die Diagonalen in beide Richtungen exakt durch die Quadrate zeichnen und genau $^{1}/_{4}$ in/6 mm an beiden Seiten der Diagonalen entlang nähen.*

2 *Jedes Quadrat in 4 Teile schneiden. Jedes Teil öffnen, es bildet dann ein größeres Dreieck. Die Nähte zu den dunklen Farben hin bügeln. Die Einzelteile spiegelverkehrt in Stapel ordnen.*

3 *Jedes Teil vom blauen Stapel an seinen Partner vom roten Stapel nähen, sorgfältig prüfen, ob die Nähte genau aufeinanderstoßen; ohne den Faden abzuschneiden, alle Teile zu einer langen Kette aneinandernähen.*

4 Sorgfältig bügeln. 14 helle und 6 rote Quadrate aus Schablone Nr. 1 schneiden. Die restlichen Stoffe wie in Schritt 1 zurechtlegen (1 rot, 1 marine, 2 helle), den Schritten 1–6 auf S. 36/37 folgen und so 48 hell/dunkel-Quadrate aus Schablone Nr. 2 herstellen.

5 6 helle Quadrate schneiden 1,75 in/4,5 cm, auf Vlieseline bügeln. Mitten auf die roten Quadrate applizieren (siehe Schritt 2–6 S. 42/43). Die Einzelteile zu Reihen nähen.

6 Einzelteile zu Reihen nähen, die Quadrate müssen sich exakt einfügen.

7 Die einzelnen Reihen aneinandernähen, aufpassen, daß man sie im Muster richtig zusammenfügt (d. h. auf die rechte Seite achten), alle Nähte aneinander anpassen. Wenn man konsequent $^{1}/_{4}$ in/0,6 cm Nahtzugabe verwendet hat, ist das kein Problem.

8 Einfarbigen marineblauen Streifen 1,25 in/3 cm und gemusterten blauen Streifen 2,5 in/6,5 cm schneiden und annähen (siehe S. 37, Schritt 8), gut bügeln, Stoff für Rückseite und Füllung schneiden, zu einem »sandwich« legen (siehe S. 125).

9 Spulen- und Obergarn müssen jeweils zu Rück- oder Vorderseite passen (man kann unsichtbares Garn als Obergarn verwenden, dann bleiben die Quiltstiche beim Farbwechsel der Stoffe unsichtbar). Sorgfältig an allen Nähten entlang quilten.

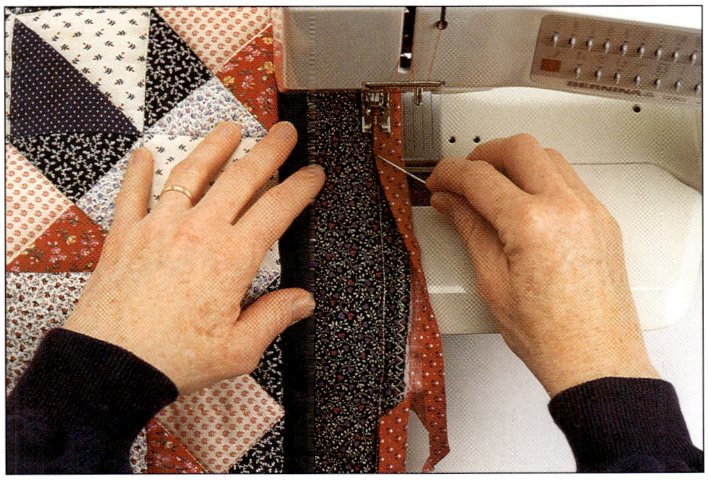

10 Schrägstreifen 3 in/7,5 cm breit schneiden, auf der linken Seite festnähen, nach rechts falten und festnähen, mit einer Nadel einjustieren (siehe S. 126).

AMISCHER KINDERBETT-QUILT

Die Amischgemeinden in Pennsylvanien (wo sie sich zuerst niederließen), Ohio und Indiana stammen von Schweizer Amischen des frühen 18. Jahrhunderts ab. Sie haben sich wie die Quäker und Mennoniten als Reaktion auf die verschwenderischen Ausschreitungen der katholischen Kirche einer asketischen Lebensweise verschrieben. Sie führen ein zurückgezogenes, fleißiges Leben. Weltabgeschieden, aber nicht weltfremd, wird ihr Leben anders als das der »English«, wie sie die anderen Menschen nennen, von der Bibel bestimmt. Alles, was die Amischen herstellen, ist von einzigartiger Schönheit und Zweckmäßigkeit. Man findet diese Ausstrahlung bei vielen Sektierern mit ähnlich religiösem Hintergrund. Wenn man Lancaster County in Pennsylvanien besucht, entsteht der Eindruck, man wandere rückwärts in der Zeit. Die Amischen haben weder Telefon noch Elektrizität, sie haben keine Räder mit Gummibereifung, keine modernen landwirtschaftlichen Maschinen und kein fließendes Wasser im Haus. Vergängliche Eitelkeit wie Knöpfe lehnen sie ab, obwohl diese inzwischen widerwillig akzeptiert werden. Sie ziehen ihre zeitlos eleganten Pferdewagen und -kutschen dem Auto vor. Das Gespür der Amischen für Schönheit kann am besten mit den Worten von Horatio Grennough, Autor des Berichts: »Die Reisen, Beobachtungen und Erfahrungen eines nordamerikanischen Steinmetzes« zusammengefaßt werden: »Überflüssiges muß abgeschnitten, was zu viel ist, weggelassen und das Notwendige selbst auf sein Wesentlichstes reduziert werden, erst dann werden wir entdecken, gleichgültig um was es sich auch handelt, daß Schönheit unserer harrt.«

In einem Haus der Amischen ist mehr Farbe als in den Häusern anderer Sektenangehöriger. Die Wände können grün, hell- oder leuchtend blau gestrichen sein. Die spartanischen, mit Holzmöbeln ausgestatteten Räume werden durch farbiges Glas, Keramiken und Textilien belebt. Auch die geometrischen Beete in den Gärten sind mit Blumen in leuchtenden Farben bepflanzt. Wahrscheinlich entstanden die ersten Amischen Quilts um 1860, und sie sind fast immer auf Tretnähmaschinen gearbeitet worden. Bevor man Quilts herstellte, webten die Frauen schwere Wolldecken als Bettüberwürfe.

oben: *Typisches Amischenmuster, so einfach wie möglich, mit unerwartet leuchtenden Farben, einfachen Randstreifen. Gequiltete Federn, Blumen und Rhomben ergeben eine interessante Struktur.*

links: *Eine wilde »Reise um die Welt« aus dem späten 19. Jahrhundert. Schwarz wird bei Amischen- und Mennonitenquilts oft verwendet, es erhöht die Leuchtkraft der anderen Farben.*

links: *Ein Mennonitenquilt aus Pennsylvanien von 1920 wiederholt Streifen in Regenbogenfarben und hat eine sehr wirkungsvolle Kante aus Schrägstreifen. Äußere Einfassung und Rückseite sind aus leuchtend gelbem Kattun, der besonders gut das über die ganze Arbeit gehende Quiltmuster zeigt.*

AMISCHER KINDERBETT-QUILT

Unter diesem leuchtenden Sternenquilt wird der Start ins Leben gelingen. Die Amischen lieben kraftvolle, klare Farben. Ihre Quiltmuster können zwar sehr kompliziert sein, sind aber nie überladen. Breite Randstreifen und sauber gequiltete farbige Rechtecke sind typisch für sie. Ihre Vorliebe für dunkelfarbige Hintergründe und Ränder verleiht den helleren Teilen der Arbeit eine ganz besondere Leuchtkraft. Auch antike Amische Quilts wirken immer modern.

Dunkle kräftige Farben haben oft eine unvorhersehbare Wirkung aufeinander. Dasselbe Indigoblau kann zwischen Aquamarin und Himmelblau grünlich wirken, zwischen Fuchsia und Purpur aber einen feinen Blauschimmer annehmen. Solche Überlegungen machen den Reiz der Arbeit mit kräftigen Farben aus. Die Beziehungen der Farben untereinander sind Ausdruck einer eigenen geheimnisvollen Gesetzmäßigkeit. Die klugen und geschickten Amischen nutzen das komplette Farbspektrum aus. Ihr Leben mag sich auf Einfachheit und Schlichtheit gründen, ihr Gefühl für Farben und Muster, für gefällige Harmonie und blitzende Kontraste aber begann schon hundert Jahre vorher. Traditionelle Quiltmuster sind ein Stern, eine Raute, ein einfarbiger Block oder ein gemustertes Rechteck in der Mitte, umgeben von betonten Randstreifen. Die Bestandteile sind fast immer Quadrat, Dreieck oder Rechteck. Rot, Purpur, Grün und ein leuchtendes Türkis auf braunem, grauem oder schwarzem Hintergrund gelten als beliebteste Farben. Ursprünglich färbten die Frauen ihre Kleider selbst. Grauer Walnußbaum, Schierling und Erlenrinde lieferten Braun; Goldrute und Schwarzeichenrinde Gelb, Krappwurzeln (Alizarin) Türkischrot, bestimmte Beeren Fuchsia, Blau erhielt man durch Indigo, Grün und Purpur wurden gemischt. Die Quiltfüllung bestand aus unbehandelter Schafwolle. Fixiert wurden die Schichten mit winzigen Quiltstichen, bis zu 20 pro 2,5 cm. Es gab Schablonen aus Metall, Holz und Pappe. Mit nadelspitzen Bleistiften oder Schneiderkreide markierte man das Muster oder tauchte die Schablone in Stärke, die dann über den Rand gewischt, auf dem Stoff eine Linie zeichnete, die später leicht abgebürstet werden konnte. Die Quiltrückseite, die man normalerweise nicht sieht, ist oft gemustert oder kariert, stört aber niemals das strikte Gebot der »Ordnung« (hier benutzt man das deutsche Wort!).

EINKAUFSLISTE

Einfarbiger Baumwollstoff 45 in/115 cm breit:
aquamarin 1/4 yd/25 cm
granatrot 1/4 yd/25 cm
indigoblau 1/2 yd/45 cm
fuchsiarot 1/2 yd/45 cm
pflaumenblau 1/2 yd/45 cm
königsblau 1 1/2 yd/140 cm
scharlachrot 1 yd/90 cm
grelles Pink 1/4 yd/25 cm
violett 1/2 yd/45 cm
Einfarbige Baumwolle (Rückseite) 45 in/115 cm breit: 1,25 yd/1,15 m
Baumwollfüllung 45 in/115 cm: 1,25 yd/1,15 m
zu jeder Farbe passendes Baumwollgarn

STOFFE

Grelles Pink, Violett, Scharlachrot, Indigoblau, Fuchsia, Aquamarinblau, Pflaumenblau, Königsblau und Granatrot.

BESTANDTEILE

MITTELFLÄCHE:
12 Quadrate aus der RIT-Schablone 2 pink und aquamarin. 4 Quadrate RIT 1 aquamarin.

ERSTER RAND:
4 Streifen indigoblau ca. 1,5 in/4 cm breit. In Form schneiden, beide müssen über die Ränder hinausragen.

ZWEITER RAND:
4 Streifen königsblau ca. 3,5 in/9 cm breit. In Form schneiden. 4 Quadrate RIT-Schablone 1 granatrot.

DRITTER RAND:
4 Streifen pflaumenblau ca. 2,5 in/6,5 cm breit. In Form schneiden, beide müssen über die Ränder hinausragen.

VIERTER RAND:
4 Streifen, jeder aus 8 Quadraten RIT-Schablone 2 granatrot und scharlachrot und 4 Quadrate RIT-Schablone 1 granatrot.

VERLÄNGERUNGSSTREIFEN (lassen den Quilt rechteckig werden)
2 Streifen indigoblau ca. 3,5 in/9 cm breit, in Quiltbreite schneiden.

FÜNFTER RAND:
4 Streifen pflaumenblau ca. 1,5 in/4 cm breit. In Form schneiden, beide Streifen müssen über die Ränder hinausragen.

ABSCHLUSS:
Scharlachrote Streifen 3 in/7,5 cm breit, nähere Anweisungen siehe S. 126.

SECHSTER RAND:
4 Streifen violett ca. 3,5 in/9 cm breit. In Form schneiden, beide Streifen müssen über die Ränder hinausragen.

Verwenden Sie die RIT-Schablonen auf S. 124.

Der fertige Quilt mißt ungefähr 37 x 42 in/94 x 107 cm

ARBEITSANLEITUNG

1 *RIT-Schablone 2 verwenden (siehe S. 124), Gittermuster aus 6 Quadraten auf aquamarinen oder grell pinken Stoff zeichnen. Stoffe liegen aufeinander, rechte Seiten nach oben. Die Schablone beinhaltet die Nahtzugaben (!), deshalb keinen Zwischenraum lassen.*

2 *Mit einem Quilterlineal sorgfältig die Diagonalen in einer Richtung zeichnen. Nur den oben liegenden Stoff markieren.*

3 Sorgfältig an jeder Seite der Diagonalen mit $\frac{1}{4}$ in/6 mm Abstand mit einem zum dunkleren Stoff passenden Garn nähen.

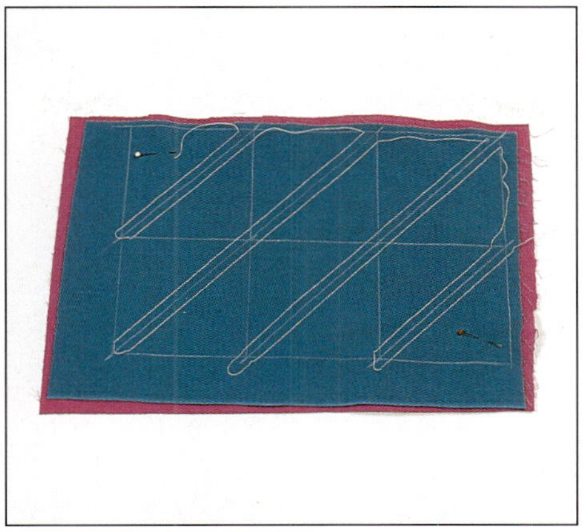

4 Fäden am Nahtende nicht abschneiden. An einer Seite entlangnähen, Nadel im Stoff lassen, Arbeit um 180 Grad drehen und an der anderen Seite der Diagonalen zurücknähen.

5 Außenkanten des Gitters abschneiden. Mit Schere oder Olfa-Cutter entlang der Gitterlinien schneiden, um 6 Quadrate zu bekommen.

6 Nun sorgfältig entlang der mittleren Diagonalen jeden Quadrates zwischen den Nähten schneiden. Stücke öffnen. Man erhält 12 zweifarbige Quadrate.

7 Auf der Rückseite sorgfältig die Nähte zu aquamarin hin bügeln. Zum Muster auslegen und wie gezeigt erst in Reihen, dann die Reihen aneinander zum Mittelmotiv nähen. Bügeln.

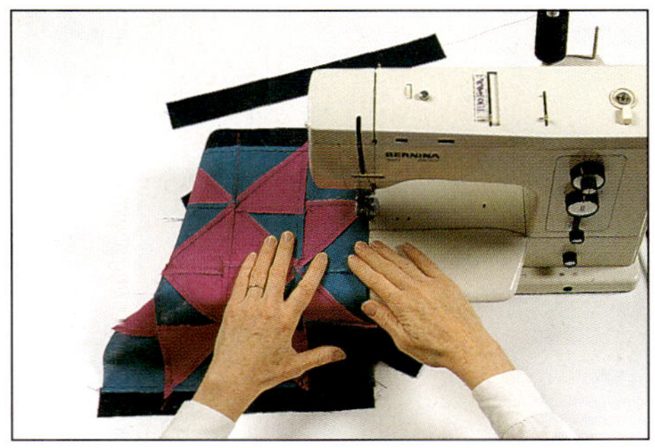

8 Ränder annähen. Auf der Oberseite nähen, dann läuft die Nadel exakt durch die Schnittpunkte der Dreiecke. 2 Streifen in der Länge des Motivs schneiden, links und rechts annähen. 2 Streifen in der Länge des jetzigen Rechtecks schneiden, oben und unten annähen. Gegenüberliegende Seiten müssen exakt gleichlang sein. Evtl. ziehen oder zusammenschieben.

9 Quilt wie auf der Abbildung mit Rändern vervollständigen. Nach Beendigung des Oberteils Nahtzugaben zu dunkleren Stoffen hin bügeln. Stoff für Rückseite und Füllung ein wenig größer schneiden und fixieren (siehe S. 125). Ober- und Unterfaden passend wählen. Entlang der Nähte quilten.

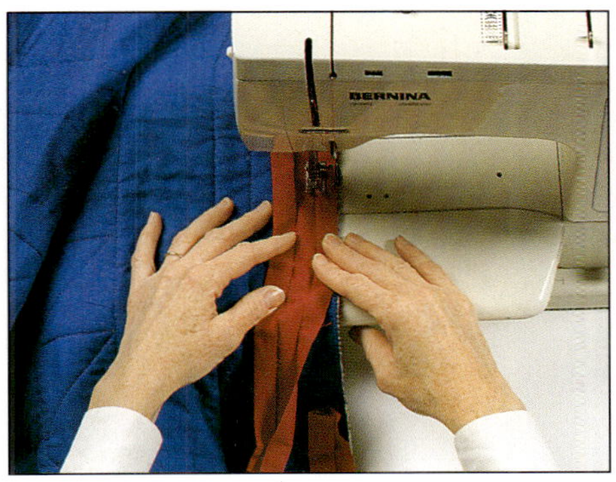

10 Um alle Kanten Zickzacknaht anfertigen. Scharlachrote Außenkante 3 in/7,5 cm breit schneiden und auf der linken Seite, wie auf S. 126 beschrieben, anbringen.

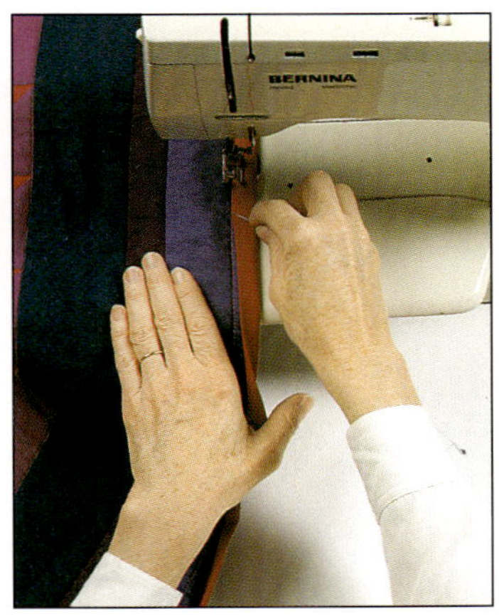

11 Außenkante umfalten und auf der rechten Seite mit kleinen Zickzackstichen festnähen, eine Nadel als Führungshilfe verwenden.

Asiatischer Ikat-Quilt

Ikat bedeutet im Malayischen »abbinden« oder »zusammenschnüren«. Ikatmuster kann man überall in der Welt finden: in Chile und Guatemala, in Europa und auf den Balearen, im Mittleren Osten und in Afrika. Die ältesten Stücke stammen aus Japan (11. Jahrhundert). Auch auf alten indischen Zeichnungen findet man Kleidungsstücke mit dem wolkigen Ikatmuster. Ikat ist so weit verbreitet, weil man auf sehr einfache Art ohne komplizierte Färbe- und Fixiertechniken, die man sonst für Handdrucke brauchte, bunte und vielfältig gemusterte Stoffe herstellen kann. Der Grund für den verwischten Eindruck der Ikatstoffe liegt darin, daß Schuß- und Kettfäden vor dem Weben abgebunden und gefärbt werden. Dabei verwendet man eine Technik, die den Stoff sehr widerstandsfähig macht. Beim Weben ist es nicht möglich, das Muster irgendwie zu beeinflussen. Uns interessiert hier das Ikat Zentralasiens. Man findet es bei Kleidungsstücken, Bettdecken und Zeltbehängen. Weben und Färben war bei den Menschen Zentralasiens schon immer eine hochgeschätzte Kunst. Buchara war Zentrum der Färberei. Hier tauchte man Baumwoll- und Seidenstränge in den Sud von Indigo, Safran, Rittersporn, Granatapfelschalen, Maulbeersaft, Galläpfeln und Pistazienschalen. Färben und Wiederfärben ergab regelrechte Farbwunder, deren größtes das märchenhafte siebenfarbige Ikat, »afrang« genannt, ist. Am bekanntesten sind turkmenische Teppiche und usbekische Kelims, die sich im Lauf der Zeit von Stickereien auf büschelig gewebter Wolle zu Arbeiten aus feiner Baumwolle und Seide entwickelten. Die Musterpalette ist weit gespannt und reicht von abstrakten, kaum zu erkennenden Blumen und Früchten über weich verwischte geometrische Motive bis zu Vögeln, Insekten und anderen Tieren. Die steigende Nachfrage im 20. Jahrhundert führte zur Vereinfachung der komplizierten Muster. Aber strenge Überlieferung und ein kulturelles Erbe von Jahrtausenden lassen sogar ein kindlich einfaches Grundmuster in Rubin-, Kirsch- und Granatrot zu einem verblüffend prächtigen und malerischen Lehrstück werden. Man findet heute in Festgewändern und zusammengenähten Wandbehängen ein außerordentlich gelungenes Zusammenspiel von Ikatstoffen mit importierten Blumendrucken und herrlich kontrastierenden oder abgestimmten Futterstoffen.

links: *Ein lebhaftes Zusammenspiel von bedruckter Baumwolle und Ikatseide, verziert mit Bändern und Quasten bei einem »chapan«, einem wattierten Knabenmantel (ca. 1900). Ein perfektes Beispiel, daß Ikat sich harmonisch mit kontrastierenden Farben und Stoffarten verbindet.*

oben: *Die strenge Geometrie bei Quadraten und Rändern und das prächtige Kunterbunt von Farben und Mustern werden durch warmes Kirschrot gezähmt und bilden so ein zusammengehöriges Ganzes. Dieser Teppich ist ein Beispiel für Patchwork bei den Nomaden, bekannt als »Korak«. Er wurde in der Mitte des 19. Jahrhunderts aus Stoffresten früherer Arbeiten genäht.*

links: *Dieses Tuch zeigt ein glücksbringendes Fünfeck in seinem Mittelteil. Es wurde möglicherweise zur Verhüllung eines Spiegels gegen den bösen Blick verwendet.*

rechts: *Ein sehr vielfältiger Wandbehang. Er besteht aus Streifen, Ikatstoffen und importierten Druckstoffen, die in einem exakt abgestimmten Farbschema angeordnet wurden. Wie bei dem Tuch für Verhüllungen sind die inneren Quadrate sehr schön von Kanten im Sägezahn- und Fliegende-Gänse-Muster umrandet.*

ASIATISCHER IKAT-QUILT

Ursprünglich als Zeltbehang gedacht, dienten Ikat-Quilts gleichzeitig als Willkommensgruß und boten Schutz vor dem »bösen Blick«. Sie wirken lebhaft und harmonisch trotz gepatchter und applizierter Farben und Muster, die eigentlich nicht zusammenpassen. Die beherrschenden Rottöne beruhigen die Vielfalt und werden selbst durch Kontraste wie schwarz, weiß und orange gemildert.

Zentralasiatische Seiden- und Baumwollstoffe sind nicht nur wegen ihres Farbreichtums, sondern auch wegen der außerordentlichen Kunstfertigkeit, mit der die unterschiedlichsten Bestandteile zu unerwartet gelungenen Verbindungen zusammengefügt werden, berühmt. Jahrhundertealte Ikatarbeiten sind eingerahmt von leuchtenden Streifen glutroter Fuchsia und grünen, mit Rosen bedruckten russischen Baumwollstoffen. Die Kanten schließlich sind steife, grob gewebte Fransenborten, die sich auflösen. Die Kleidung besteht manchmal aus einem munteren Durcheinander: Außen trägt man Stoffe mit großen, zerfließenden geometrischen Mustern, innen sind sie mit bedruckten Paisley- oder Streifenstoffen in verwandten, aber nicht unbedingt passenden Farben gefüttert. Zusammengesetzte Quadrate werden oft bei Tüchern, mit denen man zum Beispiel Spiegel aus Angst vor dem »bösen Blick« verhüllt, benutzt. Dabei hat die geometrische Ordnung selbst eine bestimmte Bedeutung, denn, wenn die Tücher exakt gefaltet werden, ähneln sie den beschützenden persischen Zauberquadraten. Bei feierlichen Anlässen und Zeremonien trugen Männer geradlinig gequiltete Mäntel, die auch Hochzeitsgabe für einen Bräutigam waren. Frauen waren in großzügig geschnittene, fließende Mäntel über langen Hosen gekleidet, die von schmalen Bändern an den Knöcheln zusammengehalten wurden. Je bedeutender eine Hochzeit oder Beerdigung war, desto großartiger waren die dabei getragenen Gewänder. Oberkleid, dünnes Futter und Rückseite wurden mit geraden Stichen aneinandergeheftet. Sie verliehen dem Gewand ein frisches Aussehen und einen schönen Faltenwurf. Um noch prächtiger auszusehen, trug man mehrere dieser königlichen Gewänder übereinander und bewies damit die Farbsicherheit ihrer Schöpfer, deren Wolken von Farben einfach nicht unharmonisch sein konnten. Hier handelt es sich um beides: um einfache Kleidungsstücke und gleichzeitig um Kunstwerke.

EINKAUFSLISTE

Baumwollstoff im Ikatmuster
45 in/115 cm breit:
4 verschiedene Muster (Quadrate) je ½ yd/45 cm
karierter orangefarbener Stoff
(Streifen um Quadrate)
1 yd/90 cm
schwarz mit Pfeilmuster (Rand)
⅔ yd/60 cm
Grob gewebte Baumwolle
45 in/115 cm breit:
rot (Kante und Quadrate)
1,5 yd/1,40 m
schwarz (Quadrate) ⅔ yd/60 cm
natur oder weiß (weiße applizierte Quadrate) ½ yd/45 cm
Vlieseline zum Aufbügeln:
24 in/60 cm
Baumwollstoff für Rückseite
60 in/1,15 m breit: 2 yd/1,80 m
Baumwollgarn weiß

STOFFE

Vier Ikatstoffe, ein karierter Stoff in passendem Orange oder Rot, einen schwarz gemusterten Ikatstoff, naturweiß oder weiß, rot und schwarz

BESTANDTEILE

Der fertige Quilt mißt ca. 47 x 60 in/119 x 152 cm

APPLIZIERTE QUADRATE: 60 schwarze 3,5 in/9 cm Quadrate, bei jedem wird ein kleineres Quadrat in der Mitte appliziert, wobei die rechten Winkel auf die Kanten stoßen.

IKAT-QUADRATE: 20 Quadrate aus verschiedenen Ikatstoffen, je 8 in/20,5 cm groß. Orange Umrandungsstreifen der Quadrate 1,25 in/3,5 cm breit, in Seitenlänge der Quadrate geschnitten.

ERSTER RAND: 6 Streifen schwarz gemusterter Ikatstoff ca. 2,5 in/6,5 cm breit, in Seitenlänge zuschneiden, wobei oberer und unterer Streifen über die Kanten hinausreichen müssen.

ZWEITER RAND: 6 Streifen rotgemusterter Ikatstoff ca. 3 in/7,5 cm breit. In Seitenlänge zuschneiden, oberer und unterer Streifen müssen über die Kanten hinausreichen.

ARBEITSANLEITUNG

1 *60 schwarze und 48 rote Quadrate 3,5 in/9 cm schneiden.*

2 *Natur/weißen Stoff 23 x 18 in/58,5 x 46 cm zuschneiden. Vlieseline zum Aufbügeln 23 in/58,5 cm schneiden. Auf natur/weißen Stoff bügeln.*

3 *Papier nicht abziehen, in 63 Quadrate 2,5 in/6,5 cm schneiden (7 Reihen zu 9).*

4 *Vom natur/weißen Stoff kleine Ecken abschneiden. Noch einmal Vlieseline anbügeln, Papier nun abziehen. Unversäuberte Kanten nach innen falten, solange Vlieseline noch klebt.*

5 Natur/weiße Quadrate um 45 Grad versetzt auf die schwarzen Quadrate bügeln (heller rechter Winkel in schwarzer Seitenmitte).

6 Mit Zickzack-Stichen natur/weißes Quadrat sorgfältig auf dem schwarzen Quadrat festnähen. Nähgarn farblich exakt anpassen.

7 Rote und schwarze Quadrate aneinandernähen, so daß sich große Quadrate (9,5 in/24 cm) bilden.

8 20 Ikatquadrate 8 in/20,5 cm schneiden. Orangen Umrandungsstreifen 1,25 in/3,5 cm breit schneiden. Mit $^1/_4$ in/0,6 cm Nahtzugabe an die Ikatquadrate nähen.

9 Quadrate auf dem Fußboden zusammenstellen. Rand- und Seitenquadrate durchschneiden, nicht von Ecke zu Ecke, sondern 0,5 in/1,3 cm von den Ecken entfernt.

10 Reihen aneinandernähen. Auf das exakte Zusammentreffen der Nähte achten.

11 Streifen des schwarzen Ikatstoffes mit Pfeilmuster 2,5 in/6,5 cm breit schneiden, dabei auf das Muster achten. Rote Streifen 3 in/7,5 cm breit schneiden.

12 Ränder annähen (siehe S. 37). Die Nähte müssen exakt in den Ecken der Ikatquadrate liegen. Gut bügeln.

13 Rückseite so groß wie Vorderseite schneiden. Rechts auf rechts die Kanten festnähen. Nahtstück offen lassen, Quilt nach rechts d-ehen, von Hand schließen, bügeln.

AUSTRALISCHER SCHNEIDER-QUILT

Ursprünglich waren Quilts in Australien mächtige, warme Pelzdecken, die von den Ureinwohnern aus Känguruh-Fellen und Schnabeltierhäuten mit den Sehnen der entsprechenden Tiere zusammengenäht wurden. Die Pioniere im Süden des Landes waren über die warmen Decken sehr glücklich, und mit der Zeit entwickelten sie farblich ansprechendere Decken mit dekorativen Rändern zum Beispiel aus plusterigen Tierschwänzen und Wollstoffen auf der Rückseite. Ein anderer typisch Australischer Quilt ist der praktische »Wagga«, benannt nach der Stadt Wagga Wagga im südlichen Neu-Südwales. Hier stellte die Murrumbidgee Milling Company Mehl her, das in Jute oder Baumwollsäcken verkauft wurde. Es kam immer wieder vor, daß die Männer entweder auf der Jagd, beim Zurückschneiden von Buschwerk oder beim Aufstellen von Zäunen unter freiem Himmel schlafen mußten. Da war man dann sehr dankbar, wenn man bei Wind und Wetter Schutz unter einem dieser groben Mehlsackquilts finden konnte. Sie waren tonnenschwer, und niemand kam auf die Idee, sie wegen ihrer Schönheit zu »preisen«. Schon ihre Füllung aus alten Socken, zerlumpten Wolldecken, getragenen Arbeitsanzügen und Papierresten spricht dagegen, daß sie weich oder geschmackvoll waren. Stiche, weit wie Känguruhsprünge, hielten das ganze unhandliche Bündel am Schluß zusammen. 1816 fing man an, angeregt durch die caritative Arbeit von Elizabeth Fry, Quilts einzuführen. Mrs. Fry war entsetzt über die Erniedrigung und Untätigkeit der weiblichen Gefangenen in Newgate. Sie rief eine Bewegung ins Leben, die den Gefangenen sinnvolle Beschäftigung und dadurch einen kleinen Verdienst ermöglichte. Die Frauen konnten während der langen Schiffsreise Patchworkarbeiten herstellen und sie bei ihrer Ankunft in Australien verkaufen. Leider ist kaum eine davon bis heute erhalten geblieben. Bis zum 20. Jahrhundert hat man in Australien vor allem britische Quiltmuster verwendet. Danach gab es einen regelrechten Boom sehr dekorativer Crazy Quilts, wo man kostbarste Stoffe und komplizierteste Stickerei zeigen konnte. Sie wurden noch mit aufgestickten Emus und »Wattles« (Anm. der Übers.: australischen Akazien) neben den bekannteren Mustern wie Pfauenfedern und japanischen Fächern verziert. Diese Crazy Quilts sind sicher eine Folge der japanischen Quiltausstellung in den USA, wo eine verfeinerte Art von Crazy Patchwork vorgestellt worden war. Seit Australien im Jahre 1902 Bundesstaat wurde, stieg die Zahl der patriotischen Quilts. Da findet man dann applizierte Emus und Känguruhs. Durch den Einfluß von Elizabeth George in den 30er Jahren wurde Quilten in Creme und Grüntönen, den Farben der großartigen Landschaft Australiens, zur nationalen Leidenschaft.

oben rechts: *Ein sehr früher australischer Quilt aus Baumwollresten eines Aboriginal-Kindes (ca. 1840), unter der Anleitung von Elizabeth Irwin, einer Sonntagsschullehrerin, die der Überzeugung war, daß Nähen und Zivilisation eng zusammenhängen.*

links: *Australier machten leidenschaftlich gern Crazy Quilts. Dieser ist einzigartig in seinen milden herbstlichen Farben. Es scheint, daß die Blattmotive selbst eingefärbt wurden.*

ganz rechts: *Ein lebendiger Medaillonquilt, entstanden um die Jahrhundertwende. Stolz wird ein Känguruh und ein Emu, beide leicht als Symbole Australiens zu erkennen, in der Mitte appliziert. Blasse Baumwolldrucke und Hemdenstoffe werden durch hellrote Teile belebt. Den etwas willkürlichen unteren Rand scheint man später hinzugefügt zu haben.*

oben: *Farblich passende Stoffmuster in Marineblau, Beige, Grau und Rosa werden in einem ansprechenden Pyramidenquilt wiederverwendet. Seine drei Lagen werden mit Knoten zusammengehalten.*

Australischer Schneider-Quilt

Dieser Quilt ist ein Beispiel dafür, wie man geschwind mit der Maschine aus wenigem viel machen kann. Flotte Streifen in sommerlichen Beige- und schattigen Blautönen, belebt durch leuchtend rote Bänder, die verschiedenen Lagen mit weichen Wollquasten zusammengehalten, ergeben einen Quilt, der Antwort ist auf die Herausforderung, sich mit wenigem zu behelfen, anzustückeln und zu flicken.

Auf die wirtschaftlich schwierige Situation nach zwei Weltkriegen und der Weltwirtschaftskrise reagierten die Australier mit unbezähmbarem Einfallsreichtum und Genialität. Das gesunde Prinzip, mit wenig auszukommen, alles zu reparieren und zu flicken, machte wertlose Dinge wertvoll. So wurden die Stoffmuster von Schneidern zum Material für einfache, aber deshalb nicht weniger geschmackvolle Quilts. Schlicht wie sie sind, manchmal nannte man sie bezeichnenderweise »Hosen vom verstorbenen Mann«, haben sie dennoch hervorragende Eigenschaften: Sie sind warm, und die schweren Wollstoffe lassen den Quilt glatt hängen. Einfache, aber lebhafte Dreieck- oder Blockhausmuster sind leicht mit der Maschine zu nähen, schnell ist er dann zusammengeknotet, anstatt gequiltet. In früheren Zeiten der Armut war es leider unvermeidlich, daß die Quilts fleckig wurden, heute sehen sie anspruchslos, aber gut aus und passen perfekt zu einer modernen Einrichtung. Sie sind schnell zu nähen, so daß auch eine vielbeschäftigte Näherin damit gut zurechtkommen wird. Normalerweise wurden sie nicht gequiltet. Man heftete sie mit ihren Wolldeckenfüllungen und Rückseiten aus Baumwollköper, aufgerauhter Baumwolle oder Mehlsäcken, hier und da mit gestickten Blümchen oder Knoten aneinander. Sie paßten zu dem lässigen und manchmal ein wenig urigen Lebensstil unserer Antipoden, wo sie als Decken für alle Zwecke verwendet wurden, mit denen man nicht besonders vorsichtig umgehen mußte. Für eine Nacht unter Sternen waren sie einfach die perfekte Zudecke. Ein Quilt muß nicht unbedingt aus kostbaren Stoffen bestehen, um ein kleines Kunstwerk zu sein, und diesem reizvollen und gradlinigen Quilt kann man eine gewisse Ähnlichkeit mit Paul Klees Malerei nicht ganz absprechen.

EINKAUFSLISTE

Anzugstoffe oder reine Wollstoffe, fest aber leicht gewebt, 60 in/150 cm breit:
7 verschiedene Nadelstreifen marineblau 0,25 yd/25 cm
5 verschiedene weißgrundige Karos/Streifen je 0,25 yd/25 cm
5 verschiedene Beigetöne, 0,25 yd/25 cm

Roter Wollstoff
60 in/150 cm breit: 0,75 yd/70 cm

Einfarbig marineblauer Wollstoff (Rand), 60 in/150 cm breit: 0,75 yd/70 cm

Einfarbiger Nessel (Rückseite), 60 in/150 cm breit: 2 yd/1,80 m

Mittelschwere Watteline (Füllung), 60 in/150 cm breit: 2 yd/1,80 m

Rote Vierfach-Strickwolle (Knoten), 2 oz/50 g.

STOFFE

Sieben blaue Nadelstreifen, fünf weißgrundige Karostreifen, fünf Beigetöne, einfarbiges Rot und Marineblau

BESTANDTEILE

Der fertige Quilt mißt 51 x 57 in/130 x 145 cm

Schablone auf S. 124 verwenden.

DREIECKE: Hergestellt aus 28 dunklen und 28 hellen Rechtecken.

ERSTER RAND: 4 Streifen in rot ca. 2 in/5 cm breit, passend zuschneiden, oberer und unterer Streifen müssen über die Ränder hinausreichen.

ZWEITER RAND: 4 Streifen verschiedener Beigetöne, ca. 5 in/13 cm breit, passend zuschneiden, oberer und unterer Streifen müssen über die Ränder hinausreichen.

DRTTER RAND: 4 Streifen marineblau ca. 4 in/10 cm breit, passend zuschneiden, oberer und unterer Streifen müssen über die Ränder hinausreichen.

ABSCHLUSSKANTE: Roter Streifen 3 in/7,5 cm breit. Vorbereiten und annähen siehe S. 126.

ARBEITSANLEITUNG

1 Mit der Schablone (S. 124) 28 helle und 28 dunkle Rechtecke schneiden, die Dreiecke werden farblich nach dem Zufallsprinzip zusammengestellt, also viele verschiedene Stoffe verwenden.

2 Helle Rechtecke in 2 Stapel zu 14 aufteilen. Beim 1. Stapel Schneidlinie von oben links nach unten rechts (genau von Ecke zu Ecke), beim 2. Stapel Linie von oben rechts nach unten links zeichnen.

3 Jedes helle Rechteck rechts auf rechts auf ein dunkles legen, wobei das untere jeweils 45 Grad gedreht wird und sie asymmetrisch auf der diagonal gezeichneten Linie liegen. Feststecken.

4 Exakt 0,25 in/6 mm auf beiden Seiten der Diagonalen nähen, Nadeln entfernen und auf der gezeichneten Diagonalen in zwei Teile schneiden.

5 *Nähte offen bügeln; 2 Stapel von jeweils spiegelverkehrten Rechtecken legen, so daß sie zusammengesetzt jeweils helle und dunkle Pyramiden ergeben.*

6 *Einzelteile nach Zufallsprinzip zu Reihen aneinandernähen, dabei die Abbildung im Auge behalten. Nahtzugabe 0,25 in/6 mm.*

7 *Beim Zusammennähen sehr genau darauf achten, daß die Nähte exakt aneinanderstoßen, Nähte offen bügeln.*

8 *Mit einer Nahtzugabe 0,5 in/1,3 cm Reihen aneinandernähen: die Naht muß jeweils eine Gerade von einer Pyramidenspitze zur nächsten sein.*

9 *Einige 5 in/13 cm breiten Streifen verschiedener Beigetöne schneiden. Davon verschieden breite Streifen von 2 in/5 cm bis 8 in/20,5 cm rechtwinklig abschneiden.*

10 *Diese Streifen farblich nach dem Zufallsprinzip wieder aneinandernähen und lange Streifen herstellen, die zum Umranden des Quilts ausreichen.*

11 *Für die Ränder rote Streifen 3 in/7,5 cm und marineblau 4 in/10 cm breit schneiden (siehe Schritt 8, S. 37). Gut bügeln.*

12 *Rückseite und Füllwatte anbringen. Mit Zickzack alle Kanten umnähen. Überstehendes wegschneiden, Abschlußband zuschneiden, 3 in/7,5 cm breit festnähen (siehe S. 126).*

13 *Mit Stopfnadel rote Wolle an jeder Pyramidenspitze durch die Quiltlagen ziehen, doppelten Knoten auf der Oberseite machen. Enden 0,75 in/ 2 cm lang schneiden, auffasern.*

Britischer Soldaten-Quilt

Quilten war nicht nur ein Monopol der Frauen, es gibt einige besondere Beispiele dafür, daß auch Männer, vor allem Schneider, Soldaten und Seeleute Quilts entworfen und angefertigt haben. Letztere vermutlich, weil sie bei langen Schiffsreisen oder in Krankenhäusern sehr viel Zeit hatten, und bei den Schneidern war es die Tatsache, daß genügend Stoffreste zur Verfügung standen. Soldatenquilts sind vor allem wegen ihrer ordentlichen und präzisen Muster, aber auch wegen des Farbreichtums unendlich vieler winzigster Stoffteilchen, aus denen sie zusammengesetzt sind, bemerkenswert. Bevor Khaki militärische Normfarbe wurde, trugen Soldaten zur Unterscheidung auf den Schlachtfeldern sichtbar stolz ihre in den Grundfarben leuchtenden Uniformen mit viel lebhaftem Rot, abgesetzt gegen Blau, Schwarz, Braun, Gelb, Oliv und Creme. Es sind nur wenige, von Seeleuten gearbeitete Quilts erhalten geblieben. Der beste stammt von Nicholas White, der ihn während seiner Arbeit auf dem Walfangschiff »Balaene« im späten 19. Jahrhundert nähte. Es ist eine erstaunlich vielfältige Arbeit in den unterschiedlichsten Rottönen mit weißen Baumwollteilchen aus Stoffmusterbüchern. Sie strahlen von einem mittleren Medaillon aus. Der Quilt selbst ist enorm kompliziert und steht damit im Gegensatz zur strengen Ordnung der Soldatenquilts. James Cox, ein Matrose, der 1865 auf HMS »Victory« diente, stellte einen Quilt mit einer gradlinigeren, männlicheren Ausstrahlung her. Er verwendete Rauten, verziert mit roten, schwarzen und weißen Flaggen aus Filz.

Im allgemeinen sind Quilts von Schneidern dunkle Gebrauchsquilts, dennoch hat Walter Scott, ein Schneidermeister aus Mittelengland, einen verblüffend gekonnten Quilt aus blauen Hemdenstoffen gefertigt. Im späten 19. Jahrhundert applizierte er Einzelteilchen in Form von Wolken zu einer wundervollen Reklamearbeit für seinen Laden. Einen ganz außergewöhnlichen Gegensatz zur Nüchternheit der Soldatenquilts bilden drei sehr malerische Arbeiten, die eher zu den cartoonhaften Darstellungen auf Fante-Flaggen gehören als zu den gesetzten Arbeiten britischer Schneider. Der Quilt von James Williams, einem Schneider aus Wrexham, zeigt sowohl biblische Szenen als auch »Wunder der Technik«. Er arbeitete zehn Jahre (1842–52) daran. Achtzehn Jahre brauchte John Monro, ein Schneider aus Paisley, zur Vollendung seines Quilts mit Darstellungen von Landschaften und Sprichwörtern, und David Robertson aus Falkirk arbeitete 1650 Stunden an seinem Quilt mit Schiffen, königlichen Wappen und Rittern, den er 1853 vollendete. Zwei Künstler, die jeweils in ihrer Heimat sehr bekannt waren, dachten sich wahre Wunder damenhafter Quilts aus. George Gardiner arbeitete in Allenheads gegen Ende des 19. Jahrhunderts und war für seine Wollquilts berühmt; und Joe, der Quilter von Hexam, geboren 1745, machte außerordentlich schöne Quilts aus Chintz.

links: *Mehr als 5500 1 in/2,5 cm-Quadrate in leuchtenden Farben erinnern bei diesem nordirischen Soldatenquilt aus dem 19. Jahrhundert an die Leuchtkraft bunter Glasfenster. Er mißt 58 x 78 in/ 147,5 x 198 cm und hatte früher eine Rückseite aus blauer Wolle, die heute nur noch aus Fetzen besteht.*

rechts: *Ein Mosaik winziger heller Wollquadrate in den Regimentsfarben der Indischen Armee. Früher einmal von Fransen umrandet, hat er heute nur noch eine schmale Außenkante.*

oben: *Quilt eines Stalljungen aus erdigen Tweed- und Wollstoffen, möglicherweise aus Pferdedecken. Das Muster »Variabler Stern« wird durch gleichmäßiges Rautenquilten auf dem Wollfutter gefestigt.*

links: *Der restaurierte »Balaena-Quilt« von Nicholas White entstand während seiner Zeit als Steward auf diesem Schiff und auf der »Terra Nova« im ausgehenden 19. Jahrhundert.*

BRITISCHER SOLDATEN-QUILT

Bis auf wenige Fanatiker hat heute niemand mehr die Zeit, 15 000 winzige Wollstoffquadrate zusammenzunähen. Militärquilts mit ihren kräftigen Farben und ihrer klaren Geometrie kann man heute einfacher und mit viel geringerem Zeitaufwand nacharbeiten. Das Ergebnis ist ein Quilt in echt militärischer Präzision und den auffallenden Uniformfarben vergangener Zeiten. Das Oberteil aus Wolltwill und eine Militärdecke als Rückseite sind so schwer, daß man auf eine Füllung verzichten kann.

Viele Soldaten und Matrosen haben sich, um der Langeweile endloser Stunden zu entkommen, mit Handarbeiten und Stricken beschäftigt. Verwundete Soldaten, die lange im Krankenhaus liegen mußten, nutzten manchmal ihre Zeit dazu, winzige Quadrate schwerer Uniformwollstoffe zusammenzunähen. Noch im zweiten Weltkrieg hat man Stoffstückchen zum Patchworken an Kriegsgefangene geschickt. Bis im Burenkrieg das universell verwendete Khaki als Militärfarbe eingeführt wurde, trugen kämpfende Soldaten zur Unterscheidung prächtig bunte Uniformen zum Beispiel in Rot, Blau, Gold, Schwarz, Grün und Rosa. Bis zu fünfzehn verschiedene Farben kann man in Soldatenquilts finden. Die meisten von ihnen entstanden zwischen 1869 und 1900. Obwohl die schweren Wollstoffe die Arbeit nicht gerade erleichterten, schienen sie so etwas wie eine Herausforderung an das Geschick der einzelnen Hersteller zu sein: Eine erstaunliche Zahl dieser Quilts wurde aus Quadraten gearbeitet, die kaum einen Quadratzentimeter groß sind. Bei einem Soldatenquilt bedeutet es nichts Außergewöhnliches, wenn er aus mehr als 5000 Einzelteilchen besteht. Wettbewerbe brachten sogar einige Männer dazu, 12 887 und sogar 15 500 konfettigroße Wollstückchen zu einem Quilt zusammenzunähen. Die Ergebnisse waren dann so schwer, daß man sie nicht zu füllen brauchte, und so steif, daß auch ein Quilten entfiel. Oft hatten sie Fransenkanten und eine Rückseite aus einfachem Baumwollstoff. Das Muster war immer streng geometrisch, normalerweise aus quadratischen Einzelteilchen. Manchmal war dieses großartige Farbmosaik dem Hersteller noch nicht genug, und er schmückte seinen Quilt zusätzlich mit einem oder zwei Motiven in Perlstickerei. Die Muster basieren immer auf kleinen quadratischen Stoffläppchen. Sie bilden um einen Mittelpunkt angeordnet konzentrische Farblinien. Die Quadrate werden gern rautenförmig mit der Spitze nach oben gesetzt. Schließlich begrenzen dunkelfarbige Ränder die bunte Quiltoberfläche. Die winzigen Stiche und nur seltenen Fehler lassen vermuten, daß mehrere Männer unter der Aufsicht eines Planers gearbeitet haben.

EINKAUFSLISTE

Dicht gewebte Wollstoffe, etwa wie für einen leichten Mantel oder strapazierfähigen Anzug:
für 78 rote Quadrate 0,5 yd/45 cm
für 38 dunkelgelbe Quadrate 0,5 yd/45 cm
für 43 weiße Quadrate 0,5 yd/45 cm
für 52 taubenblaue Quadrate 0,5 yd/45 cm
für 44 khaki Quadrate 0,5 yd/45 cm
für 102 schwarze Quadrate 1 yd/90 cm
(gesamt: 357 Quadrate)

STOFFE:

Schwarz, rot, taubenblau, leuchtend weiß, khaki und dunkelgelb

BESTANDTEILE:

Der fertige Quilt mißt ca. 37 x 44 in/94 x 112 cm.

*BLOCKS:
357 Quadrate 2,5 in/6,5 cm in 6 verschiedenen Farben, zum einfacheren Zusammensetzen zuerst in Streifen genäht, dann in Blocks.*

*RÄNDER:
4 Streifen schwarz ca. 2 in/5 cm breit, passend zugeschnitten (oberer und unterer Streifen müssen über die Ränder hinausstehen).*

*ABSCHLUSSKANTE:
Schwarze Streifen 3 in/7,5 cm breit. Vorbereiten und Annähen siehe S. 126.*

ARBEITSANLEITUNG

1 *Ausreichende Menge Streifen 2,5 in/6,5 cm breit von jedem Stoff schneiden.*

2 *Streifen in 2,5 in/6,5 cm Quadrate schneiden. Nach Farben ordnen.*

3 *Einzelteile wie in der Abbildung gezeigt zurechtlegen. Abb. zeigt den Block ganz rechts, 2. Reihe von oben. Anordnung für alle Blocks legen.*

4 *Einzelteile Reihe um Reihe aneinandernähen, Nahtzugabe 0,25 in/0,6 cm (wenn man sie nicht exakt einhält, stoßen die Quadrate nicht genau aufeinander).*

5 *Nähte der einzelnen Reihen in entgegengesetzte Richtungen bügeln, um später Buckel beim Zusammennähen der Reihen zu vermeiden.*

6 *Die Reihen zu Blocks aneinandernähen, auf das exakte Zusammenstoßen der Nähte achten.*

7 *Vorder- und Rückseite zur Vermeidung von Buckeln sorgfältig bügeln. Auf der linken Seite beginnen, alle Nähte in die gleiche Richtung bügeln, rechte Seite flachbügeln, Nähte sollen nicht erhöht sichtbar werden.*

8 *Der Abbildung folgen, jeweils 3 Blocks zu einer Reihe nähen.*

9 *Reihen aneinandernähen, gut bügeln, Nähte, wo notwendig, etwas beschneiden. Schwarze Streifen für Ränder 2 in/5 cm breit schneiden, anbringen (siehe Schritt 8 S. 37).*

10 *Wolldecke für die Rückseite in gleicher Größe wie Quiltoberteil schneiden, mit großen Zickzackstichen aneinandernähen.*

11 *Abschlußkante 3 in/7,5 cm breit schneiden, falten, bügeln und anbringen (siehe S. 126). Der Quilt ist schwer, füttern oder quilten ist nicht notwendig.*

BRITISCHER STREIFEN-QUILT

Der für Nordengland typische Streifenquilt wird aus breiten, auffallenden Baumwollstreifen in Türkischrot und Weiß gearbeitet. Der älteste Streifenquilt stammt vom Ende des 18. Jahrhunderts und besteht aus vielfach geflicktem und ausgebessertem Chintz, aus Baumwolle und Kaliko. Eine andere frühe Version wurde 1840 auf der Isle of Man hergestellt, wo es eine Quilttradition gab. Hier liebte man Quilts in kräftigen Farben wie Karmesinrot, Schwarz, Dunkelblau und Grün. Streifenquilts sind besonders in Nordengland und Wales gebräuchlich – besonders in Northumberland und im Bezirk Durham mochte man das ein wenig drastische, aber einfache Streifenmuster. Hier wurden zwischen 1860 und 1930 Tausende solcher Quilts hergestellt. Die englische Version ist heller als die von Wales, wo man Quilts aus Wollstoffen nähte und melancholischere Farben bevorzugte wie feierliches Purpur, Fuchsiarot und Schwarz. Streifenquilts aus Nordengland zeigen dagegen verblüffende Farbkontraste – sattes Himmelblau mit Senfgelb und Scharlachrot immer in Verbindung mit weißen, einfarbigen oder gemusterten Stoffen. Auch Pastelltöne wurden gern verarbeitet: Rosa, Blau, Creme und Malve in unterschiedlichsten Zusammenstellungen. Die typischen Streifen können vielfältig belebt werden. Man kann Kanten im Sägezahnmuster, aneinandergestückelte Zickzack-Bänder oder gepatchte Rauten anfügen. Als Quiltdesign verwendet man Muster, mit denen man sonst Ränder quiltet. Ein Streifen wird nach dem anderen gequiltet. Wenn man einen Quiltrahmen benutzt, ist eine solche Arbeit viel einfacher zu planen und durchzuführen als zum Beispiel ein Medaillonmuster oder Quiltarbeiten auf großen Stoffbahnen. Bei letzteren muß man das komplette Quiltmuster jederzeit im Kopf haben. Streifenquilts werden häufig mit Feder- oder Zopfmustern, Tulpen oder Zickzack-Linien entlang ihrer Streifen gequiltet. Die meiste Beachtung schenkte man immer dem Quilten, nicht dem Zusammensetzen verschiedenfarbiger Stoffe. Und da man beeindrucken wollte, arbeitete man mit allergrößter Sorgfalt.

links: *Das Zusammenspiel von Türkischrot mit weißer Baumwolle war immer beliebt. Hier sieht man einen Hochzeitsquilt aus West Cornforth, Bezirk Durham, von 1870, bei dem das Streifenmuster als Grenzlinie ignoriert wurde, wodurch ein in sich geschlossenes Quiltmuster für die Rückseite des Quilts, die aus unzerschnittenem Stoff besteht, geschaffen wurde. In der Mitte liegt ein verschlungenes Knotenmotiv, umgeben von Federmuster.*

unten: *Rosé und gemusterte Baumwollstreifen sind wellenförmig gequiltet, der winzige Druck fügt seine eigene Struktur als Kontrast der Näharbeit hinzu.*

oben: *Quilt aus dem frühen 20. Jahrhundert mit breiten Baumwollstreifen in Blau und Weiß, in der üblichen Art entlang der Streifen gequiltet. Der blaue Streifen zeigt eine Rose in konzentrischen Ringen, der weiße ein einfaches Zopfmuster.*

links: *Ein einfacher Streifenquilt der 30er Jahre aus dem Bezirk Durham. Er zeigt abwechselnd weiße und rot/weiß gestreifte Bänder. Die dünne Baumwollfüllung und einfarbig weiße Rückseite werden mit Winkeln aus geraden Stichen zusammengehalten. Die schmale rote Außenkante mit weißen Punkten bildet optisch einen schönen Abschluß.*

Britischer Streifen-Quilt

Das Nebeneinander von Blumenmustern und einfarbigem ägyptischem Baumwollbatist ergibt einen nostalgischen Quilt, der das Schlafzimmer eines Hauses in den 30er Jahren geschmückt haben könnte. Sehr wirkungsvoll zeigen die blaßgrünen Streifen ein schlichtes, aber anziehendes, nur aus gekurvten Linien und Schnörkeln bestehendes Quiltmuster. Die Umrandung ist sonnengelb, die Füllung besteht aus Baumwollvlies.

Eines der großen, aber wenig beachteten Beispiele britischen Designs sind die Streifenquilts. Sie stellen eine sehr sublime Antwort auf die Herausforderungen des Maschinenzeitalters dar. Ihre Beliebtheit verdanken sie sicher zum Teil der Tatsache, daß sie leicht mit der Maschine genäht werden konnten, und ihre Schlichtheit hat sie seit jeher zu Klassikern gemacht. Früher jedoch war das Quilten der wertvollste Bestandteil der Arbeit und wurde in endlosen Stunden ermüdender Handarbeit gestichelt. Heute, wo Füllmaterialien zur Verfügung stehen, die nicht mehr minuziös fixiert werden müssen, braucht die Quiltarbeit nicht mehr so fein zu sein und kann auch geschwind mit der Nähmaschine erledigt werden. Wenn das Quiltmuster für Sie oder Ihre Nähmaschine zu kompliziert sein sollte, ist es durchaus akzeptabel, ja es entspricht sogar einer gewissen Tradition, ein schmuckloses Wellenmuster zu verwenden, das dann mäanderförmig die jeweiligen Streifen von oben nach unten durchläuft. Eine alte Wolldecke, Baumwollvlies oder – etwas teurer – ungesponnene Wolle ergeben eine gute Füllung, je schwerer sie ist, desto besser hängt der fertige Quilt. Man kann mit unterschiedlichen Materialien für die Umrandung experimentieren. Streifen von leichten Wollstoffen eignen sich gut dazu, aber auch Leinen, das traditionelle Material, wirkt sehr dekorativ. Um den Stoffverbrauch zu errechnen, die Einzelteile zuzuschneiden und zusammenzunähen, braucht man kein Genie zu sein. Normalerweise benötigt man zwischen neun und dreizehn Streifen, jeder zwischen 9 in/23 cm und 12 in/30 cm breit. Kräftige Unistoffe, aber auch Zusammenstellungen einfarbiger und kleingemusterter Stoffe ergeben gelungene Streifenquilts.

EINKAUFSLISTE

Vorgewaschener Baumwollbatist 36 in/90 cm breit in blaßgrün 2 yd/1,80 m

passender Baumwolldruck, der über die ganze Stoffbahn geht: 2 yd/1,80 m

sonnengelb für Außenkante und Rückseite: 4 yd/3,65 m

Dicke Watteline als Füllstoff, 60 in/150 cm breit: 2 yd/1,80 m

Zu jeder Farbe passendes Baumwollgarn

STOFFE

Batist mit Blumendruckmuster, einfarbiger blaßgrüner Baumwollbatist.

BESTANDTEILE

Der fertige Quilt mißt ca. 54 x 68 in/137 x 173 cm.

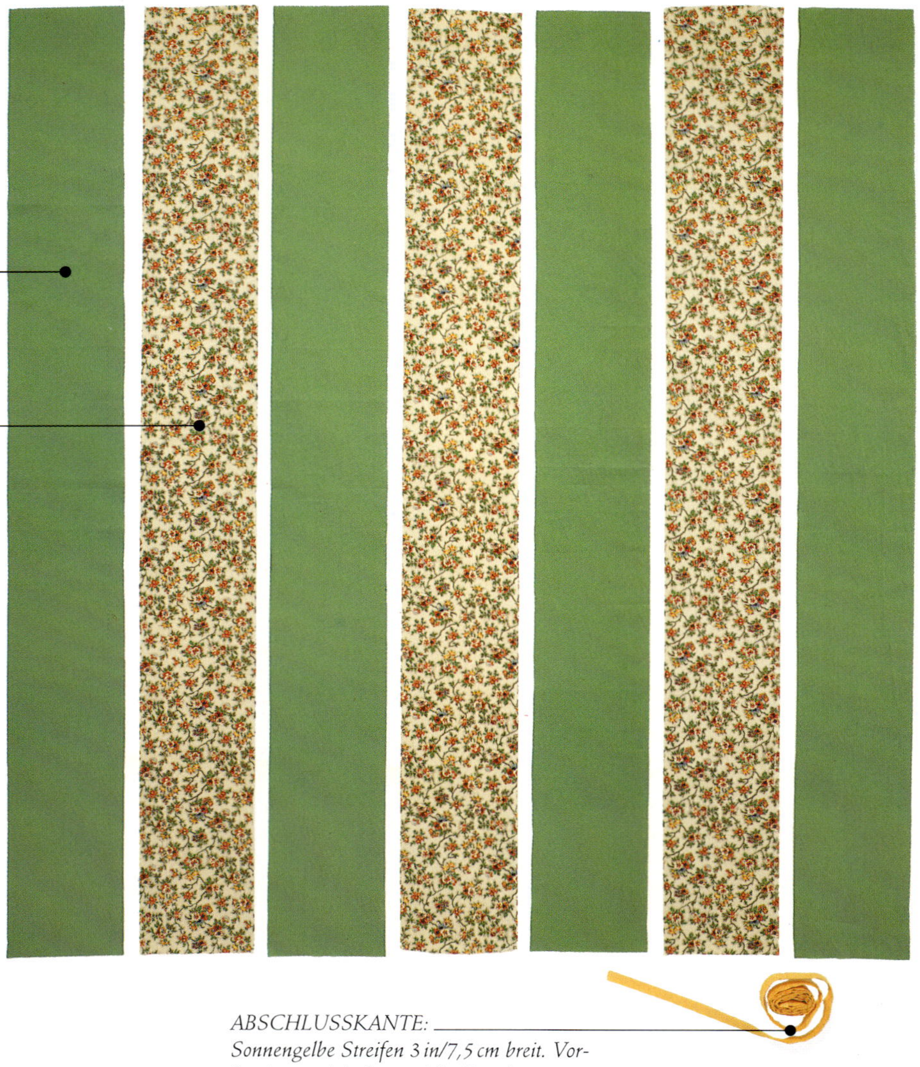

GRÜN:
4 Streifen, 8 in/20,5 cm breit, 2 yd/1,80 m lang.

BEDRUCKTER STOFF:
3 Streifen 8 in/20,5 cm breit, 2 yd/1,80 m lang.

ABSCHLUSSKANTE:
Sonnengelbe Streifen 3 in/7,5 cm breit. Vorbereiten und Anfügen siehe S. 126.

ARBEITSANLEITUNG

1 *Die Stoffe der Länge nach genau in 8 in/20,5 cm breite Lagen bügeln, der Knick dient später als Schnittlinie.*

2 *3 Streifen 72 x 8 in/183 x 20,5 cm vom gemusterten Stoff entlang der Bügellinien schneiden.*

3 *4 Streifen 72 x 8 in/183 x 20,5 cm vom blaßgrünen Stoff schneiden.*

4 Abwechselnd grünen und bedruckten Streifen wie gezeigt aneinander nähen. Nach Beendigung alle Nahtzugaben zu den grünen Streifen hin bügeln.

5 Füllwatte an Quiltoberteil anheften (oder mit Klebespray siehe S. 125). Umdrehen und Vorgang mit der gelben Rückseite wiederholen. Kanten von Oberteil, Füllung und Rückteil mit großen Zickzack-Stichen aneinanderheften, Überstehendes abschneiden.

6 Quiltmuster auf ein durchsichtiges Plastikmaterial (S. 123) übertragen. Linie mit scharfem Messer ausschneiden, viele »Brücken« stehen lassen.

7 Quiltmuster auf grüne Stoffstreifen mit wasserlöslichem Stift übertragen (es ist wichtig, den richtigen Stift zu benutzen, nur so kann der Quilt zum fleckfreien Löschen der Hilfslinien angesprüht oder ausgespült werden).

8 Ober- und Spulengarn passend zur Ober- und Rückseite nehmen. Zuerst sorgfältig an der »Blumenseite« der Nähte entlangnähen. (S. 125).

9 Unteren Stofftransport versenken, Stopffüßchen einsetzen, auf den gezeichneten Linien quilten (S. 125). 3 in/7,5 cm Außenkante aus sonnengelben Streifen anfügen (S. 126).

10 Fadenspannung fürs Quilten und Quilttechnik an Probestück üben, bevor man am Quilt selber arbeitet.

KANADISCHER HEMDEN-QUILT

Die Indianer Kanadas schmückten ihre Kleidung mit applizierten Lederstückchen und ihre Festgewänder mit glückbringenden Talismanen. Pelze und Tierhäute machten Stoffe für sie überflüssig. Die ersten Siedler wurden aber von Pelzen und Tierhäuten besonders angezogen. Im frühen 17. Jahrhundert errichteten Pelzhändler aus Frankreich Blockhäuser an Orten, die später einmal zu Quebec, Trois Rivière und Montreal wurden. Ihre Frauen brachten Kleider und Bettzeug mit in die Wildnis. Stoffe, auch getragene, waren wertvoll und wurden immer wieder gewendet und neu eingefärbt. Die Indianer machten die Siedler mit ihren Naturfarben vertraut, und die alten Stoffe erstrahlten bald in ganz untypischen Farben. Sie wurden neu zusammengenäht und ergaben »Catalognes« (Anm. der Übers.: Kunstvoll gewebte Tücher, an den Rändern mit Stoffstreifen verziert) und Tagesdecken in Patchworktechnik. Diesen Pionieren folgten nach einiger Zeit schottische und deutsche Siedler, die eine Vorliebe hatten für mit Gänsefedern gefütterte Zudecken und Leinen/Wolle-Quilts, deren Oberteil aus einem durchgehenden Stoff bestand und sehr fein gequiltet oder mit Stickerei verziert war. Die Amischen und Mennoniten aus dem Schwarzwald und den Schweizer Alpen hinterließen ein beachtliches Erbe leuchtend farbiger, exakt genähter, aber auch einfarbiger Quilts mit applizierten Herzen, Distelfinken oder Symbolen, die gegen Unglück schützen sollten. Im 19. Jahrhundert wurde es einfacher, an anspruchsvollere Stoffe zu kommen. Reich gemusterter Chintz wurde von den Wohlhabenden unzerschnitten zu Quilts verarbeitet, oder seine ausgeschnittenen Motive fanden als Applikationen Verwendung in der sogenannten »Persischen Stickerei« oder als Mittelmedaillons in zusammengestückelten Quilts, die sich dann jeder leisten konnte. Wollene Gebrauchsquilts in einfarbigen und in zusammengesetzten Blocks in Braun, Blau, Orange, Grau, Rot und Creme werden immer noch nach der Tradition gearbeitet, die bis in die Zeit vor 1800 zurückreicht. Leider sind nur sehr wenige der alten Quilts erhalten, ihr brüchiges Gewebe war schon alt und gebraucht, als es zu Bettdecken verarbeitet wurde.

links: *Baumwolldrucke des 19. Jahrhunderts, in ausgebleichten Farben, verarbeitet zu einem vergleichsweise ländlichen, aber dennoch komplizierten Quilt, der mit konzentrischen Reihen rechtwinkliger Dreiecke um ein Mittelquadrat gestaltet wurde. Fertiggestellt etwa 1860. Der Quilt ist eine großartige Leistung von E. Bruels aus dem Bezirk York, Ontario, die damals 87 Jahre alt war.*

oben: *Handgewebte Wolle in einem schönen Gebrauchsquilt aus Orangeville, Bezirk Dufferin, etwa 1865. Wie der Baumwollquilt auf der gegenüberliegenden Seite ist auch dieser Quilt von einem Mittelmotiv nach außen gearbeitet, und die zusammengestückelten und gehamsterten Fleckchen sind sorgfältig zu einem harmonischen Quilt zusammengestellt. Die Rückseite besteht aus dicker Baumwolle, gefüttert ist er mit Wolle, die mit einem gequilteten Muschelmuster fixiert wird; ein schwarzes Samtband umrandet die Arbeit.*

rechts: *Noch mehr handgesponnene Wolle und ein weiteres Beispiel dafür, wie harmonisch eine Beschränkung auf nur wenige Farben wirken kann. Überraschenderweise ist dieses einfache, aber sehr reizvolle schachbrettartige Muster aus umrandeten Blöcken nur selten zu finden. Bedruckte Stoffe waren teuer und nur schwer zu bekommen, aber diese Zusammenstellung von Karos und Streifen ist auch sehr ausdrucksvoll.*

KANADISCHER HEMDEN-QUILT

Sparsamkeit heute: Bei diesem eher sachlichen Quilt werden abgetragene Baumwollhemden verwendet. Sie sind die modernen städtischen Gegenstücke zu den schweren, handgewebten Holzfäller- und Trapperhemden früherer Zeiten. Fein gewebte Karos und Streifen als Grundmuster sind von zurückhaltender Eleganz. Wenn man sie zum Quilt zusammenknüpft (nicht quiltet), entsteht der Eindruck unzähliger kleiner, gepolsterter Kissen.

Die Pioniere, die sich in Kanada niederließen, stammten aus europäischen Ländern. Die Frauen brachten ihre Erfahrungen im Quilten mit, aber es gab in dem wilden Land, das sie besiedeln wollten, keines der ihnen geläufigen Materialien. Gekaufter Stoff war ein seltenes und kostbares Gut. So begannen die Menschen selber zu spinnen und zu weben. Selbsthergestellte Wolle oder Leinen, gefärbt mit Naturfarben aus Nüssen, Goldrute, Blauholz, Krappwurzeln und Indigo, gebeizt mit saurer Milch, gelöschtem Kalk oder »Zimmer-Lauge« (menschlichem Urin) waren bald ihre Haupttextilerzeugnisse. Fertige Kleidung zu kaufen, war extravagant und fast unbezahlbar, daher wurde häusliches Weben zur Notwendigkeit. Dennoch gab es immer wieder Frauen, die ihre selbstgesponnenen Garne zu professionellen Webern brachten, um sie von ihnen verarbeiten zu lassen. Bedruckte Stoffe waren ein Luxus, den man mit den primitiven Gerätschaften, die man besaß, nicht herstellen konnte, deshalb mußten gewebte Karos und Streifen als Ersatz für Muster und Verzierungen dienen. Warme Kleidung und Bettzeug waren lebensnotwendig in den eisigen Wintern, und jedes Stückchen Stoff wurde immer und immer wieder verwertet. An der Küste wurden aus durchgescheuerten Wollhemden dicke, wollene Reisedecken gemacht. In Ontario nähte man Kinderbekleidung aus gebrauchten Arbeitshemden, dann wurden Quiltblocks daraus, und wenn der Quilt schließlich zerfiel, verwendete man die Reste zum Abdichten von Fensterrahmen und Türen. Quiltfüllungen bestanden damals aus gekämmter Wolle oder Baumwolle, auch aus Federn und Gänsedaunen. Wenn sich das Jahr seinem Ende zuneigte, nähten die Frauen mit Feuereifer, um mit dem warmen Bettzeug fertig zu sein, bevor der erste Schnee fiel. Deshalb wirken kanadische Gebrauchsquilts eher ein wenig oberflächlich im Muster. Anstatt die Arbeit zu quilten, hat man sie nur zusammengeknüpft, ein Ersatz für mühseliges Quilten, der aber auch den damaligen Füllmaterialien entgegenkam. Das vorherrschende Blau dieses Quilts wird von braunen und roten Teilen belebt. Es ist heute leichter, an feine Hemdenstoffe aus Baumwolle zu kommen als an schwere, handgesponnene Stoffe. Aber karierte und gestreifte Wollstoffe, gerauhte Baumwolle oder sogar gestreifte Pyjamastoffe kämen dem Original viel näher. Baumwollvlies oder eine Wolldecke passen als Füllung eher zu dickem, wolligem Stoff. Die Rückseite besteht aus einem etwas schweren, farblich zur Vorderseite passenden Baumwollstoff.

EINKAUFSLISTE

10 feine Nadelstreifen- oder Karomuster aus Baumwollbatist in unterschiedlichen Blau- und Brauntönen, 36 in/90 cm breit:
5 verschiedene helle Töne von jedem 0,5 yd/45 cm,
5 verschiedene dunkle Töne von jedem 0,5 yd/45 cm
Baumwollstoff für Rückseite 4 yd/3,65 m
Karierter Baumwollstoff für die Abschlußkante 0,75 yd/70 cm
Mitteldicke Watteline, 60 in/150 cm breit: 2 yd/1,80 m
Baumwollhäkelgarn Nr. 10 und eine scharfe Nadel zum Zusammenknüpfen

STOFFE

Fünf helle und fünf dunklere Streifen- und Karomuster.

BESTANDTEILE

Der fertige Quilt mißt ca. 54 x 66 in/137 x 168 cm

ARBEITSANLEITUNG

1 *So verwendet man ein getragenes, wegen zerschlissener Manschetten und Kragen weggeworfenes Hemd: Ärmel abtrennen und zu flachem Stoffstück öffnen.*

2 *Mit einer Quadratschablone von 6,5 in/16,5 cm schneiden Sie 50 Quadrate. Jeder Ärmel sollte 5, jedes Vorderteil 4 und das jeweilige Rückteil sollte 9 Quadrate ergeben.*

3 *Ausreichende Menge 3,5 in/9 cm breite Streifen aus unterschiedlich gestreiften Stoffen für 49 quadratische Viererblocks schneiden.*

4 Längs- und quergestreifte Streifen paarweise aneinandernähen. Nahtzugaben zum dunkleren Stoff hin bügeln.

5 Streifen alle 3,5 in/9 cm rechtwinklig abschneiden, um Rechtecke zu erhalten.

6 Rechtecke wie Karos zusammenlegen; Zusammentreffen der Nähte überprüfen und zu 6 in/15 cm quadratischen Viererblöcken aneinandernähen. Bügeln.

7 Abwechselnd quadratische Viererblöcke und große Quadrate zu 11 Reihen mit jeweils 9 Quadraten aneinandernähen.

8 Reihen zur Quiltoberfläche zusammennähen. Stoff für Rückseite und Füllmaterial etwas größer ausschneiden und zu einem »sandwich« zusammenlegen (siehe S. 125).

9 Die Kanten mit breitem Zickzackstich sichern, überstehende Füllung und Rückseite abschneiden.

10 Mit Häkelgarn an jeder Quadratecke die Quiltoberseite mit Füllung und Rückseite mit einem doppelten Knoten verknüpfen. Fadenende 1,5 in/4 cm stehen lassen.

11 Stoff für Außenkante diagonal falten und 3 in/7,5 cm breite Streifen schneiden. Ausreichend für die Außenkante des Quilts zusammennähen, festnähen (S. 126).

Französischer Boutis-Quilt

Seit dem 17. Jahrhundert übten bedruckte Baumwollstoffe aus Indien einen enormen Einfluß auf die Mode aus, von Kleidung über Heimtextilien bis zu Quilts. Durch überlieferte meisterhafte Technik farbecht gefärbt und mit kompliziertesten Mustern bedruckt, gab es in der westlichen Welt bis zur Mitte des 18. Jahrhunderts nichts Vergleichbares. Erst dann wurde es möglich, die komplexen chemischen Zusammenhänge zu analysieren und nachzuahmen. Aus Indien stammen die herrlichen, immer harmonisch wirkenden Chintzstoffe und die reich gemusterten »Palampores« (Anm. d. Übers.: Decken aus geblümtem Chintz), die die Betten der Wohlhabenden schmückten. Eine geniale Idee war es, das raffinierte, die ganze Oberfläche füllende Druck- und Paisley-Muster mit einer breiten, farblich passenden Bordüre zu umranden und damit das Mittelstück eines Quilts besonders hervorzuheben. Indische Stoffe waren nicht nur schön, sondern auch relativ farbecht, eine wichtige Eigenschaft, denn Quilts erholen sich niemals vom Verblassen der Farben. Ballen kostbar bedruckter Baumwollstoffe waren deshalb auch bei modebewußten Schneiderinnen in Großbritannien, dem europäischen Festland und Amerika hochbegehrt. Alles begann damit, daß 1592 ein spanisches Schiff von einem englischen Freibeuter aufgebracht wurde. Seine wundervolle Ladung bestand aus Batist, bedruckten Kalikos und Palampores aus Chintz. Sie erregten ein so großes Interesse, daß im Jahr 1600 die East India Company gegründet wurde. Genau hundert Jahre später wurde die Einfuhr von Chintz nach England verboten, und ab 1720 durfte Chintz weder zu Kleidung noch zu anderen Zwecken verarbeitet werden. Das Verbot nutzte wenig. Es wurde so viel Stoff eingeschmuggelt, daß die Nachfrage nach indischen Textilien befriedigt werden konnte. Schmuggeln bedeutete aber nicht, daß man aufhörte zu sparen. Folglich entwickelte sich die »Persische Stickerei«, bei der man auch die winzigsten Restchen des kostbaren Musters weiterverarbeitete. Es dauerte Jahrzehnte, bis es in Amerika und Großbritannien bedruckte Stoffe gab, die auch nur in etwa mit den herrlichen indischen Stoffen vergleichbar waren. Und auch dann waren sie durch die Einführung moderner Anilinfarben, die mit den harmonischen Naturfarben nichts gemein haben, oft sehr nah daran, geschmacklos zu wirken. Die Palampores, in deren Zentrum ein Lebensbaum prangt, übten einen direkten Einfluß auf die ersten Quiltversuche europäischer Frauen aus. In Holland, Portugal und in der Gegend um Marseille gab man Quilts aus fein bedruckten hellen Stoffen ähnlich breite, mit einer 45-Grad-Naht versehene Ränder, wie man sie von den Palampores kannte. Leuchtende Farbzusammenstellungen und beidseitig ausgewogene Motive sind für diese wenig dokumentierte Kunstform charakteristisch. Das Quilten spielte dabei eine mehr funktionelle als dekorative Rolle und bestand nur aus geraden Linien oder Rauten.

oben: *Quilt aus indischen Druckstoffen des 19. Jahrhunderts, Holland. Beim Zusammennähen wurde nicht so sehr auf Perfektion geachtet, was dem Quilt nicht schadete. Die Farben im etwas verschoben liegenden Mittelstück wiederholen und verstärken sich in den Rändern mit 45-Grad-Nähten.*

links: *Arbeitskleid eines provenzalischen Bauernmädchens des 19. Jahrhunderts. Der attraktive Rock aus zusammengenähten Baumwollstreifen in harmonischen Blau- und Brauntönen weist ein einfaches Rautenquiltmuster auf. Gleichgültig, ob einfarbig oder gemustert, Baumwollstoffe wurden immer außerordentlich fein gequiltet.*

ganz links: *Ein schwer gefütterter, niederländischer »Palampores«, dessen wirbelndes Blumenmuster die Basis für die Quiltarbeit bildet. Dadurch erscheinen seine besonders schönen Wedel und Ranken auch auf der gelben Rückseite. Die Ränder in passenden Rottönen sind wesentlicher Bestandteil des Designs.*

Französischer Boutis-Quilt

Provenzalische Baumwolldrucke in den Komplementärfarben Rot und Grün, mit geblümter Innenbordüre, umrandet von breiten Kanten und flach gequiltet, ergeben eine liebenswerte Mischung zwischen französischem bäuerlichen Stil und indischer Eleganz. Eine einfarbig dunkelgrüne Baumwollrückseite zeigt das dichte Rautenquiltmuster, Baumwollvlies als Füllung und ein dünnes Zwischenfutter geben dem Quilt Fülle und Gewicht.

Bei ihren Quilts lieben die Franzosen schlichte Patchworkarbeiten. Sie verwenden kleine Karos und Drucke, die sie zu Streifen aus Quadraten und Rauten zusammensetzen. Wenn sie mit Medaillons arbeiten, werden diese von konzentrisch angeordneten einfarbigen oder zusammengesetzten Stoffstreifen umrandet. Wirklich hervorragend sind sie allerdings bei ihren »Boutis-Quilts« – dabei handelt es sich um Quilts aus provenzalischen Baumwollstoffen, die mit geschnitzten Holzmodeln in kräftigen indischen Farben bedruckt wurden. Die Farben strahlen von der Mitte aus nach außen, und die Quilts werden von breiten, fein gequilteten Randstreifen umgeben. Es gibt nichts Schöneres als diese vielfältigen Farbmischungen: Hier harmoniert Kurkumagelb mit Zinnober- und Kirschrot, Fuchsia mit Marineblau und besonders intensivem Himmelblau. Diese Farbkompositionen sind übersät mit kleinen Blüten oder Tropfen (Paisley) und anschließend mit winzigen Rauten gequiltet. Oft wurden kleine Botschaften eingestickt, wie Schlüssel und Scheren, die eine glückliche Ehe bringen sollen, oder Vögel und ineinander verflochtene Blumen. Die geschmackvoll gemusterten, mit Holzmodeln bedruckten Baumwollstoffe wurden unter der Bezeichnung »les indiennes« (die Indischen) bekannt. Dabei spielte es keine Rolle, daß seit dem 17. Jahrhundert viele dieser Stoffe aus der Türkei und der Levante, wo preiswerte Imitationen hergestellt wurden, nach Marseille kamen. 1648 öffnete das erste Atelier in Marseille und dreißig Jahre später ein zweites in Avignon. 1686 wurde importierte Kleidung aus Indien in Frankreich verboten, und es dauerte noch fast 100 Jahre, bevor französische Hersteller die farbechte Leuchtkraft und Schönheit der »indiennes« nachahmen konnten. Immerhin erwarben sie ein eigenes Fachwissen, das in den Arbeiten der einen oder anderen Manufaktur bis heute zu spüren ist. Stoffe, die mit Holzmodeln bedruckt wurden, gehören der Vergangenheit an, und nur noch sehr Wohlhabende können sie sich leisten. Die überlieferten Muster sind jedoch sehr sorgfältig auf Kupferrollen übertragen worden und ermöglichen moderne Massenproduktionen. Provenzalische Baumwollstoffe passen immer außerordentlich gut zueinander. Sie sollen auch vielfältig miteinander verwendet werden. Dabei sind die Bordürenmuster besonders wichtig. Ihre Aufgabe ist es, die kontrastierenden Farben und Muster einer Arbeit zusammenzuhalten.

EINKAUFSLISTE

2 verschiedene provenzalische Baumwolldrucke mit regelmäßigen geometrischen Mustern
36 in/90 cm breit:
grüner Druck 2 yd/1,80 m
schwarzer Druck 0,75 yd/70 cm
rot (Abschlußkante) 0,5 yd/45 cm

Blumenbordüre: 12 yd/11 m

Einfarbig grüner Stoff (Rückseite)
48 in/120 cm breit:
1,75 yd/1,60 m.

Dünnes Baumwollvlies
48 in/120 cm breit: $1^3/_4$ yd/1,60 m

Zu jeder Farbe passendes Baumwollgarn

STOFFE

Zwei geometrische Drucke, eine Blumenbordüre.

BESTANDTEILE

Der fertige Quilt mißt etwa 51 x 56 in/130 x 142 cm

ARBEITSANLEITUNG

1 Grüne Streifen, exakt gleich im Muster, 5,5 in/14 cm breit schneiden. 5 oder 6 Streifen je nach Stoffbreite schneiden und, wenn nötig, zum Verlängern aneinandernähen.

2 Ebenso mit dem schwarzen Druck verfahren, Streifen 4,5 in/11,5 cm breit schneiden. Grünen Druck rechtwinklig exakt im Muster 24 x 30 in/60 x 76 cm schneiden.

3 Blumenbordüre an den Längskanten aneinandernähen, innere Nähte so anpassen, daß das Blumenmuster, wenn die Bordüre geöffnet wird, spiegelbildlich liegt.

4 Randstreifen etwas länger als den Umfang des Mittelfeldes schneiden. Streifen wie in der Abbildung aneinandernähen.

5 Um die 45-Grad-Nähte der Ränder zu nähen, $^5/_8$ in/1,5 cm Nahtzugabe um Mittelfeld und innen liegende Kanten der 4 Randstreifen zeichnen. Exakte Breite des Innenfeldes auf die Kanten zeichnen, um den genauen Eckpunkt festzulegen. Ein 45-Grad-Winkellineal zur Markierung der Nahtlinie von beiden Seiten jedes Randstreifens zum Eckpunkt des Innenfeldes verwenden.

6 Randstreifen 1 an Innenfeld von Punkt A nach D nähen. Streifen 2 von B nach A nähen. Genau in Punkt A anhalten, die Nadel im Stoff lassen.

7 Mit der Nadel im Stoff den Stoff um 45 Grad drehen.

8 Von Punkt A weiter auf den diagonal abgeschnittenen Rändern auf markierter Linie nähen, ebenso bei Kanten 3 und 4. Bügeln und Befestigen von Füllung und Rückseite siehe S. 125.

9 Oberfaden und Spulengarn passend zur Quiltvorder- und -rückseite wählen. Mit Oberstofftransport Innenfeld diagonal quilten (S. 125). Quilt mit Klammern zusammenhalten.

10 Ränder in geraden Linien etwa 1–2 in/ 2,5–5 cm breit quilten. Dabei dem Muster folgen.

11 Stoff für Außenkante zu 3 in/7,5 cm breiten Streifen schneiden und annähen (S. 125).

Hawaiische Applikation

Die klassische Zusammenstellung von Rot und Weiß in einem sehr wirkungsvollen Wandbehang. Die Ausstrahlung schlichter hawaiischer Quilts ist nahezu unübertroffen. Feine konzentrische Quiltlinien erhalten durch Baumwoll- oder dünne Zwischenfüllung Volumen. Diese abstrakte Komposition in Rot und Weiß wird von einem passenden dunkelroten Rand umgeben.

Auf Hawaii gibt es eine reizende Legende über den Ursprung des Quiltens: Eine Frau bemerkte das interessante, flirrende Schattenspiel von Blättern auf der Erde. Sie zeichnete die Schattenlinien auf einen Stoff, den sie auf die Erde gelegt hatte, schnitt das Muster aus und nähte es auf einen anderen Stoff. So hatte sie den ersten hawaiischen Quilt geschaffen. Die Hawaiianer hatten nie die Absicht, naturgetreu zu arbeiten. Schon bei den ersten farbigen Drucken in Grün, Orange, Rot oder anderen leuchtenden Farben verwendete man immer einen einfarbigen kontrastierenden Hintergrund. Unter den polynesischen Quilts haben nur die aus Hawaii eine Füllung, bei allen anderen gibt es nur zwei Lagen Baumwollstoff. Nach der Überlieferung läuft das Quiltmuster von einem Mittelmuster aus nach außen in einfachen konzentrischen Wellenlinien. Eine andere Möglichkeit wäre die sogenannte klassisch britische Art, die jeweils die örtlich gebräuchlichsten Muster, zum Beispiel Muscheln, Fischschuppen, Fischernetz oder Schildkrötenpanzer verwendet, oder es erscheinen wieder die alt überlieferten Eingeborenenmuster aus der Zeit der Borkengewebe als regelmäßig gestichelte geometrische Muster. Beim Mittelmotiv gibt es bestimmte Traditionen: Blumen, Früchte, Legenden und biblische Geschichten werden immer und immer wieder in klaren Umrissen dargestellt. Und dann gibt es die aufschlußreichen abstrakten Begriffe, für die die Hawaiianer berühmt sind: »Der Wind, der die Liebe von einem zum anderen weht«, ist nur einer davon. Heute findet man außer den traditionellen Quiltmustern auch ganz ungewöhnliche gequiltete Gegenstände: Paraffinlampen, Anker, Kronen und Fächer.

Es spielt keine Rolle, ob fremde, mit der Kultur im Widerspruch stehende Gegenstände ihren Einzug in hawaiische Quiltmuster halten und daß Maschinennähen die Quilts verändern kann. Die Frauen Hawaiis legen immer noch größten Wert auf ihre Quilts als lebendigen und fortwährenden Teil ihrer kulturellen und persönlichen Identität. Der Ruf einer Frau aus Rarotogan: »Wenn ich keine ›tifaifai‹ (Quilts) hätte, dann wäre ich keine Frau«, ertönt auch heute noch auf jeder Insel.

EINKAUFSLISTE

Mehrere Blätter mittelschweres Papier, Quadrate von 28 in/71 cm.

Vlieseline zum Aufbügeln 2 yd/1,80 cm

Baumwollvlies oder dünneres Material zur Füllung, 45 in/115 cm breit: 1 yd/90 cm

Weiße Baumwolle 36 in/90 cm breit: 2 yd/1,80 m

Rote Baumwolle 36 in/90 cm breit: 1,25 yd/1,15 m

Passendes Baumwollgarn in Rot und Weiß

STOFFE

Einfarbig weißer und einfarbig roter Stoff.

MUSTERVORSCHLÄGE

Der fertige Wandbehang mißt ca. 32 x 32 in/ 81 x 81 cm.

Benutzen Sie die Schablonen auf S. 122, oder experimentieren Sie selber (Beispiele links).

ARBEITSANLEITUNG

1 *Quadratisches Blatt 28 in/71 cm exakt zur Hälfte falten (Rechteck), dann noch einmal zu einem kleineren Quadrat falten, zum 3. Mal falten, jetzt entsteht ein Dreieck. Die Kanten müssen ganz exakt gefaltet sein. Muster auf gefaltetes Papier übertragen (Schablone auf S. 122 oder eigene verwenden). Zentrum mit einer Büroklammer fixieren. Sauber mit einem Messer ausschneiden. Büroklammer entfernen, auffalten, flachbügeln.*

2 *Auf die Rückseite des roten Baumwollstoffquadrats von 30 in/76 cm Vlieseline aufbügeln. Das ausgeschnittene Muster mit weichem Bleistift auf die Vlieseline übertragen.*

3 *Muster ausschneiden. Für längere Schnitte Olfa-Cutter, für schwierige Ecken kleine, scharfe Schere verwenden.*

4 Quadratischen weißen Stoff 36 in/90 cm in Rechteck, dann in (4) Quadrate falten, bügeln um Leitlinien zu erhalten. Füllung an linke Seite des weißen Stoffs heften. Papiervorlage abziehen, rotes Muster auf die rechte Seite des weißen Stoffes bügeln. Bügelknicke als Leitlinien beachten.

5 Mit Zickzackstich an allen unversäumten Kanten des Musters entlangnähen. Rotes Garn in der Nadel, Spulengarn weiß.

6 Stoff für die Rückseite an Baumwollfüllung heften, weißes Garn in die Nadel fädeln, unteren Stofftransport lockern, mit dem Stopffüßchen alle weißen Bereiche im »shadow quilt«-Muster quilten (S. 125) (Anm. d. Übers.: Randlinien des Musters in Abständen wiederholen).

7 Rotes Garn einfädeln. Rote Bereiche quilten, dabei Umrisse des Musters in Abständen wiederholen.

8 An den Kanten überstehendes Material abschneiden, um ein korrektes Quadrat zu erhalten. Überhängende Fäden nach links bringen und unsichtbar vernähen.

9 3 in/7,5 cm breite rote Streifen schneiden, aneinandernähen und auf der linken Quiltseite annähen. Nach rechts umfalten und mit feinen Zickzackstichen (Anleitung zum Herstellen und Anbringen von Außenkanten siehe S. 126) annähen.

Irischer Ketten-Quilt

In Amerika unter dem Namen Irish Chain (Irische Kette) und in Irland als American Chain (Amerikanische Kette) bekannt, findet man dieses recht einfache Muster auf den britischen Inseln normalerweise in den klassischen Farben Türkischrot, Hellgrün und Weiß. Allerdings konnte man erst im 19. Jahrhundert Stoffe in diesen Farben wirklich farbecht herstellen. Niemand weiß genau, wo das einfache, aber ansprechende Patchworkmuster entstanden ist. Blocks im Irish-Chain-Muster sind besonders für amerikanische Quilts charakteristisch, bei britischen Quilts sind sie nicht so oft zu finden. Das Irish-Chain-Muster – einfache Quadrate, die Ketten und Doppelketten bilden – gilt in Amerika als eines der ältesten, denn es gibt eine größere Zahl von Arbeiten, die schon um das Jahr 1800 entstanden sind. In Irland und an der Westküste Englands gibt es diese Quilts erst seit zirka 1870. Obwohl man in Irland erst seit dem 20. Jahrhundert mit Nähmaschinen arbeitet, ist das Irish-Chain-Muster für das Maschinennähen wie geschaffen. Aber zurück in die Jahre um 1830. Damals bedeutete das Herstellen von Quilts eine zusätzliche Einnahmequelle für die arme Landbevölkerung. Das Zusammennähen der Einzelteile wurde von Kindern erledigt. Die Quilts konnte man dann in den Geschäften der Reichen gegen andere Waren tauschen. Die Pächter des Duke of Manchester in Armagh erhielten Nahrung und Kleidung nur im Austausch gegen Quilts. Im Winter waren Quiltparties bei der Landbevölkerung äußerst beliebt. Die ganz frühen Zusammenkünfte nannte man sogar »frolics« (Lustbarkeiten). Dabei gab es sehr viel Spaß. Begehrte Junggesellen nahmen daran teil, und alkoholische Getränke lockerten die Stimmung auf. Hin und wieder war der Zauber eines jungen Mädchens, das die Nadel zierlich zu führen wußte, so überzeugend, daß Heiratsversprechen gemacht wurden. Aber mit der Zeit forderten Religion und Sitte ihren Tribut, und in Amerika wurden die »Quilting bees« ziemlich nüchterne Angelegenheiten.

oben: *Eine schlichte Farbzusammenstellung von Rot und Weiß in diesem irischen Quilt mit der doppelten irischen Kette. Ob die Quilts von Irland nach Amerika mitgenommen wurden, oder ob sie aus Amerika nach Irland kamen, wird immer noch heftig diskutiert.*

links: *Aus North Shield, Northumberland, stammt dieser große Quilt im Muster doppelte Irische Kette. Offensichtlich haben ihn mehrere Generationen benutzt, denn er ist ein wenig verblaßt. Er wurde in der beliebten Zusammenstellung von Türkischrot, Grün und Weiß gearbeitet. Der Mittelteil ist im Rautenmuster gequiltet, bei der oberen und unteren Kante sieht man das Quiltmuster »running feathers« (laufende Federn).*

rechts: *Ein Mennonitenquilt im Muster doppelte Irische Kette. Hier ist ein leuchtendes Rot auf Grün und Weiß gesetzt. Den Rand bildet eine lebendige Rautenkante, die dem Ganzen ein gezacktes Aussehen verleiht. Wenn man ganz genau hinschaut, entdeckt man einen Fehler, der sicher eingefügt wurde, um auf die Fehlerhaftigkeit der Menschen hinzuweisen.*

IRISCHER KETTEN-QUILT

Ein schlichtes Patchworkmuster, bei dem man für die Grundblocks nur Quadrate braucht. Geschickt werden verschiedene Farben eingesetzt und ergeben einen typischen Quilt im Irish-Chain-Muster. Dieser Quilt mit der doppelten Kette wird nicht wie in England in Rot und Grün oder wie bei dem Amischen in leuchtenden Farben, sondern in Terrakotta und Grau gearbeitet, ähnlich den ganz alten Quilts.

Das Irish-Chain-Muster ist eines der ältesten Quiltmuster und sieht viel komplizierter aus, als es in Wirklichkeit ist. Es besteht aus nur zwei verschiedenen Grundblocks. Man kann einen nach dem anderen fertigstellen, und erst am Schluß, wenn die Blocks zusammengesetzt werden, erscheint das schachbrettartige Muster. Die einfache Irische Kette ist drei kleine Quadrate breit, wobei das mittlere traditionell etwas heller als die beiden äußeren ist. Bei einer dreifachen ist die Kette fünf Quadrate breit und besteht aus drei verschiedenen Farben auf weißem Nesselhintergrund. Normalerweise nahm man dazu einfarbige Stoffe und achtete darauf, daß sie miteinander harmonieren. Dennoch wurden manchmal die Vorräte geplündert und aus endlos vielen Restchen wahre Regenbogen genäht. Früher haben Quilter gern gezeigt, was sie können und winzige Quadrate verarbeitet, nicht größer als 1 in/2,5 cm. Glücklicherweise gelingt das Muster aber genausogut mit besser zu handhabenden Quadraten von 2 in/5 cm Größe. Die Amischen und Mennoniten gaben mit ihren typischen Farben dem Muster das Aussehen von Fensterrosetten. Dazu nahmen sie kräftigere Farben für den Hintergrund, wie Kirschrot mit blauen und grünen Ketten, aber auch Sandfarbe mit scharlachroten und königsblauen Ketten, sogar der starke Kontrast von Hellgelb für die Kette und Preußischblau für den Hintergrund wurde verwendet. Ihre Quilts zeichnen sich durch sehr feines und dekoratives Quilten aus; die dadurch entstehenden Fältchen und Wellen passen ausgezeichnet zu den einfarbigen Stoffen. Natürlich haben geschickte Quilter das relativ einfache Muster im Lauf der Zeit weiterentwickelt, etwa zu »Burgoyne surrounded«, bei dem größere Quadrate von kleineren an der Stelle, wo sich die Diagonalen treffen, »umzingelt« werden. Der Name bezieht sich auf einen britischen General, der im amerikanischen Unabhängigkeitskrieg umzingelt worden war und kapitulieren mußte. Es ist nicht verwunderlich, daß dieses Muster in britischen Quiltsammlungen fehlt.

EINKAUFSLISTE

Beim Stoffkauf darauf achten, daß der graue Druck im Ton deutlich dunkler ist als der Terrakotta-Druck.

Baumwolle und Baumwolldruck 45 in/115 cm breit:
grau 1,5 yd/1,40 m,
einfarbig terrakotta 1 yd/90 cm,
naturweiß 2,25 yd/2,05 m

Einfarbige Baumwolle für die Rückseite 60 in/1,50 m breit: 2 yd/1,90 m

Baumwollvlies oder anderes dünnes Futter 60 in/1,50 m breit: 2 yd/1,80 m

Unsichtbares Nylongarn

Baumwollgarn, passend zur Rückseite und den Außenkanten.

STOFFE

Einen Druck in Dunkelgrau, einfarbiger terrakottafarbener Baumwollstoff, naturweiße Baumwolle.

BESTANDTEILE

Der fertige Quilt mißt ca. 46 x 61 in/117 x 155 cm

SCHACHBRETTQUADRATE: 18 Stück. Hergestellt aus 5 Streifen, die aus Quadraten bestehen, jeder 2 in/5 cm breit, 3 verschiedene Arten.

QUADRATE MIT GRAUEN ECKEN: 17 Stück. Aus Streifen mit grauen Quadraten, jeder 2 in/5 cm breit, die an beiden Seiten der naturweißen Rechtecke (5 x 8 in/13 x 20,5 cm) genäht werden.

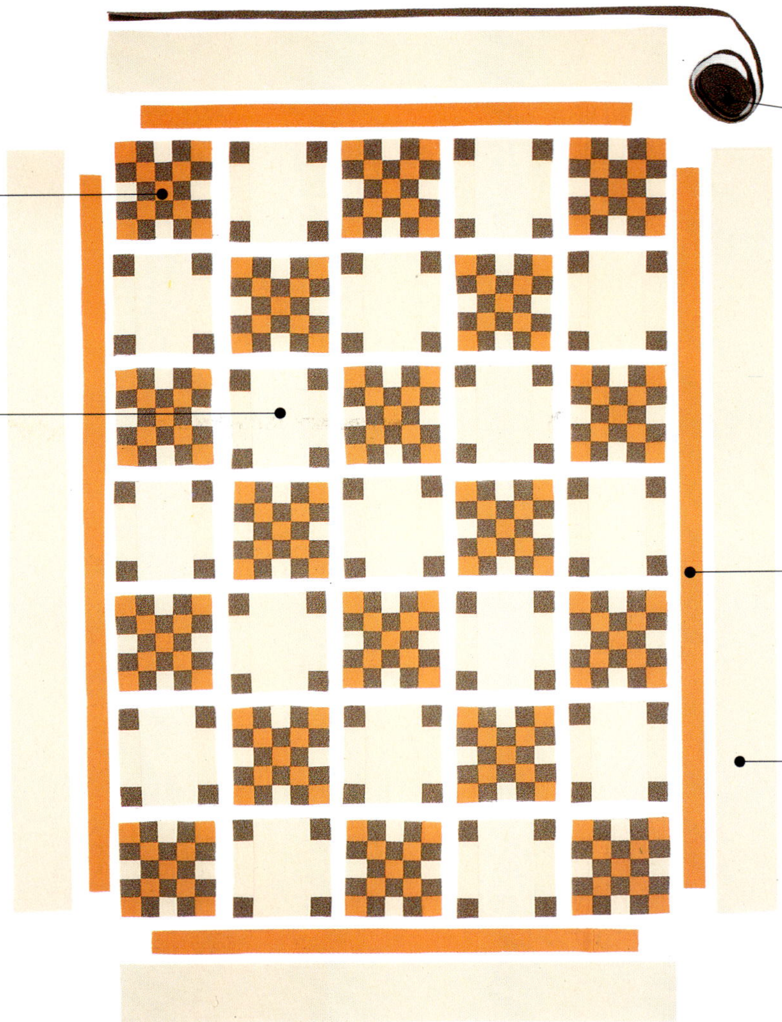

AUSSENKANTE: Streifen in grauem Druckmuster, 3 in/7,5 cm breit (vorbereiten und annähen S. 126).

ERSTER RAND: 4 Streifen in Terrakotta 2 in/5 cm breit, passend zugeschnitten, dabei müssen obere und untere Kante über die Arbeit hinausstehen.

ZWEITER RAND: 4 Streifen Naturweiß 5 in/13 cm breit, passend zuschneiden, dabei müssen obere und untere Kante über die Arbeit hinausstehen.

ARBEITSANLEITUNG

1 *2 in/5 cm breite Streifen in Stoffbreite schneiden. Mindestens 9 Streifen in Terrakotta, 16 graue und 4 weiße Streifen schneiden.*

2 *An den Längsseiten die Streifen aneinandernähen. Genau 0,25 in/6 mm Nahtzugabe einhalten.*

3 *Terrakotta, graue und weiße Streifen werden in 3 verschiedenen Zusammenstellungen zusammengenäht und dann zu Gruppen von jeweils 5 Abschnitten zusammengelegt, um das Schachbrettmuster zu bilden. Dazu 2 lange Streifen in der Farbfolge T-G-W-G-T, 2 Streifen G-T-G-T-G und einen W-G-T-G-W nähen. Graue Nähte nach außen bügeln. Die Streifen zu 2 in /5 cm breiten Teilen wie in d. Abb. zerschneiden. 36 T-G-W-G-T Teile, 36 G-T-G-T-G Teile und 18 W-G-T-G-W Teile.*

4 2 weiße Streifen 5 in/13 cm breit schneiden. Die zwei übrigen grauen Streifen an beiden Seiten des weißen Streifens annähen.

5 17 weiße Einzelteile 5 x 8 in/13 x 20,5 cm schneiden. Blocks wie in der Abbildung anordnen.

6 Schachbrettblocks aneinandernähen, die Nähte sorgfältig zeichnen, damit die Nahtzugabe exakt eingehalten werden kann.

7 Blocks mit grauen Ecken zusammennähen, genau 0,6 cm Nahtzugabe einhalten.

8 Die Blocks abwechselnd zu Reihen, wie in der Abbildung gezeigt, aneinandernähen.

9 Reihen aneinandernähen, alle Nähte bügeln.

10 Ränder in Terrakotta und Weiß annähen, siehe dazu Schritt 8 auf Seite 37.

11 Rückseite und Füllung mit Oberseite zusammennähen (S. 125). Auf die weißen Blöcke mit wasserlöslichem Stift Linien einzeichnen. Mit Nylongarn entlang dieser Linien und aller Nähte quilten.

12 Für die Außenkante graue Streifen 3 in/7,5 cm breit schneiden, zu Vierteln falten und annähen (S. 126).

13 Gezeichnete Linien mit Wasser entfernen.

JAPANISCHES SASHIKO-KISSEN

Etwa um 1800 entstand in Japan das Sashiko-Quilten mit seinen sehr präzis gearbeiteten, scharf umrissenen Mustern. Sashiko bedeutet »kleine Stiche«. Männer, die im Freien arbeiteten – Holzfäller, Fischer, Bauern –, hatten im Winter mit Schnee und Kälte zu kämpfen. Mit gesteppten Baumwolljacken schützten sie sich gegen die Witterung. Der feste, sehr kleine und gerade verlaufende Steppstich hielt die locker gewebten Fasern von Hanf, Leinen, der Rinde des Papier-Maulbeerbaums, aber auch Gräser zusammen. Bis zur Einführung von Baumwolle wurden die meisten textilen Gewebe Japans aus diesen Pflanzen hergestellt. Seide, die schon im 5. Jahrhundert vor Christus von koreanischen Webern nach Japan gebracht worden war, war nur etwas für die ganz Reichen. Extreme Kälte machte dick gepolsterte Kleidung notwendig. Feuerwehrleute fanden heraus, daß eng gequiltete und gut gepolsterte Jacken, besonders wenn sie mit Wasser vollgesogen waren, Flammen abhielten. Sie wurden normalerweise sehr einfach mit geraden Stichen in dicht nebeneinander verlaufenden Reihen gequiltet. Das Futter der Jacken aber war oft wunderbar bemalt mit Helden, Karpfen – dem Symbol für Mut und Erfolg – oder Phoenixen, Überbringer von Friede und Wohlstand, und sollte damit die Träger solcher Jacken zu Heldentaten ermutigen. Bei festlichen Anlässen trug man sie mit der Innenseite nach außen, und die Feuerwehrleute, die in einem Land von dicht beieinanderstehenden Holzhäusern eine sehr wichtige Rolle spielten, führten stolz die Malereien ihrer Jacken vor. Samurai-Krieger schützten sich beim Fechten mit Kendo-Kleidung – Jacken, von ihren Frauen und Müttern liebevoll und in mühseliger Arbeit im Sashiko-Muster gequiltet. Sashikoarbeiten wurden aber noch für etwas ganz anderes verwendet: für »hiyuoke nore«, Türvorhänge. Normalerweise indigo oder braun gefärbt – beide Farben verblassen nicht so schnell –, hatten sie eine zweifache Aufgabe: Sie schützten vor Zugluft und wirkten persönlicher als eine Tür. Auch in der Teezeremonie spielte Sashiko eine Rolle. Man bewahrte die kostbaren Gegenstände dieser Zeremonie in besonderen Tüchern, den »meibut sugire«, auf. »Fukusa«, quadratische Tücher zum Einwickeln von Geschenken, sind hin und wieder auch mit Sashiko-Stickerei verziert. Für einfache Bürger bestand einmal ein kaiserliches Verbot, helle Farben zu tragen. Das Ergebnis war die klassische Kombination von Indigoblau und Weiß für alle Gewänder. Stadtbewohner nahmen die Kunst des Sashiko-Nähens auf und verfeinerten sie bis in die Zeit um 1930, als das Interesse an dieser Kunst erlosch. Erst zwanzig Jahre später lebte sie in einer sehr verfeinerten Art wieder auf.

links: *Jacke eines Feuerwehrmannes. Hier verbindet sich die feine Näharbeit auf dem Ärmel mit der Malerei, die Wasser darstellen soll. Oft hatten diese kostbaren Kleidungsstücke eine sehr dekorative Innenseite, die bei Festlichkeiten nach außen getragen wurde. Die Mäntel wurden ins Wasser gelegt und boten vollgesogen einen größeren Schutz gegen Hitze und Flammen.*

rechts: *Allerhöchste Samurai-eleganz in einem wundervoll handgenähten »Kendo«-Mantel. Er war für Fechtübungen gedacht. Solche Mäntel wurden liebevoll von Schwestern, Ehefrauen oder Müttern der Krieger gearbeitet.*

links: *Ein Mantel aus dem 19. Jahrhundert, weiße Stickerei steht auf tief dunkel indigoblau gefärbten Baumwollstoff. Die Stickerei – »kogin« – war eine Besonderheit des Tsugura-Distrikts im westlichen Aomaori. Mit ihr wurde warme gequiltete Kleidung aus locker gewebten Fasern hergestellt.*

Japanisches Sashiko-Kissen

Sehr einfache Stiche lassen dieses Kissen elegant wirken. Weißes Sashiko-Quilten auf klassisch indigoblauem Hintergrund demonstriert perfekt die Kunst der Japaner, aus einfachstem Material Geschmackvolles zu schaffen. Die zinnoberroten Quasten bilden einen Kontrast zur Schlichtheit des Kissens und geben ihm mit ihrem seidigen Schimmer einen Hauch von Farbe und Luxus.

Die Japaner sind Meister des Details. Viele ihrer klassischen Keramiken, Textilien oder auch ihre architektonische Formgebung stammen aus einer Periode höchster Verfeinerung und sind seit dem 16. Jahrhundert unverändert geblieben. Sashiko hat als gefütterter, schwerer Kleidungsstoff eine lange Tradition. Ursprünglich war die Sashiko-Technik nur eine praktische Methode, locker gewebte Fasern und verschiedene Füllungen zu festigen und zusammenzuhalten. Aber mit der Zeit wurden die Muster immer mehr verfeinert. Man betonte mit den Stichen die Drucke der traditionellen Kimonos, oder man ließ sich von der Natur, von Pflanzen, Schildkrötenpanzern oder Meereswogen inspirieren. Hanfblätter, Blüten, Blütenkränze, Pflaumenblüten, Bambuszäune und Körbe, schäumende blaue Ozeanwellen, Pampasgras, das sich im Wind wiegt, die sieben Schätze Buddhas, all das sind poetische Sashiko-Muster, jedem Liebhaber dieser Kunst gut bekannt. Beim »hanten«, einem gerade geschnittenen Gewand mit typisch japanischen Ärmeln, hatte man die Möglichkeit, jedes Quiltmuster, das man kannte, zu verwenden. Im Bezirk Tohoku im nördlichen Honshu, einer Gegend mit sehr langen, schneereichen Wintern, wurde die Kunst des Sashiko-Quiltens zur höchsten Perfektion geführt. Die Füllung für die gequilteten Kleidungsstücke bestand normalerweise aus Baumwolle oder mehreren Lagen zusammengehefteter Baumwolle. Damit gab man den Geweben Festigkeit und eine wellige Struktur. Die Japaner fügen den Füllungen auch gern Papier zu. Es macht die Stoffe ein wenig widerstandsfähiger gegen Regen und Wind und gibt der Kleidung ein vornehmes Rascheln. Wolle war in Japan nie sehr erfolgreich, und Schafe findet man dort nur sehr selten. Die Dekoration unseres Sashiko-Kissens wird mit dickem, ungefärbtem Baumwollgarn gestickt, etwa sechs Stiche auf 1 in/2,25 cm. Die Stiche sollen gleichgroß sein und alle den gleichen Abstand haben. In der Mitte des Musters bilden die Stiche jeweils einen Stern.

EINKAUFSLISTE

Für zwei Kissen:
Eng gewebte indigoblaue Baumwolle 45 in/115 cm breit: 2,25 yd/2,05 m
Dicker, weicher Stoff, etwa Flanell (Rückseite) 45 in/115 cm breit: 1,5 yd/1,40 m
Baumwollgarn für die Stickerei, weiß und rot, von jeder Farbe ein Döckchen

2 federgefüllte quadratische Innenkissen 24 in/60 cm oder lose Füllung

Indigoblaues Baumwollgarn, weiße Schneiderkreide und Nähgarn.

STOFFE

Unbedrucktes Indigo, rotes und weißes Baumwollgarn für die Quasten und das Quiltmuster.

SASHIKO QUILTMUSTER

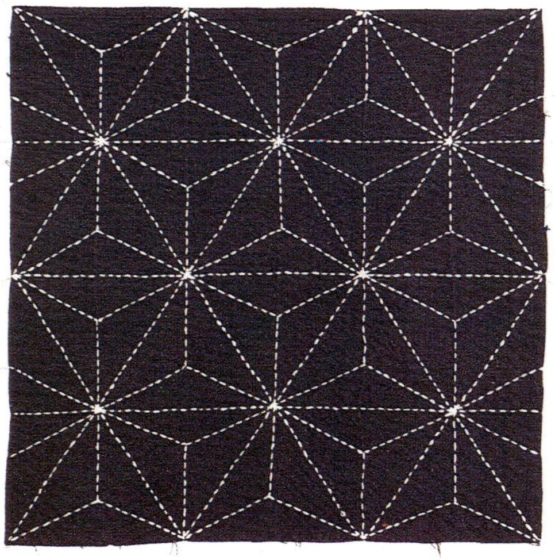

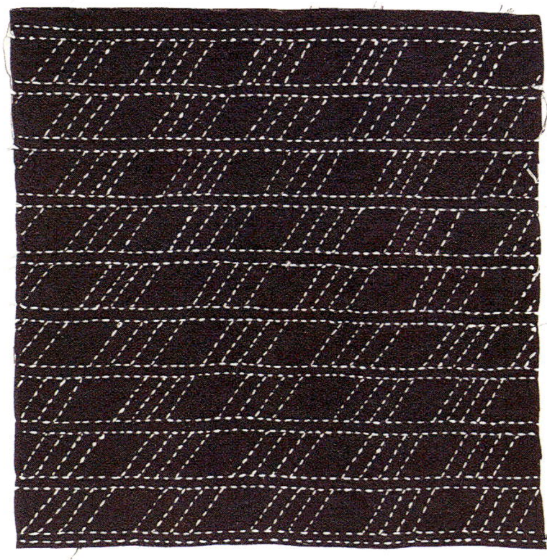

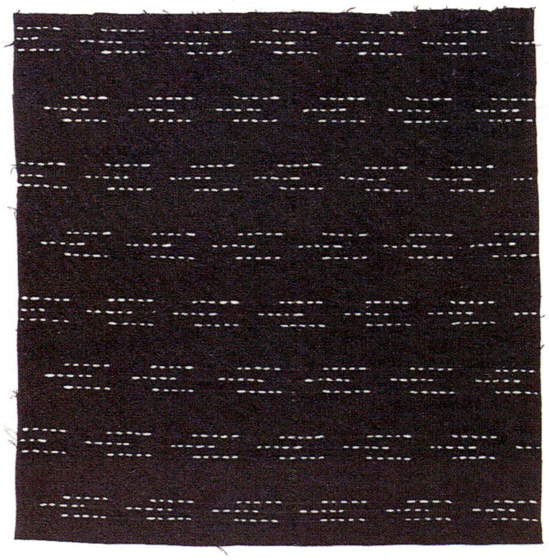

Das fertige Kissen mißt ca. 24 x 24 in/61 x 61 cm.

Benutzen Sie die Chrysanthemenschablone auf S. 123, oder entwerfen Si: selber Ihre eigenen geometrischen Muster (Beispiele siehe oben).

ARBEITSANLEITUNG

1 Je ein 25 in/64 cm indigoblaues Quadrat und eines aus dem Stoff für die Rückseite schneiden. An allen Kanten aneinanderreihen. Mittelpunkt durch horizontales und vertikales Falten markieren, an den Knicklinien Stoffe zusammenreihen. In die Mitte ein 16 in/41 cm Quadrat zeichnen.

2 Für geometrische Muster 4 in/10 cm Abstände auf den Kantenlinien des Quadrates markieren. Quiltlinien diagonal und horizontal wie gezeigt zeichnen oder mit schmalem Kreppband abkleben.

3 *Garn vierfach einfädeln und an allen Linien entlangquilten.*

4 *Für das Chrysanthemenmuster Kissenoberteil und Füllung zuschneiden, vertikale und horizontale Linien wie in Schritt 1 markieren. Aus Pappe eine Schablone des Chrysanthemenumrisses auf S. 123 herstellen. Um die Schablone Umriß in zwei gegenüberliegenden Quadraten mit Schneiderkreide zeichnen. Quilten wie Schritt 3.*

5 *Zwei Teile blauer Baumwolle 25 x 14,5 in/ 64 x 37 cm und 25 x 19,5 in/64 x 50 cm schneiden. Beide Teile säumen. Auf die Vorderseite des Kissenoberteils legen, rechte Seiten aufeinander, die gesäumten Ränder überlappen sich in der Mitte. Feststecken und 0,5 in/1,3 cm von den Kanten entfernt nähen. Rechte Kissenseite nach außen drehen, Füllung einlegen. Bei loser Füllung Öffnung zunähen. Beim zweiten Kissen ebenso verfahren.*

6 *Für die Quasten in den Ecken langen roten Faden einfädeln, 8 Schlingen machen, je 4 in/10 cm lang, festnähen. Mit einem dicht anliegenden Knoten sichern und Quastenende gerade schneiden.*

7 *Mittelquaste: Roten Faden 8mal um gespreizte Finger wickeln, festbinden, gerade schneiden. Doppelten Faden in extra lange Nadel fädeln, durch das ganze Kissen stechen. Quaste mit Knoten befestigen, zurückstechen, vernähen.*

Japanischer Yogi-Quilt

Die wirtschaftlichste Art, aus einem Ballen Stoff Kleidungsstücke herzustellen, war der Kimono. War er abgetragen, konnte man ihn füttern und als Yogi-Quilt »wiederverwerten«. Japanische Stoffbahnen waren 14 in/35 cm breit und 12 yd/11 m lang. Die üblichen Webstühle ließen keine anderen Abmessungen zu. Bis auf den Adel trug man Kleidung aus selbsthergestelltem Leinen. Das änderte sich, als im 18. Jahrhundert Baumwolle im Süden erfolgreich angebaut werden konnte. Am häufigsten färbte man Stoffe mit Indigo, da man glaubte, Indigo schütze gegen Schlangenbisse. Ein einziges Eintauchen in die Indigolösung ergab ein ziemlich blasses Blau, das man »kamenozoki« – Blick ins Färbefaß – nannte. Zwanzigfaches Eintauchen ergab ein tiefes Blauschwarz, bezeichnet als »kachi-iro«. Die Samurai-Krieger verwendeten dieses Blauschwarz am liebsten bei ihrer Kleidung und nannten es die »Farbe des Sieges«. Die langen schmalen Stoffstreifen wurden sehr einfach zugeschnitten und genäht: Zwei Streifen brauchte man für das Rückteil, ein Streifen auf jeder Seite und ein schmaler Streifen als Einfassung ergaben jeweils ein Vorderteil, die Ärmel bestanden dann noch einmal aus je einem Streifen. Die ganze Arbeit ist sorgfältig berechnet und besteht aus langen schmalen Rechtecken, wobei am Schluß nicht das winzigste Stückchen Stoff übrig bleibt. Der Kimono ist ein Meisterwerk sowohl an Schönheit als auch an Sparsamkeit. Weben und Näharbeiten waren traditionell hoch geschätzt. Religiöse Feierlichkeiten ehrten die Bedeutung dieses alltäglichen Handwerks. »Tanaba« am 7. Juli ist das Fest der Weberin, und am »Hari Kuyo« pilgert man jährlich zu einem Shinto-Schrein. Dort opfern fromme Pilger verbogene und abgebrochene Nadeln in der Hoffnung, daß das kommende Jahr für ihre Näharbeiten erfolgreich sei. Anfangs wurden Kimonos nur bei hohen Festen getragen, dann trug man sie täglich. Als nächste Stufe ihrer Umwandlung änderte man sie zu Jacken, oder sie wurden gefüttert und als Nachtbekleidung oder Quilts gebraucht. Wie viele andere mit Naturfarben gefärbte Stoffe wurden auch die japanischen Stoffe mit der Zeit immer schöner, und es widerstrebte den Menschen immer mehr, auch das kleinste Stückchen davon wegzuwerfen. So wurden aus den immer wiederverwerteten Kimonos schließlich Einkaufstaschen und Schürzen, und dann erinnerten nur noch bescheidene Staubtücher an das einstmals so prachtvolle Gewand. Mit Sashiko-Quilten konnte man das »Leben« eines Kimonos verlängern. Man nähte die getragenen Stoffe auf einen kräftigen Stoff als Rückseite und hielt so die Gewebe zusammen. Daß die Stoffe durch ihre Mehrlagigkeit besser wärmten, war ein angenehmer Nebeneffekt. Bei Yogi-Quilts wird dieser Effekt einen Schritt weitergeführt, indem man sie bewußt mit dicken Baumwollfüllungen versieht und locker zusammenquiltet, damit sich die Wärme in den verschiedenen Lagen besser hält.

links: *Ein Yogi aus dem 19. Jahrhundert mit einem Familienwappen und einer Darstellung von Pinien und Bambus, die Stärke, Flexibilität und Langlebigkeit symbolisieren. Das widerstandsfähige Muster wurde mit Reispaste gezeichnet.*

unten: *Nichts ist in Japan ohne symbolische Bedeutung; die Darstellung von »noshi« – getrocknete Bündel von Abalone – wurde als großer Glücksbringer betrachtet. Dieser Yogi sieht nur aus wie ein gequiltetes Gewand, er ist in Wirklichkeit ein großer Bettüberwurf, dick gefüttert und über 6 Fuß (182,3 cm) lang.*

links: *Yogi-Quilt aus dem 19. Jahrhundert mit Familienwappen und Blüten des Blauglockenbaumes. Großes Geschick beim Entwurf und Druck kommt in dieser harmonisch fließenden Darstellung gut zum Ausdruck.*

Japanischer Yogi-Quilt

Indigoblaue und weiße Baumwolle sind hier zu einem lebendigen Schachbrettmuster, bekannt von den traditionellen Kimonos, zusammengenäht. Dick gepolstert schützt der Quilt vor eisiger Kälte. Auf der Rückseite aus farbechter Baumwolle sieht man großflächig gemalte Zeichen, die süße Träume verheißen. Die Außenkante besteht aus hellrot gestreiftem Stoff.

Die Japaner sind Perfektionisten. Die gestochen scharfen Muster, als »katazome« bekannt, sind typisch für viele indigoblaue Baumwoll- und Seidenstoffe und sehr kompliziert und symbolträchtig. Sich in die Lüfte aufschwingende Falken, in Winkelformation fliegende Kraniche, Pflaumenblüten, Bambus, der berühmte Kegel des Fujiyama, schwanzschlagende Karpfen in perlenden Gewässern, ja sogar Streifen getrockneter Abalone haben zwar alle die Bedeutung von Glücksbringern, aber klassisch werden sie erst durch die zeitlose Schönheit ihrer Darstellung. Manche der noch anspruchsvolleren Designs wurden auf die fertigen Kleidungsstücke mit Schablonen aufgetragen. Diese schnitt man aus 16lagigem Papier des Papiermaulbeerbaumes und verstärkte sie mit dem Saft von Dattelpflaumen und Öl. Paarweise zusammengeklebt enthielten sie in der Mitte eine Lage aus menschlichem Haar, das sie vor Zug oder Verschiebungen bewahren sollte. Die Bemalung wurde dann mit einem Abdeckmittel geschützt und das Gewand schließlich in Farbe getaucht. Für unseren Yogi-Quilt verwendeten wir ein sehr grobes Schachbrettmuster. Die Japaner haben bei ihren Kimonos aus langen geraden Stoffbahnen oft ein viel feineres Patchwork aus prächtigen Stoffen gearbeitet. Die symbolische Bedeutung davon war, daß, wie die Flicken das »Leben« eines Kleidungsstückes verlängern, das Tragen dieses bunten »dofuku« seinem Träger ein langes Leben verleiht. Ja sogar die Zahl der Stoffstückchen war von glückbringender Bedeutung. Japanische Quilts entwickelten sich aus dick gepolsterten Kimonos, in denen man schlief. Diese bestanden aus vielen Stoffschichten, die die Kälte der eisigen Schneenächte in den zugigen Holzhäusern abhielten. Es gab ohnehin nur einen kleinen Holzkohleofen als Heizung, und die einzige Unterlage war ein Futon – eine Art dicker, wattierter Quilt – und die Tatamimatten auf dem Fußboden. Die Quilts behielten ihre charakteristische Kimonoform, die dicke Füllung wurde durch weit auseinanderliegende Stiche mit weißem Garn, manchmal auch Knoten, dauerhaft verteilt. Das bedeutete, daß das Ganze eine Wäsche wahrscheinlich nicht überstand.

EINKAUFSLISTE

3 indigoblau bedruckte Kimonos oder Baumwollstoff 45 in/115 cm breit: dunkler Druck 2 yd/1,80 m

2 hellere Drucke 1 yd/90 cm

Rot gestreifter Stoff (Außenkante) 45 in/115 cm breit: 1 yd/90 cm

Einfarben indigoblauer Stoff für Rückseite 45 in/115 cm breit: 2,25 yd/2,05 m

Kaufen Sie die dickest mögliche Watteline, 60 in/1,50 m breit: 4,5 yd/4 cm

2 Döckchen weißes Stickgarn, Baumwollgarn zu indigo passend.

STOFFE

Drei kontrastreiche indigoblaue Baumwolldrucke, weißer Druckstoff, rot/indigo-gestreift als Außenkante.

BESTANDTEILE

Der fertige Quilt mißt etwa 46 x 80 in/115 x 200 cm.

14 Quadrate 12 in/30 cm in dunkel indigoblauem Druck.

7 Quadrate 12 in/30 cm heller indigoblauer geometrischer Druck.

7 Quadrate 12 in/30 cm heller indigoblauer Blumendruck.

AUSSENKANTE: Rot-indigo-gestreifter Streifen 6 in/15 cm breit. Vorbereiten und Anbringen auf S. 126.

ARBEITSANLEITUNG

1 *Quadratische Schablone aus Karton 12 in/30 cm schneiden. 14 Quadrate vom dunklen Stoff, von beiden hellen Stoffen jeweils 7 Quadrate schneiden.*

2 *Quadrate in der Reihenfolge der Abbildung zu Reihen zusammennähen. Unbedingt überall $^1/_4$ in/6 mm Nahtzugabe einhalten, sonst passen die fertigen Reihen nicht exakt aneinander. Nahtzugaben zum dunklen Stoff hin bügeln.*

3 *Reihen genau passend aneinandernähen. Rückseite und Füllung etwas größer als Oberseite schneiden. Oberseite bügeln, mit Füllung und Rückseite zusammenhalten.*

4 *Lagen aneinanderreihen und mit Zickzack-Naht festnähen.*

5 *Überstehendes Material an den Kanten wegschneiden.*

6 *Nadel jeweils durch den Mittelpunkt eines jeden Quadrates stecken, genau ausmessen.*

7 *Quilt auf die linke Seite drehen und dort weiterarbeiten. Mit Klebeband Linien zwischen den Stecknadeln der Länge nach als Leitlinie zum Nähen kleben.*

8 *Von der Rückseite zur Vorderseite quilten mit 1,5 in/4 cm (!) langen Stichen.*

9 *Die Fäden zum Verlängern aneinanderknoten. Fadenenden 1 in/2,5 cm lang stehen lassen.*

10 *Von vorne betrachtet sehen die Stiche sehr klein aus.*

11 *6 in/15 cm breite Streifen für die Außenkante schneiden. Aneinandernähen. Falten und bügeln (die fertige Außenkante ist 1,5 in/4 cm breit), anbringen siehe S. 126.*

PAKISTANISCHER QUASTEN-QUILT

In der Nähe des Indus hat man gewebte und gefärbte Kleidungsstücke aus dem 3. Jahrtausend vor Christus gefunden. Hier wuchs die Baumwolle wild. In Sind, Pakistan, wurde sie wahrscheinlich zum erstenmal kultiviert. Die Stoffe waren vollendet gefärbt und meisterhaft mit den ausgeklügeltsten Mustern bedruckt. Dadurch waren sie überall hochbegehrt, und es ist immer wieder versucht worden, sie zu imitieren. Man nimmt heute an, daß das Wort »Chintz« sich aus dem Hinduwort für bunt = »chint« ableitet. Damit bezeichnete man bedruckten Nessel, der zusätzlich mit einer fixierenden Beize bemalt worden war. Indische Stoffe wurden sehr geschätzt und sowohl nach Japan und Afrika als auch nach Europa und Amerika verkauft. Es ist möglich, daß sich die Technik von Indien nach Persien und von da aus in die Türkei ausbreitete, wo dann ähnliche Stoffe preiswerter hergestellt werden konnten. Die indischen Originalstoffe konnte man nicht nachahmen, man mußte sie kaufen. Das führte dazu, daß in Großbritannien, Afrika und Amerika ihr Import im 17. Jahrhundert verboten wurde, um dadurch die Produktion heimischer Erzeugnisse anzukurbeln. Die Folge war der Schmuggel; zu groß war die Leidenschaft modisch interessierter Menschen für die zauberhafte, aber verbotene Ware. Man behing die Wände mit indischen Stoffen, die mit exotischen Blüten und Tieren bemalt waren, und auf den Betten der Reichen lagen herrlich umrandete und gemusterte »palampores«. Was die indischen Stoffe jahrhundertelang so einmalig machte, war ihre außerordentliche Farbigkeit, verbunden mit großer handwerklicher Erfahrung im Gebrauch von Beizen. Sie waren farbecht, was damals einzigartig war. Dazu kam, daß indische Stoffdrucker, die mit Holzmodeln arbeiteten, den Neid der ganzen Welt erregten. Es gab im Westen nichts Vergleichbares. Die komplexen Verfahren, wie man mehrfach übereinander druckt oder die Farbe mit Beize fixiert, waren ein Geheimnis, bis zu der Zeit, als die East India Company ihre Spione ausschickte. Einer davon war der Franzose Antoine de Beaulieu, der in der Mitte des 18. Jahrhunderts die Stoffdruckerei in Pondicherry besuchte und die Formeln nach Hause schicken konnte. Im 19. Jahrhundert wurde der Stoffdruck mechanisiert, große Rollen übernahmen die Aufgabe der Holzmodeln. So wurde die Produktion bei gleichzeitig geringeren Anforderungen an handwerkliches Geschick und Arbeitskraft um ein Vielfaches beschleunigt.

oben: *Eine Version der »Irish Chain« aus Cholistani, appliziert sind Motive, gedruckt mit alten geometrischen Modeln.*

oben rechts: *Ein fein gearbeiteter Patchwork »Ralli« aus Sind, Pakistan, mit Quasten versehen, raffiniert umrandet, gefüttert mit Stoffresten.*

rechts: *Ein sehr komplizierter »Ralli« mit Applikationen aus Hyderabad, Pakistan, in Erd- und Gewürztönen.*

ganz rechts: *Exotische Variante des »Fliegende Gänse«-Musters, Sind, Pakistan, 1960.*

Pakistanischer Quasten-Quilt

Dieser Quilt, traditionell in Rot, Gelb, Schwarz, Grün und Weiß – Farben, die an einen Gewürzmarkt erinnern – mit Windrädern, ist an den Ecken mit vier scharlachroten Quasten versehen. Die hell gefärbten Baumwollstoffe wurden in Tee gelegt und erhielten so das gedämpfte und gealterte Aussehen, das sonst nur durch jahrelanges Liegen in Staub und Hitze erreicht werden kann.

Helle geometrische Patchwork-Quilts aus Pakistan oder Indien sind als »Rallis« (manchmal »Rillis«) bekannt. Das Wort leitet sich von dem Urdu-Begriff für »mischen« oder »verbinden« ab. Die Überlieferung, wie man sie herstellt, ist immer noch lebendig in Belutschistan, Sind, Rajasthan, Gujarat und Kutch. Sie fallen besonders durch kräftige Farben auf, die jeweils symbolischen Wert haben: Safrangelb steht für die Erde, Rot für Liebe. Ursprünglich färbte man mit Naturfarben. Rot wurde aus Krappwurzeln gewonnen, die man zur Farbabstufung mit anderen Pflanzen mischte. Gelbwurz und die Blüten der Myrobalanen ergeben zusammen das bekannte leuchtende Gelb, Indigo überfärbt mit Gelb wird zu Grün. Die meisten Quilts weisen auffallende geometrische Muster auf. Diese stammen aus einer Zeit, bevor sich der Islam mit seiner Vorliebe für Blumen und Phantasiemuster ausbreitete. Es wird immer noch gern gesehen, wenn die Anhänger eines Pirs (religiöser Führer) diesem die jeweils schönsten Quilts zum Geschenk machen, denn mit kostbaren Behängen geschmückte Wände verleihen einer Zeremonie Würde und Gewicht. Frauen stellen die Quilts her, und jeder Ort hat seine eigenen Muster und Farben. Leider stirbt diese Tradition aus. Quilts werden für alles verwendet: Man wirft sie über Pferde- oder Kamelrücken als Sättel, sie dienen als Matratzen oder werden zu Sitzpolstern in Innenhöfen. Wenn große Menschenmengen religiöse Feste besuchen, picknicken ganze Familien auf dem Quilt. Wenn man aber die Gelegenheit bekommt, einmal in ein Haus hineinzusehen, wird man mit Erstaunen wahre Pyramiden von bis zu 50 Quilts, exakt gestapelt, entdecken. Der Prächtigste bedeckt den Stapel und soll den Besucher durch seinen Anblick erfreuen. Die Frauen stellen Sommer- und Winterquilts (mit bis zu sechs Lagen Baumwolle gefüllt) her. Alles wird wiederverwertet, und in einem dicken Winterquilt stecken oft die Überreste eines oder zweier Sommerquilts zusammen mit Stoffen jeder Art. Für die Oberseite wird jedoch nur das allerbeste Material verarbeitet, manchmal sogar extra zu diesem Zweck gekaufter Stoff.

EINKAUFSLISTE

Mittelschwere Baumwolle
45 in/115 cm breit:
rot 1 yd/90 cm,
gelb 0,75 yd/70 cm,
schwarz 1,75 yd/1,60 m,
weiß 1,25 yd/1,15 cm,
grün 0,75 yd/70 cm

Durch Eintauchen in schwarzen Tee kann man die Stoffe künstlich »altern«.

Bedruckte indische Baumwollstoffe, mittelschwer, Tischdecke oder Bettüberwurf im Paisley-Muster, mindestens 60 x 52 in/150 x 130 cm

Flanellbettlaken, gerauhte Baumwolle oder dünnes Laken als Zwischenfutter, mindestens 60 x 52 in/150 x 130 cm

Rotes vierfaches Strickgarn (Quasten und Knoten)

Goldmetallic Garn (Quasten)

STOFFE

Einfarbige Stoffe in Gelb, Zinnoberrot, Grün, Weiß und Schwarz.

BESTANDTEILE

Der fertige Quilt mißt ca. 53 x 60 in/135 x 152 cm

Schablonen auf S. 124 verwenden.

ROTE UND GRÜNE WINDRÄDER: 8 Stück, aus 32 RIT 2-Quadraten in Rot und Grün.

ROTE UND GELBE WINDRÄDER: 7 Stück, aus 28 RIT 2-Quadraten in Rot und Gelb.

SCHWARZE UND WEISSE WINDRÄDER: 15 Stück, aus 60 RIT 2-Quadraten in Schwarz und Weiß.

QUASTEN: 4 Stück, siehe Seite 127.

ERSTER RAND: 4 Streifen schwarz, etwa 2,5 in/6,5 cm breit, passend zuschneiden, obere und untere Kante müssen über die Arbeit hinausstehen.

ZWEITER RAND: 4 Streifen weiß, etwa 1,75 in/4,5 cm breit, passend zuschneiden, obere und untere Kante müssen über die Arbeit hinausstehen.

DRITTER RAND: 4 Streifen rot, etwa 1,25 in/3 cm breit, passend zuschneiden, obere und untere Kante müssen über die Arbeit hinausstehen.

VIERTER RAND: 4 Streifen schwarz, etwa 3 in/7,5 cm breit, passend zuschneiden, obere und untere Kante müssen über die Arbeit hinausstehen.

ARBEITSANLEITUNG

1 *Rotes und gelbes Stoffquadrat (20 in/51 cm) rechts auf rechts aufeinanderlegen. 14 Quadrate mit Schablone RIT 2 sowie parallele Diagonalen zeichnen. 0,25 in/6 mm an beiden Seiten der Diagonalen mit rotem Garn entlangnähen.*

2 *Entlang der eingezeichneten Diagonalen in Einzelteile zerschneiden. Zu rot/gelben Quadraten aufbügeln, zur dunkleren Farbe hin bügeln.*

3 *Zu Vierergruppen aneinandernähen, das ergibt 7 Windräder. Ebenso 8 rot/grüne Windräder (für 32 Quadrate werden 16 gezeichnet) und 15 schwarz/weiße Windräder (für 60 Quadrate werden 30 gezeichnet) herstellen.*

4 *Windräder aneinandernähen, um Reihen zu bilden.*

5 *Reihen aneinandernähen. Nähte und Ecken müssen exakt aufeinanderstoßen. Jetzt zeigt es sich, ob Sie exakt mit 0,25 in/ 6 mm Nahtzugabe genäht haben. Präzision beim Nähen ist wichtig, sonst stoßen Nähte und Ecken nicht genau aufeinander. Wenn es Probleme gibt, den Stoff etwas ziehen oder zusammendrücken, bis er paßt; gut bügeln.*

6 *Ränder wie in der Abbildung gezeigt anbringen (dazu Schritt 8 auf S. 37 beachten). Überflüssigen Stoff bei Nähten sorgfältig abschneiden oder flachbügeln. Stoff für Rückseite und Füllung genauso groß wie Oberteil schneiden, aneinanderreihen, evtl. mit Maschine. Oberteil und Rückseite rechts auf rechts aneinandernähen. Auf einer Seite 18 in/46 cm Öffnung lassen. Auf rechte Seite drehen, sorgfältig bügeln, Öffnung schließen. Dieser Quilt hat keine äußere Einfassung.*

7 *Quasten herstellen (siehe S. 127) und an den Ecken des Quilts anbringen.*

PANAMAISCHER MOLA

Die Kuna-Indianer bewohnen über fünfzig der 386 Atolle des San-Blas-Archipels vor der karibischen Küste Panamas. Sie haben komplizierte und einzigartige Applikationen erfunden, die der Technik der Hmong aus Thailand ähneln. Bekannt sind sie als »Molas« – das Kuna-Wort für Kleidung. Man nimmt heute an, daß sie den sehr alten Brauch der Körperbemalung und Tätowierung fortsetzen. Der erste erstaunliche Bericht davon stammt von Lionell Wafer, der diese Gegend um 1681 bereiste. Die Frauen der Kuna bemalten ihre Körper und die ihrer Männer mit leuchtenden Grundfarben, die sie aus Baumrinde, Erde, Pflanzen und Beeren selber herstellten: »Ihre Frauen sind Maler und haben die größte Freude daran. Am meisten lieben sie Rot, Gelb und Blau … Sie malen Bilder von Vögeln, Tieren, Menschen, Bäumen oder dergleichen auf jeden Körperteil, besonders auf die Gesichter.« Die Themen, die Darstellungsart und die Farben sind bis heute unverändert geblieben, nur die Materialien haben sich geändert. Früher pflanzte man Baumwolle an und webte immer nur so viel, wie man für einen bestimmten Zweck brauchte – eine Hängematte, einen Rock, ein Obergewand oder eine Decke. Aus diesem Grund gab es keine zerschnittenen Stoffe. Die umgekehrte Applikationstechnik wurde bei Schmuckstreifen für Obergewänder und Röcke verwendet. Sie war etwas einfacher als die erstaunlichen mehrlagigen Arbeiten, auf die die Frauen heute so stolz sind. Leuchtend bunte Molas werden von den Frauen heute als kostbare Einsätze für Vorder- und Rückteile ihrer Blusen getragen. Männer beleben hin und wieder ihre Kleidung mit einem Hauch von Mola auf ihren Westen, Manschetten oder Taschen. Im Alter von sechs fangen die Mädchen an zu nähen, wenn sie dann mit etwa 20 Jahren heiraten, besitzen sie bis zu zwanzig herrliche Mola-Blusen. In letzter Zeit findet man allerdings auch Trickfilmfiguren und Reklamelogos. Sie werden den überlieferten alten Motiven hinzugefügt.

links: *Zwei Plaketten, eine mit einem Papagei, die zweite mit einem Einsiedlerkrebs, rasch, aber immer noch sehr sorgfältig gearbeitet, um die Nachfrage der Touristen zu befriedigen.*

rechts: *Dieses kleine Stück, 8 x 6 in/20 x 15 cm, zeigt einen Vogel, der von den Mayas sein könnte, einen »Sikwi«. Gearbeitet als umgekehrte Applikation auf leuchtend gelber Baumwolle.*

unten links: *Pfeiferauchende Papageien sind nicht gerade typisch für Patchwork, wohl aber für die Kuna, die gern ihre Späße mit Vermenschlichungen von Tieren treiben.*

unten: *Ein ganzer »Stall« voll mit den vertrauten und immer wieder dargestellten Papageien, bekannt als »Kwili«. Auf dem Hintergrund passend angeordnete »nips« und »pips«; kastanienbraune Rückseite. Das Stück stammt von einer Blusenvorderseite und mißt 16 x 8,5 in/40,5 x 21,5 cm.*

Panamaischer Mola

Eine sehr farbige Mola-Arbeit, mit der Maschine genäht. Sie zeigt eine hübsch angezogene Katze, schwierig und zeitraubend herzustellen (mit der Hand gearbeitet würde man bis zu zwei Monate benötigen). Dies ist ein schönes Beispiel für extrovertierte Volkskunst. Man könnte es ohne Bedenken rahmen und ausstellen.

Molas sind normalerweise fast rechteckig, sie messen etwa 17 x 19 in/43 x 48 cm. Ihre Basis besteht aus zwei Lagen ziemlich kräftigen Baumwollstoffs, oft in Schwarz. Darauf befinden sich mehrere Lagen leichterer Baumwolle, von denen jeweils Teile weggeschnitten und mit unsichtbaren Stichen gesäumt werden, um die darunter liegende Farbe freizugeben. Die charakteristischen rautenförmigen Schlitze heißen »tastas« und die applizierten Farbfleckchen heißen »nips« und »pips«, je nachdem ob es sich um stehengebliebene Reste oberer Stofflagen oder kleine Schnipsel handelt, die man auf die obere Schicht appliziert. Jede Insel hat ihre eigenen Varianten entwickelt, so wie die Ailigandi-Insulaner im östlichen Teil, die nur zwei unterschiedliche Farben verwenden, um so etwas wie einen originalen »mugan«, »Großmutter« aller Molas, herzustellen. Oder wie die Karti-Leute, die sich auf winzige »nips« und »pips« spezialisiert haben. Die feinsten Einzelheiten werden mit kleinen Ketten-, Kreuz-, Knopfloch-, Überfang- und Stielstichen gestickt. Molas können abstrakt oder figürlich sein, als Entwürfe dienen oft Papierfaltschnitte, es gibt aber auch komplizierte Muster wie zum Beispiel Linien, die Labyrinthen ähneln. Normalerweise lieben die Indianer Bilder von Menschen, Tieren, Pflanzen, Fischen und den Korallen, die ihre Inseln umgeben. Die Kuna gehen aber auch mit der Zeit. Man findet heute in ihrem Repertoire sogar Raketen, Fußbälle, Basebälle, ja selbst Reklamelogos. Zu ihren Lieblingsmotiven gehören erstaunlicherweise auch Buchstaben. Die gebräuchlichsten Farben sind Hellgelb, Orange, Rot, Purpur, Grün, Preußischblau, Schwarz und Weiß. Die oberste Lage ist fast immer schwarz, orange, scharlach- oder karmesinrot. Seit kurzem gibt es die Marotte, Pastellfarben zu verwenden, die sich aber überhaupt nicht mit der Wirkung der traditionellen Farben vergleichen lassen.

EINKAUFSLISTE

Baumwollstoffe guter Qualität, Quadrate von 20 in/51 cm, jeweils in Orange, Rot, Schwarz, Grün, Blau, Gelb

Kräftige Vlieseline zum Aufbügeln, Quadrat von 20 in/51 cm

Beidseitig klebende Vlieseline 2 yd/1,80 m

Baumwollgarn passend zu allen Farben und in Weiß

STOFFE

Einfarbige Baumwolle in Schwarz, Blau, Grün, Gelb, Orange und Rot.

BESTANDTEILE

Der fertige Wandbehang mißt etwa 18 x 18 in/46 x 46 cm.

Vlieseline auf die Rückseite des roten und schwarzen Quadrates gebügelt, Figuren umgekehrt auf die Papierrückseite beider Quadrate gezeichnet und ausgeschnitten, Papier entfernt, rotes Quadrat auf schwarzes gebügelt.

RAND: 4 Streifen schwarze, gesäumte Baumwolle, etwa 2 in/5 cm breit, passend zugeschnitten, oberer und unterer Rand müssen über die Arbeit hinausstehen.

Kräftige Vlieseline auf die Rückseite des orangen Quadrates gebügelt. Beidseitig klebende Vlieseline auf die Rückseite jedes Teils gebügelt. Ausgeschnittene Figuren nach Entfernung des Papiers auf oranges Quadrat gebügelt. Dann durch Rot und Schwarz Schlitze schneiden, um alle Farben sichtbar zu machen. Papier von schwarzer Rückseite entfernt, schwarzes Quadrat auf Hintergrund fixiert.

ARBEITSANLEITUNG

1 Oranges Quadrat auf kräftige Vlieseline, beidseitig klebende Vlieseline auf rotes, schwarzes, blaues, grünes und gelbes Quadrat bügeln. Auf Rückseite des roten Quadrates mit wasserlöslichem Stift Schablonen umranden *(siehe S. 122/23).*

2 Mit einem Messer durch Vlieseline und Stoff schneiden, aber genau 0,25 in/6 mm außerhalb (!) der gezeichneten Linie.

3 Rechte Seite des roten Quadrates auf die Vlieselineseite des schwarzen Quadrates legen, ausgeschnittene Teile wieder in die Ausschnitte legen und die Kanten umranden.

4 Rotes Quadrat entfernen. Durch Papier und schwarzen Stoff genau auf den gezeichneten Linien mit dem Messer schneiden.

5 Roten Stoff mit der rechten Seite nach oben auf den schwarzen legen, prüfen, ob genau ein 0,25 in/6 mm Rand vom schwarzen Stoff zu sehen ist. Papier von roter Rückseite entfernen.

6 Sorgfältig roten auf schwarzen Stoff bügeln. Genau darauf achten, daß die Stücke sich nicht verschieben, Ziehen vermeiden.

7 Sie brauchen einen Folienstift. Sorgfältig die äußerste rote Kante auf zwei Stücke möglichst fester Folie zeichnen. Eine wird für die Hintergrundteile zerschnitten, die andere dient als Leitfolie zur Plazierung der Einzelteile.

8 Diese Schablonen zum Zeichnen der Begrenzungslinien auf die rechte Seite des orangen Stoffes zeichnen. Reihenfolge der Farben auswählen und sorgfältig die Muster immer umgekehrt auf die Papierrückseite zeichnen.

9 Alle farbigen Hintergrundstücke ausschneiden. Auf orangem Stoff exakt in ihre Positionen legen, sie dürfen sich nicht überschneiden. Die ausgeschnittenen Bereiche der roten und schwarzen Teile sind vollständig bedeckt.

10 Wenn alles genau an Ort und Stelle liegt, Rückseitenpapiere abziehen (bis auf das der roten und schwarzen Teile) und die farbigen Teile auf orangen Hintergrund aufbügeln. Die Katzenform wird orange bleiben.

11 Folienzeichnung auf rotes Quadrat legen. Mit Clips befestigen (Wäscheklammern). Folie anheben und Linien zwischen den einzelnen Farbbereichen auf rotem Quadrat mit wasserlöslichem Stift markieren.

12 Regelmäßige längliche Einschnitte mit wasserlöslichem Stift auf rotem Quadrat markieren. Mit Messer ausschneiden. In den Ausschnitten werden jeweils verschiedene Farben sichtbar.

13 Stichbreite auf 1,5 einstellen (sehr eng), rotes Baumwollgarn benutzen. Unteren Stofftransport versenken, um die Ausschnitte herum mit Stopffüßchen in Zickzack-Stich säumen.

14 Figuren mit Hand- oder Maschinenstickerei verzieren. Schwarze Ränder 1,75 in/4,5 cm breit ausschneiden und an dem Wandbehang anbringen (siehe Schritt 8 auf S. 37).

SEMINOLISCHES PATCHWORK

Die Seminole-Indianer sind als »Die Unbesiegbaren« bekannt. Sie sind die Überlebenden mehrerer Stämme. Die meisten stammen von den Muskhogean, einem Volk der Flußindianer aus Alabama und Georgia ab. Dazu kommen die Mikasuku und Cherokee, die Chactaw und Chicasaw. Das Wort »simanole« kommt aus dem Griechischen und bedeutet Flüchtling oder Separatist. Es bezieht sich auf Landsleute, die gewaltsam aus ihrer Heimat vertrieben wurden. Sieben Jahre kämpften die Indianer gegen die Regierungstruppen und wurden schließlich 1843 in das äußerste und unwirtlichste Ende Floridas, die Everglades, vertrieben. Ungeachtet der Vertreibung und des fast vollständigen Völkermordes der Eingeborenen durch die europäischen Siedler, blieben Reste ihrer Kultur und Kunst in vielen Bereichen erhalten. Dabei haben sich durchaus auch überlieferte Elemente mit modernen Einflüssen verbunden. Für ihr handwerkliches Geschick im Töpfern, Korbflechten und Schnitzen sind die Indianer Nordamerikas seit langem bekannt, bemerkenswert ist jedoch auch ihre großartige Fähigkeit, mit ungewöhnlichen Dingen wie Federn, Stachelschweinborsten, Schnurrbarthaaren von Seelöwen und Abalone-Muscheln zu arbeiten. Im textilen Bereich sind die kräftigen Streifen- und Winkelmuster der Navajo- und Pueblo-Indianer sehr bekannt und beliebt. Die Apachen stellen heute noch Kleidung mit auffallenden Applikationen her und haben die gleiche Vorliebe für Zickzack-Muster wie die Seminolen. Kleidungsstücke und Satteltaschen werden damit geschmückt. Indianerstämme von den Großen Seen und aus der Prärie dagegen fertigen meisterhafte Bandapplikationen an. Die ersten Nähmaschinen, eingeführt etwa um 1900, spornten die Indianer Floridas an, etwas ganz Eigenes zu erfinden: ein Kaleidoskop von Mustern, zusammengesetzt aus kleinsten Teilen, in allen Farben des Regenbogens, etwas, was nirgendwo sonst zu finden war. Sie nähten – und nähen heute noch – leuchtend bunte Streifen auf die Stoffe der gebauschten Röcke ihrer Frauen, wozu diese einfarbige Schultercapes tragen. Die Männer der Semionale-Indianer lieben ebenfalls reich verzierte übergroße Hemden.

links: *Seidenes Frauencape, Rock mit leuchtend bunten konfettigroßen Verzierungen, typisch für die Mikasuki-Seminolen zwischen 1930 und 1950. Die handarbeitliche Leistung ist erstaunlich und bedeutet eine großartige Anerkennung der ersten, handbetriebenen Nähmaschinen, ohne die Seminole-Patchwork sich nicht hätte entwickeln können.*

rechts: *Männerhemd um 1960. Dieses »Big Shirt« zeigt nur noch ganz wenig von dem, wie diese übergroßen Hemden einmal aussahen. Die gezackten Reihen sollen die lebhafte Wirkung älterer Arbeiten schneller erzielen, als traditionelles Patchwork es vermag.*

links: *Hier ein Big Shirt in seiner ganzen Pracht. Es wurde um 1930 hergestellt. Einfarbige Versionen trug man um 1900; schon 1915 wurden sie von komplizierteren Patchworkarbeiten abgelöst. Die schmalen Streifen dieser Arbeit sind zusammengesetzt aus Einzelteilchen. Das lockere, kühlende Kleidungsstück ist mit der für Seminolen üblichen Perfektion gearbeitet.*

Seminolisches Patchwork

Seminolische Patchworktechnik ist einzigartig auf der Welt. Auf den ersten Blick erscheint sie bunt und einfach wie Kinderbauklötzchen, aber dann erschließt sich dem Betrachter eine großartige Mustervielfalt. Bei den unglaublich bunten Bändern, zusammengesetzt aus konfettigroßen Stoffstückchen, bilden Muster und Farben leuchtend frische Harmonien.

Wunderbar sehen die Seminole-Indianer in ihren bunten Festtagsgewändern aus – aber sie tragen Kleidung mit schwierigsten Patchworkarbeiten auch bei ihrer alltäglichen Arbeit. Die Frauen lieben lange, gebauschte Röcke mit fünf Reihen leuchtend bunter Patchworkmuster, dazu um den Hals Perlenketten, die bis zu 11 kg wiegen. Ohne all dies würden sie sich nackt vorkommen. Ihr langes, schwarzes Haar bürsten sie über Pappschablonen, die ihnen ein seltsames, aber elegantes, etwas asymmetrisches Aussehen verleihen. Leider findet man es heute nur noch sehr selten. Die Männer sehen in ihren bunten Hemden und seidenen Halstüchern prächtig aus, und sogar die Kinder sind gekleidet wie kleine Erwachsene. Seminolisches Patchwork ist für das Arbeiten mit der Nähmaschine wie geschaffen. Seine exakte Regelmäßigkeit ist einfach nicht anders zu erreichen. Wenn man erst einmal das Prinzip begriffen hat, kann man mit der Maschine die komplizierten Bänder zusammengehöriger Farben mit erstaunlicher Geschwindigkeit nähen. Daher achten die Seminolefrauen sehr auf ihre zuverlässigen Hand- oder Tretnähmaschinen, von denen viele seit fast fünfzig Jahren fehlerfrei funktionieren, und das trotz der Rostgefahr im tropisch feuchten Klima und trotz des Mangels an Ersatzteilen und Reparaturmöglichkeiten. Das Auffallendste an ihren üppigen Kleidern sind die Farben: Scharlachrot, knalliges Pink, Limonengrün und Butterblumengelb. Alle werden mit offensichtlichem Geschick miteinander verarbeitet und mit Schwarz und Weiß, was beruhigend wirkt, kombiniert. Das Ergebnis ist – und das ist das Geheimnis – ein aufregender Blickfang, ohne aufdringlich zu wirken. Peinlich genaues Bearbeiten der winzigen Stoffteilchen und sorgfältiges Abwägen der Farben verleiht diesen verwirrend schönen Arbeiten wenn auch nicht gerade ein vornehmes, so doch zumindest ein fröhliches und heiteres Aussehen.

EINKAUFSLISTE

Einfarbige Baumwollstoffe
45 in/115 cm breit:
scharlachrot 0,25 yd/25 cm,
weinrot 0,25 yd/25 cm,
grün 0,25 yd/25 cm,
weiß 0,25 yd/25 cm,
pink (auch für Paspeln)
0,5 yd/45 cm,
schwarz (auch für Rückseite)
0,5 yd/45 cm,

Paspelkordel 4 mm Durchmesser:
2,25 yd/2,05 m

Schwarzer Reißverschluß:
14 in/35 cm

18 in/46 cm Federkissen oder lose Füllung

STOFFE

Einfarbige Stoffe in Scharlachrot, Pink, Weiß, Gelb, Grün, Weinrot und Schwarz.

BESTANDTEILE

Das fertige Kissen mißt ungefähr 18 x 18 in/46 x 46 cm

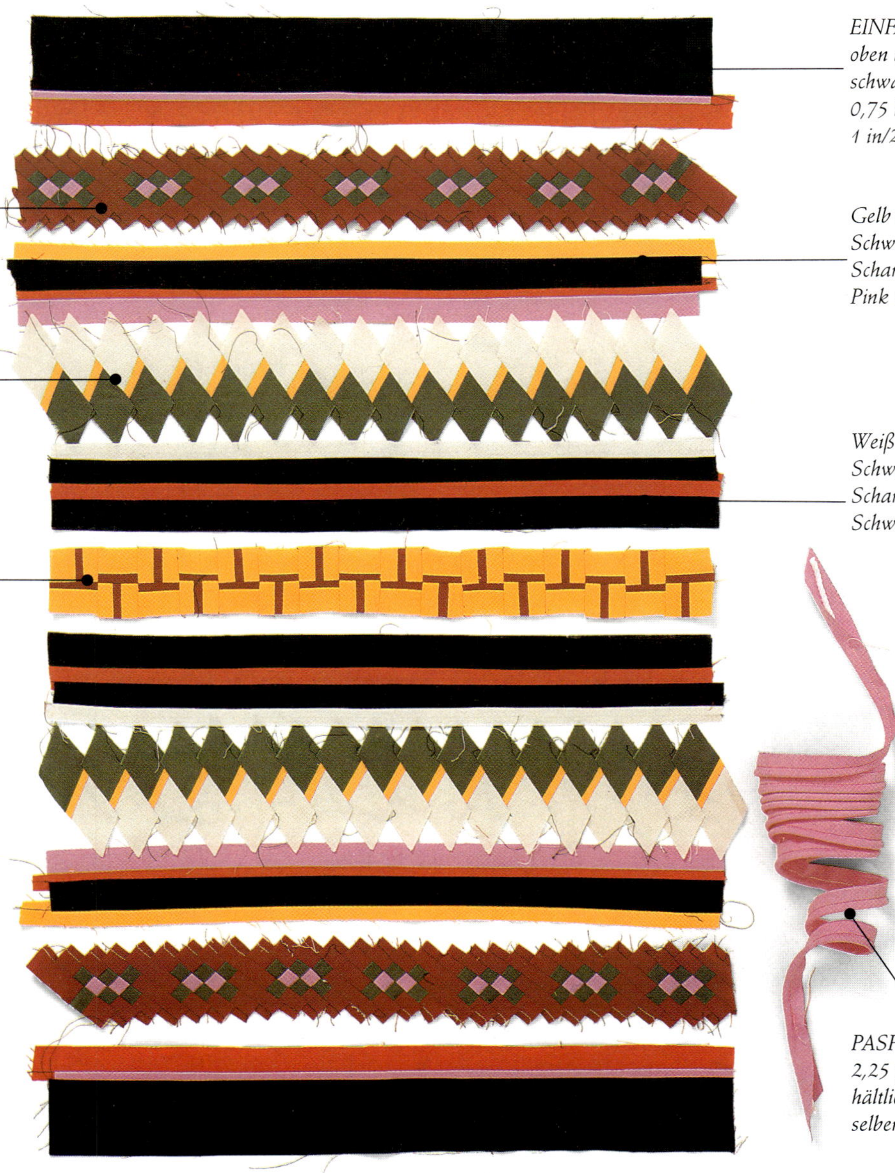

EINFARBIGE STREIFEN oben und unten einer: schwarz 2 in/5 cm, pink 0,75 in/1,9 cm, scharlachrot 1 in/2,5 cm breit.

SCHACHBRETTMUSTER 2 Streifen

Gelb 0,75 in/1,9 cm
Schwarz 1,5 in/3,8 cm
Scharlachrot 0,75 in/1,9 cm
Pink 1 in/2,5 cm

SÄGEZAHNMUSTER 2 Streifen

Weiß 0,75 in/1,9 cm
Schwarz 1,25 in/3,2 cm
Scharlachrot 1 in/2,5 cm
Schwarz 1,25 in/3,2 cm

T-MUSTER 1 Streifen

Die Einzelteile dieser Arbeit sind ziemlich kompliziert und recht klein, deshalb sind alle Maße ganz präzise angegeben, sie müssen exakt befolgt werden. Die Streifen müssen genau im Fadenverlauf geschnitten und genäht werden.

PASPEL: 2,25 yd/2 m im Handel erhältliche Paspel in Pink, oder selber hergestellt.

ARBEITSANLEITUNG

1 Für das erste Seminole-Muster folgende Streifen mindestens 30 in/76 cm lang schneiden: 3 weinrote je 1 in/2,5 cm breit, 3 grüne je 1 in/2,5 cm breit, 1 pink 1 in/2,5 cm breit, 1 weinrot 2 in/5,0 cm breit.

2 Zu 2 Streifen, wie oben gezeigt, akkurat zusammennähen. In die Richtung bügeln, die sich am wenigsten aufwölbt. Jeder Streifen muß 3 in/7,5 cm breit sein. Streifen in Einzelteile von je 1 in/2,5 cm Breite schneiden.

3 Einzelteile zurechtlegen (wenn Sie beim Zusammennähen nicht ganz exakt waren, passen die Teile nicht zueinander), zu einem 40 in/102 cm langen Streifen aneinandernähen. Diesen halbieren, bügeln.

4 Jeweils 1 Streifen 36 in/90 cm lang schneiden: weiß 1,5 in/3,8 cm breit, gelb 0,75 in/1,9 cm breit, grün 1,5 in/3,8 cm breit. Aneinandernähen und in 1,5 in/3,8 cm breite Einzelteile im Winkel von 60° schneiden.

5 Ein Zickzack-Muster zurechtlegen. Die linke Seite jeder weißen Raute muß mit dem nächsten gelben Streifen in einer Linie liegen. Zu einem 40 in/102 cm langen Streifen nähen. Halbieren, bügeln.

6 30 in/76 cm lange Streifen schneiden: 3 gelbe je 1 in/2,5 cm breit, 2 weinrote je 0,75 in/1,9 cm breit. Aneinandernähen. Streifen mit Rot in der Mitte in 1 in/2,5 cm breite, den anderen in 1,75 in/4,5 cm breite Stücke schneiden.

7 Einen Streifen mit 16 T-Formen nähen. 20 in/51 cm lange Streifen für die Zwischenbänder, jeweils 2 von jeder Farbe schneiden, siehe dazu S. 114, benötigte Farben und Maße rechts neben der Abb.

8 Streifen aneinandernähen. Die Zierbänder dabei exakt durch die Spitzen der roten Teilchen bzw. der Zickzackteile nähen. Vorher die Nahtlinie mit wasserlöslichem Stift genau einzeichnen, auch auf dem einfarbigen Streifen. Diesmal unbedingt reihen, damit die Naht perfekt gelingt.

9 Gut bügeln. Ein 18 in/46 cm Quadrat auf die Vorderseite zeichnen und die vorbereitete Paspel mit dem Reißverschlußfüßchen aufnähen. Ein 20 in/51 cm großes Quadrat aus schwarzem Stoff (Rückseite) schneiden. Rechts auf rechts auf die Vorderseite nähen und Teil einer Naht offen lassen. Nach rechts drehen, Öffnung von Hand schließen.

Schwedischer Woll-Quilt

Der Winter hat in den skandinavischen Ländern eine große Bedeutung. In den Monaten der Kälte und Dunkelheit feiern Reiter die St.-Stephanus-Nacht im Freien, wobei man Weihnachtslieder singt, und die wunderbar bemalten Holzkirchen werden zu gesellschaftlichen Mittelpunkten mit Musik, Lichtern und Glockengeläut.

Die traditionellen Blockhäuser wurden aus isolierendem Massivholz gebaut. Im großen Wohnzimmer waren die Betten kastenförmig in die Wände eingelassen und nach vorne mit einem Vorhang abgeschlossen, der Zugluft abhielt und eine Privatsphäre schuf. Dieser kleine Raum, der Zuflucht vor der Winterkälte bot, wurde durch viele Lagen von Decken – große, dicke Wolldecken oder daunengefüllte Federbetten und Patchworkquilts – warm gehalten. Dazu gab es plustrig gefüllte Daunendecken, bezogen mit bunt gestreiftem Zwillich. Geduldig wurden Patchworkmuster in mehr oder auch weniger leuchtenden Farben genäht. Diese Tradition reicht bis ins 14. Jahrhundert, ja vielleicht sogar noch weiter zurück, denn das älteste erhaltene Stück schwedischen Patchworks stammt aus dem Jahr 1303 und wurde in Katzenberg/Hessen gefunden. Alte Fahnen, Baldachine und Wandbehänge zeigten applizierte Wappendarstellungen voller Dramatik. Die bürgerliche Mode des 19. Jahrhunderts hatte vorübergehend eine Vorliebe für zusammengesetzte Quilts, die denen aus England sehr ähnlich waren. Baumwollene und seidene Rhomben, Sechsecke und Rauten über Papierschablonen genäht und rautenförmig gequiltet, bildeten die gesamte randlose Oberfläche dieser Quilts. Hin und wieder hat eine besonders eifrige Quilterin dennoch einen einfarbigen Rand um ihren Quilt genäht und diesen mit sehr komplizierten Mustern aus Blüten und Blättern verziert. Quilts, deren Oberteile aus ganzen Bahnen Wollstoff, Seide oder Leinen bestanden, kamen traditionell aus ländlichen Gebieten. Hier findet man eine Vielzahl gequilteter unterschiedlicher Radmuster, wie zum Beispiel das keltische Sonnenrad, Girlanden, Blumen und Muscheln, minuziös ausgearbeitet. Die besten von allen sind die bekannten vielfarbig zusammengesetzten Streifenquilts, Varianten des Blockhaus-Musters und die einzigartigen geometrischen Hochzeitsquilts aus der Gegend um Roslagen.

rechts: *Eine gewagte Zusammenstellung von Mustern und Einzelteilen aus Baumwolle und Seide in einem ländlichen schwedischen Quilt der Jahrhundertwende. Das lebendige Miteinander von Blocks aus Dreiecken und zusammengesetzten Streifen ist typisch für die Gegend um Roslagen.*

unten: *Das Medaillon des Quilts leuchtet im »Sunburst«-Muster (Sonne bricht durch die Wolken). Er ist aus unterschiedlichen Stoffen eines Musterbuchs für Möbelstoffe um 1914 in Norrtälje gearbeitet. Neben dem Stern im Mittelpunkt besteht der Quilt nur aus den einfachsten Grundbestandteilen: Quadraten und Rechtecken.*

links: *Schwedische Quilter haben ein einmaliges Repertoire an Hochzeitsquilts. Sie beinhalten jede Menge ungewöhnlicher Einzelteilchen, aber auch Schals und Hochzeitshauben. Dieses recht strenge Muster wurde in Odenslund 1907 gearbeitet. Das gequiltete Mittelteil besteht aus einem Seidentuch, was einer örtlichen Tradition entspricht, der Rest ist geknotet, nicht gequiltet.*

SCHWEDISCHER WOLL-QUILT

Eine temperamentvolle Mischung ganz unterschiedlicher Wollstoffe: Karos, Streifen, einfarbige Stoffe, Paisley- und Blumenmuster werden in diesem Quilt, der direkt aus Roslagen (Küste vor Stockholm) kommen könnte, gemeinsam verarbeitet. Die warmen Herbstfarben von Erde, Beeren und Früchten ergeben einen Quilt, der Winternächte gemütlich machen und ein eiskaltes Bett wohlig wärmen kann.

Wie so oft sind auch in Schweden Farben und Muster bäuerlicher Quilts besonders ausdrucksstark. Die viel komplizierteren städtischen Quilts können da oft nicht mithalten. Es gibt zusammengesetzte Quilts aus Seide, Wolle oder dicker Baumwolle in lebhaften Farb- und Mustermischungen, wobei besonders gern glühendes Rot verwendet wird. Meist bestehen sie nur aus schlichten Neun-Quadrate-Mustern mit hübschen Rändern aus Rauten, bunten Streifen aus der Restekiste oder Windmühlenmustern in einem bunten Durcheinander von geblümten und karierten Stoffen. Man findet breit umrandete Streifenquilts mit herrlich gequilteten Muschelmustern oder wunderbare Blockhausquilts mit breiten einfarbigen, aber auch gestreift gearbeiteten Rändern. Sie werden sehr kompliziert gequiltet oder sorgfältig aus kontrastierenden Blocks zusammengesetzt, oder sie bilden einen großartigen schwarzen Rahmen, bei dem kostbarerer Stoff als bei den Quilts selbst verwendet worden ist. Typisch für Skandinavien sind Hochzeitsquilts mit eingearbeiteten Hochzeitshauben. Manchmal werden auch Seidentücher, die der seefahrende Bräutigam aus fernen Ländern mitgebracht hat, verarbeitet. Ganze Tücher oder Teile von ihnen sind ihre Grundlage oder bilden ihren Mittelpunkt. Der Quilt wird schließlich von breiten Rändern aus Winkeln oder Rechtecken umrandet. Die Farben sind ungewöhnlich – Schwarz und Mauve in leuchtendem Nebeneinander, oder Dunkelgrün, Rot und pinkfarbene Paisley-Muster in großen Blocks. Manchmal werden sogar Bänder in die Muster eingearbeitet. Da Tücher im allgemeinen quadratisch sind, umgibt man die Quilts oben und unten mit sehr breiten, zusammengesetzten Rändern, um sie auf diese Weise rechteckig werden zu lassen. Die ansprechendsten schwedischen Quilts sind gleichzeitig die einfachsten: Nur ein Rechteck aus kostbarem Chintz mit einfarbigen Rändern, nahezu gleich breit wie die Innenfläche. Die Füllung aus Wolle oder Baumwolle war normalerweise sehr dick. Man quiltet auf der schlichteren Seite, wobei die Muster nicht fortlaufend sein müssen. Die Ränder werden mit für sich getrennt gearbeiteten, ziemlich weit auseinanderliegenden Blatt- oder Blumenmotiven verziert. Es gibt auch ganz ungewöhnliche Quilts, bei ihnen wird die Füllung mit Bändern, die auf der Rückseite zu dicken Pompons aufgeplustert wurden, fixiert. So können zum Beispiel auf einer hellgelben Quiltrückseite durchaus leuchtend blaue Knoten erscheinen.

EINKAUFSLISTE

Mischgewebe Baumwolle-Wolle: Karos, Drucke und unifarbene Stoffe, 45 in/115 cm breit:
5 verschiedene dunkle Farbtöne je 0,25 yd/25 cm,
4 verschiedene helle Farbtöne je 0,25 yd/25 cm,
Paisley-Muster (Rand): 1 yd/90 cm,
dunkelgrün (Außenkante) 0,5 yd/45 cm

Wollvlies als Füllung 1,6 yd/1,50 m

Baumwollgarn passend zur Außenkante

STOFFE

Sechs verschiedene helle und dunkle Karos und Druckstoffe, ein Paisley-Druck, einfarbig Dunkelblau, Dunkelgrün, Zitronengelb und Weiß.

BESTANDTEILE

Verwenden Sie die RIT-Quadratschablonen auf S. 124.

GROSSE QUADRATE IM SANDUHRMUSTER:
15 Quadrate aus großer RIT-Schablone Nr. 3 aus verschiedenen hellen und dunklen Stoffen.

KLEINE QUADRATE IM SANDUHRMUSTER:
12 Quadrate aus kleiner RIT-Schablone Nr. 3 aus verschiedenen hellen und dunklen Stoffen.

GESTREIFTE ZWISCHENBÄNDER:
Bänder aus unterschiedlich breiten Streifen verschiedener heller und dunkler Stoffe.

RÄNDER:
4 Streifen Paisley-Druck etwa 8,5 in/22 cm breit, passend zuschneiden, oberer und unterer Streifen müssen dabei über die Ränder der Arbeit hinausstehen.

AUSSENKANTE:
Dunkelgrüne Streifen 3 in/7,5 cm breit; Vorbereiten und Anbringen siehe S. 126.

Der fertige Quilt mißt ca. 52 x 56 in/132 x 142 cm

ARBEITSANLEITUNG

1 *Mit der größeren RIT-3-Schablone (S. 124) 15 Quadrate herstellen. Dabei Schritt 1 des amerikanischen Windmühlenquilts S. 30 befolgen.*

2 *Auf den gezeichneten Linien exakt in Einzelteile zerschneiden. Nähte nach einer Seite hin bügeln.*

3 *Unterschiedliche Teile zu Dreiecken und diese zu Quadraten nähen, so daß nie gleiche Stoffe aufeinanderstoßen. Vorgang mit kleinerer RIT-3-Schablone wiederholen (12 Quadrate).*

4 *Für die gestreiften Zwischenbänder unterschiedlich breite Streifen (von 1 in/2,5 cm bis 2,25 in/6 cm breit) aus den Reststoffen schneiden.*

5 *Die verschieden breiten Streifen der Länge nach aneinandernähen, bis das Ganze etwa 24 in/60 cm breit ist. Alle Nähte in die gleiche Richtung bügeln.*

6 *Mit Olfa-Cutter in Streifen von 3,5 in/9 cm Breite schneiden.*

7 *Davon 12 Teile, die so lang sind wie die großen Sanduhr-Quadrate, 10 Teile, die so groß sind wie die kleineren Sanduhr-Quadrate, schneiden. Gestreifte Teile dazwischenlegen und wie in der Abb. zusammennähen. 3 breite und 2 schmale Bänder herstellen. 4 gestreifte Bänder in der Länge der eben genähten Bänder nähen. Dazwischenfügen. Streifen aneinandernähen. Bügeln.*

8 *Paisley-Rand 8,5 in/21,5 cm breit schneiden, an das Oberteil nähen (Schritt 8 auf S. 37). Bügeln. Oberteil an Vlies und Rückseite befestigen.*

9 *Ober- und Spulengarn passend zu Vorder- und Rückseite wählen. Entlang aller Nähte mit der Maschine auf ihrer flacheren Seite quilten (S. 125).*

10 *Außenkante mit Zickzack-Naht befestigen, überstehendes Material abschneiden.*

11 *Stoff für Außenkante 3 in/7,5 cm breit schneiden und anbringen (S. 126).*

Schablonen und Arbeitsanleitungen

HAWAIISCHE APPLIKATION
Diese Schablone ist nur $\frac{1}{4}$ so groß wie für die Arbeit benötigt. Man kann sie auf einem Fotokopierer vergrößern oder auf Millimeter-Papier zeichnen und dann im Rasterverfahren auf ein größeres Papier übertragen (1 cm auf dem Millimeter-Papier = 4 cm Originalgröße).

BRITISCHER STREIFEN-QUILT
Für die Quiltschablone die Abbildung rechts viermal auf Transparentpapier durchzeichnen und jeweils spiegelbildlich aneinanderlegen. Elastisches Plastikmaterial (Patchworkfachgeschäfte) auf die Abbildung legen, mit einem Skalpell $\frac{1}{8}$ in/3 mm breite Linien von vielen »Brücken« unterbrochen ausschneiden (»Brücken« halten die Schablone zusammen).

JAPANISCHES SASHIKO-KISSEN
Für die Chrysantheme dieses Segment 12mal auf festen Karton zeichnen, ausschneiden, auf dem Kissenstoff umranden.

PANAMAISCHER MOLA
Die drei Teile (Katze, Zweig und Vogel) sind originalgroß. Diese auf Pappe übertragen (auf Transparentpapier durchpausen, auf Karton Linien mit spitzem Bleistift durchdrücken).

SCHWEDISCHER WOLL-QUILT
7,25 in/18,5 cm RIT-Schablone Nr. 3

SCHWEDISCHER WOLL-QUILT
5,75 in/14,5 cm RIT-Schablone Nr. 3

PAKISTANISCHER QUASTEN-QUILT
$4\frac{7}{8}$ in/12,5 cm RIT-Quadrat Nr. 2

AUSTRALISCHER SCHNEIDER-QUILT
Rechteck 7 x 5 in/18 x 13 cm

AMISCHER KINDERBETT-QUILT
und AMERIKANISCHER WINDMÜHLEN-QUILT

RIT-Quadrat Nr. 3 4,5 in/10,8 cm

RIT-Quadrat Nr. 2 $3\frac{7}{8}$ in/9,8 cm

RIT-Quadrat Nr. 1 $3\frac{1}{2}$ in/8,9 cm

Nr. 1

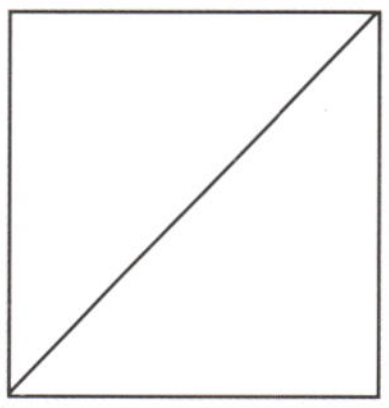

Nr. 2

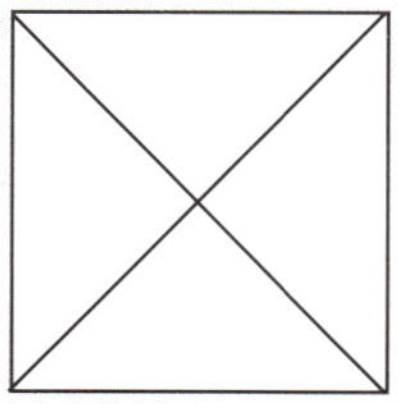

Nr. 3

Die zusammengenähten Quadrate sind 3 x 3 in/7,5 x 7,5 cm groß.

RIT-Quadrat: RIT (Right-angeled Isosceles Triangle = rechtwinkliges gleichseitiges Dreieck) wurde extra für das Nähen mit der Maschine entwickelt. Man näht, bevor man schneidet. Dadurch erhält man ein genaueres Ergebnis als durch primäres Ausschneiden der Einzelteile und anschließendes Zusammennähen. Man spart Zeit und Material. Die Technik wird in dem vorliegenden Buch oft verwendet und kann zum eigenen Entwerfen vieler Muster gebraucht werden. Alle Maße beinhalten 0,25 in/6 mm Nahtzugabe, die ganz exakt eingehalten werden muß, damit die Nähte der einzelnen Teile genau aufeinanderstoßen.

VLIESFÜLLUNG

Anstatt das Quiltoberteil mit Füllung und Rückseite aneinander zu reihen, kann man die verschiedenen Lagen auch mit Klebespray zusammenfügen.

1 Vlies und Rückteil ein wenig größer als Oberteil schneiden. Vliesfüllung auf den Fußboden legen und in Viertel einteilen. Dazu Reihfaden einmal längs und einmal quer (wie ein Fadenkreuz) heften. Stoff für Rückseite bügeln und einmal quer und einmal der Länge nach falten. Das Vlies ansprühen.

2 Sorgfältig die Knicklinien des Stoffes an das Fadenkreuz des Vlieses legen und Stoff für Rückseite entfalten, andrücken und glattstreichen; es dürfen keine Falten entstehen. Beide Lagen umdrehen und den Vorgang mit dem Quiltoberteil wiederholen. Mit Zickzack-Naht um die Kanten gehen, damit die 3 Lagen gesichert werden, überstehendes Material abschneiden.

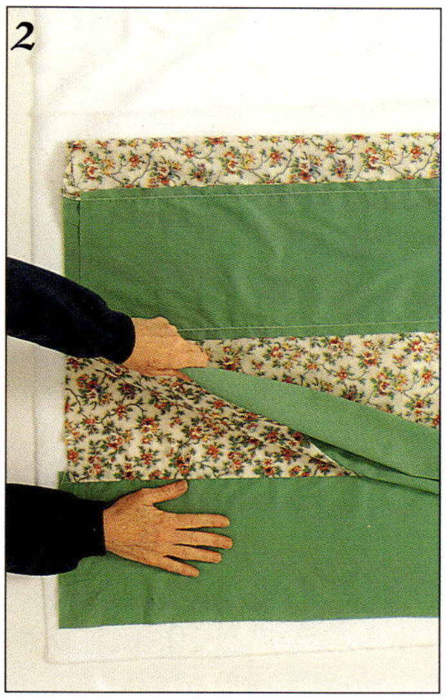

QUILTEN VON GERADEN LINIEN

Quiltgarn muß farblich zur Oberseite passen. Beim Quilten über verschiedene Farben unsichtbares Nylongarn verwenden. Spulengarn muß zur Farbe der Rückseite passen. Das beste Ergebnis erzielt man entweder mit sehr modernen Maschinen, oder mit einem Zusatzgerät für speziellen Oberstofftransport. Dadurch werden Ober- und Unterstoff gleichzeitig unter die Nadel gebracht und können nicht verschieben. Stichlänge $^{3}/_{32}$ in/2,5 mm (10 Stiche auf 1 in/4 pro cm) einstellen. Den »Weg« so planen, daß man so selten wie möglich anhalten und neu anfangen muß, dadurch ergeben sich nur wenige lose Fäden. Wenn man entlang der Nähte quiltet, müssen vorher alle Nahtzugaben auf eine Seite gebügelt worden sein, das ist besser als offen gebügelte Nähte. Nun ist eine Seite neben der Naht höher als die andere. Beim Quilten entlang solcher Nähte sollte die Nadel gerade eben die höhere Seite der Naht »ankratzen«. Beim Quilten gerader Linien auf Stoffteilen ohne Nähte vorher die Quiltlinien mit wasserlöslichem Stift einzeichnen (z. B. beim Irischen Ketten-Quilt), oder eine bestimmte Linie im Stoffdruck als Leitlinie verwenden (z. B. beim Französischen Boutis-Quilt). Die Arbeiten sollten an einem Tisch erledigt werden, der groß genug für den ganzen Quilt ist. Wenn am Mittelpunkt des Quilts gearbeitet wird, kann man die Ränder, die unter dem Arm der Maschine zu liegen kommen, mit Fahrradklammern zusammenhalten. Über jedes unvernähte Fadenende nähen. Falls nötig, den Quilt am Schluß mit Wasser einsprühen, um alle Reste der wasserlöslichen Stifte zu beseitigen (Hinweise der Hersteller dabei befolgen).

MUSTER QUILTEN

Am besten verwendet man beim Zeichnen, Eindrücken oder Schablonenumranden wasserlösliche Stifte. Normales Nähmaschinenfüßchen durch Stopffüßchen ersetzen, unteren Stofftransport versenken, Nadeln Nr. 11 verwenden und, falls möglich, die Nähmaschinengeschwindigkeit halbieren, nur anhalten, wenn Nadel in der Arbeit steckt. Passende Garne zu Ober- und Rückseite wählen. An einem für den ganzen Quilt ausreichend großen Tisch arbeiten. Den Quilt mit der rechten Hand halten, eventuell ausgeschnittene Schablonen mit der linken, dabei Gummihandschuhe tragen, das verstärkt den Griff. Langsam nähen, so daß die gewählte Stichlänge immer gleich bleibt (12 Stiche auf 1 in/5 auf 1 cm) und die Kurven glatt werden. Dabei sollte man sich die Nadel als stehenden Punkt denken, um die herum der Stoff auf den vorgeschriebenen Linien herumbewegt wird. Hin und wieder prüfen, ob Rückseite und Füllung noch korrekt liegen und beim geringsten Anzeichen von Aufwölbungen sofort zusätzlich festreihen. Lose hängende Fäden vernähen und am Schluß den Quilt mit Wasser besprühen, um eventuell gezeichnete Linien zu entfernen (Herstelleranweisungen beachten).

ANBRINGEN DER AUSSENKANTE

1 Auf der linken Seite arbeiten. Mitten in einer Längskante mit dem Nähen beginnen, die ersten 2–3 in/5–7,5 cm ungenäht stehen lassen. Geraden Stich verwenden, entlang der gefalteten Linie der Außenkante nähen, dabei die unversäuberte Kante bündig an unversäuberte Kante der Arbeit legen. An den Ecken Außenkante exakt im 45-Grad-Winkel falten, mit den Fingern anpressen, mit Stecknadeln Faltlinie markieren.

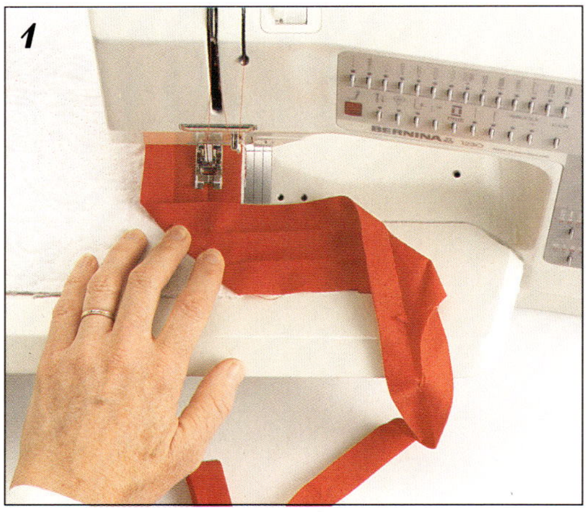

Wenn Sie keinen im Handel erhältlichen, vorgefertigten Streifen verwenden, kann man auf folgende Art selber einen herstellen: Ausreichend viele Streifen für die gesamte Außenkante des Quilts schneiden und genau im Fadenverlauf aneinandernähen. Meistens sind 3 in/ 7,5 cm Breite ausreichend. Der Länge nach zur Hälfte falten, dann beide Seiten nach innen falten, so wird der Streifen gedrittelt. Bügeln. Vor dem Anbringen der Außenkante die drei Quiltlagen am Quiltrand mit Zickzack-Naht festigen. Überstehendes Material unbedingt abschneiden.

2 Bis zur Nadel nähen, 2–3 Stiche zurücknähen, Nadel aus dem Stoff nehmen.

3 Stecknadeln herausnehmen, entlang der diagonalen Linie nach oben falten, dann Außenkanten wieder herunterfalten.

4 Mit der Nadel neu einstechen, auf der gefalteten Kante des Streifens weiternähen.

5 Beim Erreichen des Anfangspunktes den unversäuberten Anfang des Streifens nach oben falten. Ende des Streifens darüber legen und weiternähen, bis die Außenkante vollständig um den Quilt befestigt ist.

6 Quilt umdrehen, auf der rechten Seite weiterarbeiten. Außenkante nach rechts falten, so daß seine umgeknickte Kante genau auf der von links genähten Naht zu liegen kommt. Mit winziger Zickzack-Naht von rechts festnähen.

7 An den Ecken Außenkante wie auf der Abbildung gezeigt falten, mit Nadel sichern und an der Kante entlangnähen.

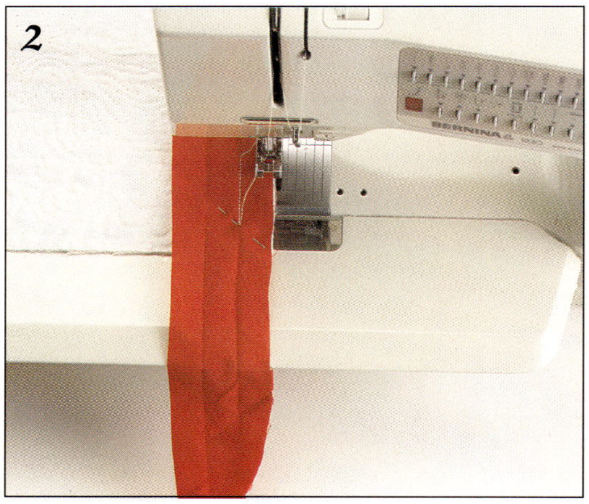

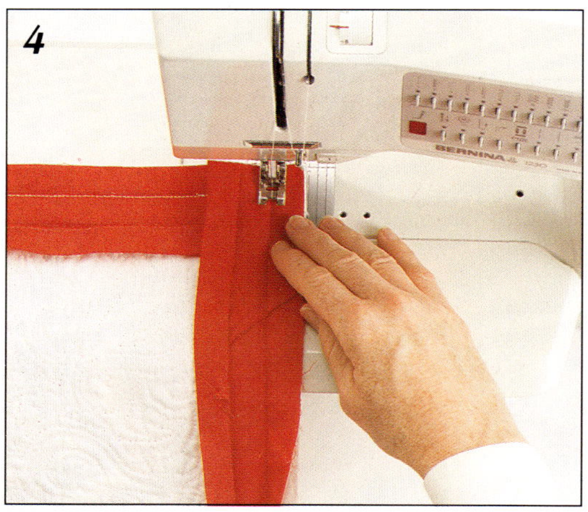

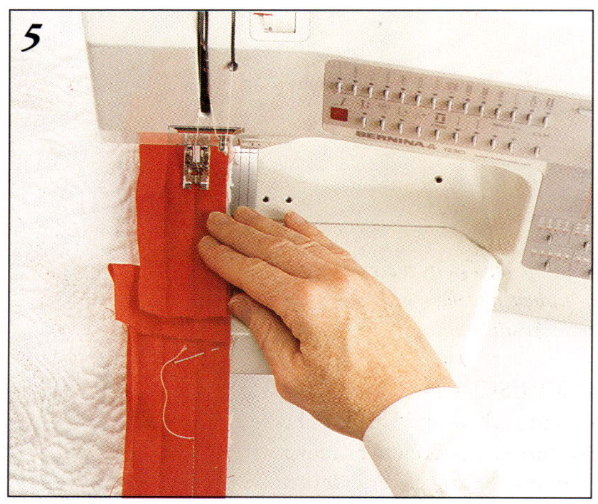

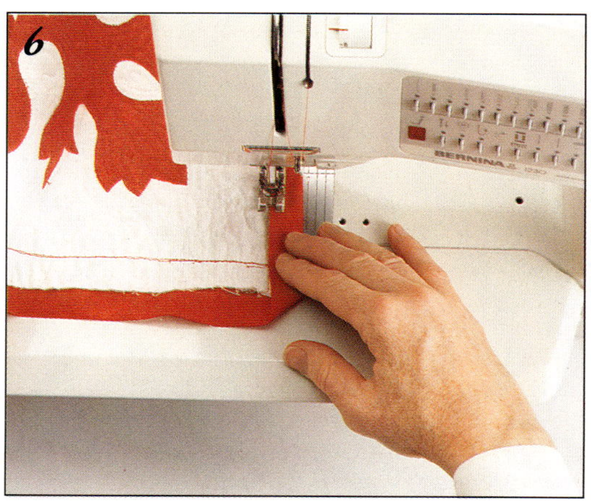

HERSTELLEN VON QUASTEN

1 Dickes weiches Stickgarn um ein rechteckiges Stück Pappe (2,5 in/6,5 cm breit) wickeln. Am unteren Ende mit einem extra zurechtgeschnittenen Stück Garn festknoten.

2 Garn von der Karte ziehen und durch die Schlaufen schneiden.

3 Goldenes Garn eng um das Ende der Quaste wickeln und vernähen.

4 Mit einer sehr feinen Häkelnadel die einzelnen Fäden aufflusen, um die Quaste flauschig wirken zu lassen. 3 weitere Quasten herstellen und an die Quiltecken nähen.

AUSRÜSTUNG

Wenn Sie die Quilts dieses Buches nacharbeiten wollen, brauchen Sie folgende Ausrüstung:

ELEKTRISCHE NÄHMASCHINE:
Sie sollte Ober- und Unterstiche korrekt herstellen können, Fadenspannung muß leicht zu verändern sein. Sie sollte einfach einzufädeln und leicht zu handhaben sein, der Hebel zum Andrücken des Füßchens sollte leicht greifbar sein. Ein Zusatz für doppelten Stofftransport ist vorteilhaft zum Quilten gerader Linien. Der untere Stofftransport muß für Freihandarbeiten versenkbar sein. Halbe Nähgeschwindigkeit, wobei beim Anhalten jedesmal die Nadel im Stoff steckenbleibt, sollte einstellbar sein. Es sollte eine Freiarmmaschine sein, damit ein aufgerollter Quilt bearbeitet werden kann.

OLFA-CUTTER
Schneidegerät mit rotierenden Schneideblättern zum Zuschneiden langer Streifen, Außenkanten usw.

SKALPELL
Wird für feinere, kompliziertere Schnitte verwendet.

SCHNITTSICHERE UNTERLAGE
Eine Kunststoffoberfläche hält die Schneidewerkzeuge scharf, verhindert ein Verrutschen des Stoffes und ist mit Inch/cm-Gitter zum genauen Zuschneiden versehen.

QUILTER-LINEAL
Extra breites, durchsichtiges Plastiklineal.

DICKE PLASTIKFOLIE
Dient zum Herstellen von Schablonen. Man zeichnet mit einem nicht-wasserlöslichen Folien-Stift.

HAFTVLIES (beidseitig klebend)
Rückseite aus Papier wird durch Bügeln gelöst, kann man für Applikationen mit der Maschine verwenden. In 20 in/50 cm Breite erhältlich.

VLIESELINE
Kann auf die Rückseite der Stoffe gebügelt werden.

KLEBESPRAY
Wird verwendet, um Quiltoberseite, Füllung und Rückseite zusammenzukleben.

WASSERLÖSLICHE STIFTE
Werden zum Zeichnen der Quiltlinien gebraucht. Nach dem Quilten Arbeit mit Wasser besprühen, um Linien zu entfernen, dabei Hinweise des Herstellers beachten.

SCHNEIDERKREIDE
Wird auf dunklen Stoffen zum Markieren verwendet, kann ausgebürstet werden.

TESAKREPP KLEBEBAND
Wird zum Markieren gerader Quiltlinien verwendet.

ZUSÄTZLICH
Pappe, feine Häkelnadel, lange Nadeln, Fahrradklammern.

Siehe Bezugsquellennachweis auf Seite 128

CALLWEY

Manfred Lucenz & Klaus Bender

Ein Garten ist niemals fertig

Ideen und Erfahrungen aus einem immerblühenden Garten

Mit Fotos von Marion Nickig

CALLWEY

Inhalt

6 Einleitung

8 *Wie unser Garten entstand*

14 *Das Grundgerüst des Gartens: Bäume, Sträucher und Hecken*
Unsere Baumfavoriten

42 *Narzissen, Tulpen & Co. - Erfahrungen mit Zwiebelblumen*
Unsere Zwiebelfavoriten
Unsere Narzissen-Empfehlungen

68 *Unser Rosengarten: Im Reich der Königin der Blumen*
Unsere Rosenfavoriten

94 *Vielfalt und Lebendigkeit der Stauden*
Unsere Staudenfavoriten

122 *Luxus aus dem Gemüsegarten*

132 *Abenteuer Gartenteich*

148 *Materialien - Der Winter bringt es an den Tag*
Ausstattung im Garten – Kitsch oder Kunst?

164 *Krankheiten - Der Garten als Seismograph für die Umwelt*
Schadbilder am Buchsbaum

182 *Der Boden - Grundlage allen Wachstums*

189 Bezugsquellen und Adressen
191 Dank
192 Impressum

Einleitung

„Ein Garten ist niemals fertig" – nach fünfundzwanzig Jahren Hobby-Gärtnerei ist das unsere Erkenntnis, die uns zu diesem Buch veranlasst hat. Ein Garten ist für uns kein fertiges Endprodukt, sondern ein fortlaufender Prozess des Wachsens, Werdens und Vergehens. Gärtnern bedeutet nicht nur zu pflanzen, zu hegen und zu pflegen, sondern auch die Pflanzen zu beobachten und über den Garten nachzudenken. Alle Sinne sind dabei gefordert, und so bedeutet „gärtnern" eine dauerhafte Anforderung an die geistige Spannkraft und ebenso – manchmal unter Ächzen und Stöhnen – an die körperliche Fitness. Der Garten kann deshalb zum Jungbrunnen werden.

Wir sind, wie viele Gartenbesitzer, im Laufe der Jahre in eine naturverbundene Welt hineingewachsen, in der die Zeitabläufe von den Jahreszeiten und der Pflanzenwelt bestimmt werden. Mit Erstaunen beobachten wir, wie die technologische Entwicklung sich immer mehr beschleunigt und den Alltag in unserer Gesellschaft weitgehend bestimmt. Wir haben uns jedoch auf den Garten und die Anforderungen der Pflanzenwelt konzentriert und beobachten aus dieser Perspektive skeptisch die fortwährende Beschleunigung des Alltags, die so viele Menschen zu überfordern droht. Alle technischen Entwicklungen nutzen wir nur, wenn sie unsere Arbeit eindeutig erleichtern. Ein Handy oder Smart-Phone kommt uns nicht ins Haus oder in den Garten, denn wir verweigern uns einer ständigen Verfügbarkeit. Wir lassen uns weder mit E-Mails zuschütten, noch verlieren wir uns und unsere Zeit in der „Second-Hand"-Welt der Bildschirme. Das Zappen und der Mouse-Klick sind die Takteinheiten der heutigen Zeit geworden. Stetige Beschleunigung ist also nicht unser Problem, denn durch den Garten ist unser Lebensrhythmus überwiegend von der Natur bestimmt.

Auch „Nachhaltigkeit" ist für uns Gärtner kein neuer Begriff. Ein Garten wächst über viele Jahre heran und verweigert sich den Mechanismen einer Kultur, die ganz auf den Konsum ausgerichtet ist. Die Bepflanzung eines Gartens ist auf Dauerhaftigkeit angelegt. Auch wenn die auf Verbrauch angelegte Wirtschaft in die Gartenkultur einzudringen versucht, ist ein Garten doch immer mit einer Langzeitperspektive verbunden. Im Garten finden wir einen Kontrast zur immer schneller rotierenden Konsumgesellschaft.

Der Garten ist leider auch zum Seismographen für Umweltveränderungen geworden. In einem Kapitel gehen wir kurz darauf ein, welche Krankheiten, Schädlinge und invasiven Wildkräuter sich in den letzten Jahrzehnten bei uns aufgrund des Klimawandels ausbreiten. Die Öffentlichkeit ignoriert diese Entwicklung noch weitgehend, die in ihrer Tragweite beängstigend ist. Hier sind neue Denkansätze nötig, etwa was die Krankheiten am Buchsbaum betreffen. Wie sehr der Garten eine Schnittmenge mit der Natur hat, zeigt sich nicht nur an diesem Thema. Wir Gärtner erleben die Natur und die Veränderungen hautnah. Der Spaziergänger bleibt ein oberflächlicher Flaneur, der sich nur an den positiven Bildern erfreuen will. Längst hat sich eine, von uns als „Terrassen- oder Balkonperspektive" bezeichnete Haltung zur Natur entwickelt. Der Gärtner jedoch nimmt seinen Garten mit allen klimatischen und sonstigen Entwicklungen wahr.

Unsere Betrachtungen könnten vielleicht als griesgrämige Verneinungshaltung empfunden werden. Doch unser Lebensstil ist das Gegenteil davon: die Gartenwelt vermittelt eine Fülle von positiven Eindrücken und Erfahrungen. Unser Alltagsleben ist eingebettet in eine Welt voller grandioser Bilder, herrlicher Düfte, Gaumenfreuden und intensiver Naturerfahrungen. Unser Gartenleben ist ein großartiger, luxuriöser Lebensstil – treffend von Dieter Künast auf den Punkt gebracht: „Der Garten ist der letzte Luxus unserer Tage, denn er fordert das, was in unserer Gesellschaft am seltensten und kostbarsten geworden ist: Zeit, Zuwendung und Raum".

LINKS
Kater Bert ist ein geschickter Jäger von Wühlmäusen. Außerdem ist er sehr fotogen – und er weiß das.

01

KAPITEL

Wie unser Garten entstand

Als die ursprünglich geplante Wildwiese sich auf unserem Boden als nicht umsetzbar erwies, entstand eine Staudenpflanzung mit jahreszeitlich veränderter Farbigkeit.

Unser Garten in Schneppenbaum am Niederrhein entstand im Laufe von zehn Jahren. Als wir 1983 das 4000 Quadratmeter große Grundstück erbten, waren unsere gärtnerischen Kenntnisse gering. Während der eine von uns hier mit einem bäuerlichen Gemüsegarten aufgewachsen war, brachte der andere zwiespältige Erfahrungen aus dem Schrebergarten seiner Kindheit mit.

Was bürgerliche Gartenkultur bedeuten kann, lernten wir bei unserer Nachbarin Elisabeth Renner, einer damals 75-jährigen Dame kennen, die einen Garten großbürgerlichen Zuschnitts mit zwei Gärtnern unterhielt. Das war eine faszinierende Welt, in der Kunst und Garten zusammentrafen, die aber weit ab unserer Möglichkeiten lag. Hier erfuhren wir, welche alltägliche Lebensqualität ein Garten bieten kann.

Unsere Anfänge beschränkten sich auf ein „Biotop", einen Gartenteich, mit dem wir damals einen Beitrag zur Erhaltung von natürlichen Lebensräumen schaffen wollten. Da unsere literarischen Kenntnisse größer waren als die gärtnerischen, entnahmen wir dem Briefwechsel von Virginia Woolf und Vita Sackville-West die Anregung zu einem „Weißen Garten". Also sollte unser Gartenteich mit weiß blühenden Pflanzen eingerahmt werden. Der inhaltliche Gegensatz von Biotop und „Weißem Garten" war uns damals noch nicht bewusst.

„LANGSAM WURDE DER GARTEN ZUM MITTELPUNKT UNSERES LEBENS UND FÜLLTE DAMIT DEN RAUM, DEN BEI ANDEREN PAAREN DIE KINDER EINNEHMEN."

RECHTS
Aus einer späteren Phase der Gartengestaltung stammt der „Blaue Garten" mit einer formalen Grundstruktur.

Nachbarschaftshilfe

Unsere Nachbarin hatte Zeit ihres Lebens Gärten angelegt; sie stellte unsere Defizite fest und schickte uns auf Wanderschaft. Sie empfahl uns, erst einmal verschiedene Gärten in England und den Niederlanden zu besuchen. Später kamen Frankreich – insbesondere die Normandie – und Belgien dazu. Ihre These lautete, dass es in Deutschland infolge der verlorenen Kriege keine so ausgeprägte Gartenkultur gäbe wie in diesen Ländern. Pflegeleicht, immergrün und billig sollten die Vorgärten sein, und damit ähnelten sie eher Grabbepflanzungen. Hausgärten zur Selbst-

versorgung mit Kartoffeln, Kohl und Salat waren Ausdruck der Nachkriegsarmut geworden, und wem es besser ging, der machte sich die Finger nicht mehr dreckig und kaufte sein Gemüse lieber in den entstehenden Supermärkten. Gartenarbeit geriet in Misskredit, und das Ideal war der Rasen zum Liegen, die Grillecke sowie ein Platz zum Autowaschen.

Inspiration

Bei unseren westlichen Nachbarn begriffen wir, was bürgerliche Gartenkultur bedeutet. Wir waren beeindruckt von der Atmosphäre der Gärten, von der Pflanzenfülle und der Gestaltungsvielfalt. Jährlich machten wir eine Gartenreise und brachten neue Anregungen für den eigenen Garten mit. So entstand – inspiriert durch unsere Englandreisen – langsam ein Gartenraum nach dem anderen: ein „Weißer Garten", ein „Gelber Hügel", ein „Blauer Garten" und eine „Orangefarbene Ecke". Aber es war immer noch reichlich Gartenfläche vorhanden. Ein Gemüsegarten wurde angelegt, denn wir sahen in unserer ländlichen Umgebung, wie sich die industrielle Landwirtschaft mit viel Chemieeinsatz weiter ausbreitete. Solches Obst und Gemüse wollten wir nicht in der Küche und auf unseren Tellern haben. Aus unseren Kindertagen stammten die Kenntnisse , wie man einen Gemüsegarten anlegt und bewirtschaftet. Dazu kam noch eine Obstwiese, die unsere ländliche Existenz abrunden sollte. In langen Jahren des Experimentierens entstand so unser „Wiesengarten" als Umrahmung des zweiten Teiches.

Entscheidungen treffen

Langsam wurde der Garten zum Mittelpunkt unseres Lebens und füllte damit den Raum, den bei anderen Paaren die Kinder einnehmen. Als Gehaltsempfänger standen uns zwar ordentliche, aber übersichtliche finanzielle Möglichkeiten zur Verfügung. Das Auto wurde immer mehr zur Nebensache und das Geld, das wir durch den Kauf von Kleinwagen einsparten, floss in den Garten. „Autos sind zukünftiger Schrott, wir investieren lieber in die Zukunft!", war unsere polemische Antwort, wenn wir auf unsere „Reisschüsseln" angesprochen wurden. Nach über zwanzig Jahren ist unser Garten ein Beleg dafür, dass wir die richtigen Entscheidungen getroffen haben.

„DAS EIGENTLICH REIZVOLLE AN EINEM GARTEN IST DOCH DIE STÄNDIG NOTWENDIGE WEITERENTWICKLUNG."

RECHTS
Die Sträucher und Bäume im „Weißen Garten" werden immer größer und prächtiger. Die Unterpflanzung muss aber variiert werden, da Schatten und Wurzeldruck die Bedingungen verändern. Für den Frühling ist das Problem mit Narzissen und Tulpen leicht zu lösen.

Mediales Interesse

Ende der 90er-Jahre kamen die ersten Gartenfotographen zu uns, und wir waren stolz, als 1997 eine mehrseitige Reportage über unseren Garten erschien. An vielen Stellen in Deutschland regte sich damals das Interesse an Gartenthemen, sodass der ersten Reportage weitere folgten. Der WDR entdeckte uns und machte vom Frühjahr bis in den Winter 14-tägig Aufnahmen für kurze Sendungen im abendlichen Regionalprogramm. Aufgrund des Zuschauerinteresses wurde ein 45-minütiger Film produziert, der ab 2002 in allen deutschsprachigen Sendeanstalten lief. Wir hatten inzwischen das Manuskript für ein Buch fertiggestellt, das unter dem Titel „Ein Garten fürs Leben" erschien. In den folgenden Jahren wurde es in sieben Auflagen zu einem großen Erfolg. Zusammen mit Gartenfreunden vom Niederrhein gründeten wir 1997 die „Offene Gartenpforte" nach niederländischem und englischem Vorbild. Nach zögerlichen Anfangsjahren wurde auch daraus ein Erfolg, und in vielen anderen Regionen Deutschlands entstanden ähnliche Aktionen. Die Zeit war reif, den Nachholbedarf in Sachen Gartenkultur zu decken. In fast allen großen Zeitungen fand sich das Gartenthema wieder und wurde zur Selbstverständlichkeit.

Das Haus zum Garten

Wir arbeiteten weiterhin an der Ausgestaltung unserer Gartenanlage. Es bedeutete eine entscheidende Verbesserung, als wir das alte kleinbäuerliche Anwesen, das nicht renoviert werden konnte, durch einen Neubau ersetzten, der unser Alterssitz werden sollte. Wir lebten bis dahin im Pfarrhaus in Moyland und nutzten die elterliche Hofstelle als Gartenhaus. Ab 2005 entstand an dieser Stelle ein Neubau. Nicht das Haus zuerst und dann der Garten, sondern erst der Garten und dann dazu das passende Haus – eine gewiss ungewöhnliche Reihenfolge. Wir erstellten einen planerischen Rohentwurf, den wir tatsächlich ohne Abstriche umsetzen konnten. Die Baubehörde fand es gut, dass wir im Stile der Landschaft ein Haus bauen wollten, das sich möglichst selbstverständlich in den Garten einfügte. Zudem hatten wir Zeit, denn wir wohnten nach wie vor im vier Kilometer entfernten Moyland. Nach fast zwei Jahren Bauzeit zogen wir ein. Es war uns gelungen, aus alten Baumaterialien ein Haus mit moderner Bautechnik zu errichten. Das größte Kompliment ist, wenn Besucher sagen: „Ihr altes Haus ist geschmackvoll restauriert." Aber damit ist das Thema Garten für uns noch lange nicht abgeschlossen. Verbesserungen sind immer möglich und unerwünschte aktuelle Entwicklungen stellen uns vor neue Aufgaben, wie etwa die Krankheiten und Schädlinge am Buchsbaum.

Gemäßigtes Klima

Unsere Gartenerfahrungen machen wir am Niederrhein, einer klimatisch begünstigten Region. Hier herrscht gemäßigtes, überwiegend vom Atlantik beeinflusstes Wetter mit feuchten, milden Wintern und mäßig warmen Sommern. Die jährliche Niederschlagsmenge liegt bei 750 mm. Eine Veränderung in den letzten Jahren ist die Zunahme extremer Wettersituationen: plötzliche Temperaturwechsel von zehn Grad in vierundzwanzig Stunden, sommerliche Spitzenwerte von bis zu 35° und Starkregen. Frostperioden im Winter halten meist nicht länger als zehn Tage an, selten fällt Schnee, und wenn, dann taut er nach wenigen Tagen.

„NICHT DAS HAUS ZUERST UND DANN DER GARTEN, SONDERN ERST DER GARTEN UND DANN DAZU DAS PASSENDE HAUS – EINE GEWISS UNGEWÖHNLICHE REIHENFOLGE."

Weiterentwicklung

Uns stört, dass in den Medien Gärten immer als „fertig" präsentiert werden. Das eigentlich Reizvolle an einem Garten ist doch die ständig notwendige Weiterentwicklung. Bäume und Gehölze werden größer und verändern die Lichtverhältnisse im Garten; Schatten und Wurzeldruck erfordern neue Lösungen. In den Staudenrabatten haben sich die zusammengestellten Pflanzen nicht gleichmäßig entwickelt, und es bedarf der Korrektur. Eine andere Pflanzung hat sich nicht bewährt, sodass eine Neuanlage nötig wird. Wir empfinden diese Aufgaben als Herausforderung. Während unsere Wohnung mit ihrer sorgfältig zusammengestellten Einrichtung statisch bleibt, ist der Garten das dynamische Element in unserem Alltag – ein Garten ist niemals fertig!

02

KAPITEL

Das Grundgerüst des Gartens: Bäume, Sträucher und Hecken

Wer einen Baum pflanzt, vertraut der Zukunft. Diese Hoffnung in die Zukunft soll schon Martin Luther mit seinem viel zitierten Ausspruch ausgedrückt haben: „Wenn morgen die Welt unterginge, würde ich heute ein Apfelbäumchen pflanzen!“ Es ist gleich, um welche Art von Baum es sich handelt – immer geht es darum, dass etwas von der Zukunft erwartet wird, seien es Früchte, Blüten oder eine besondere Wuchsform.

Längerfristig denken

Es braucht mehrere Jahrzehnte, bis sich aus einem zarten Sämling ein mächtiger Baum entwickelt hat. Einen Baum zu pflanzen, bedeutet zwangsläufig langfristig zu denken. Mit diesem Bewusstsein haben wir in den ersten Jahren unserer „Gartenzeit“ die Bäume gepflanzt, die in der Zukunft das Bild unseres Gartens prägen sollten und dies heute, über fünfundzwanzig Jahre später, auch tun. Nicht bei allen Bäumen haben wir uns ausreichend über die Wuchsform und vor allem über die Größe informiert. Beim Tulpenbaum *(Liriodendron tulipifera)* war es der vordergründige Wunsch, auch von dieser Art ein Exemplar zu besitzen ohne die langfristigen Folgen zu bedenken. Ein gütiges Schicksal in Form von Schermäusen, die nach drei Jahren die Wurzeln radikal abgefressen hatten, bewahrte uns vor seinem enormen Wachstum. Wenn wir heute das riesige Exemplar eines Tulpenbaumes auf einem großzügig bemessenen Hofgelände im Nachbardorf bewundern, wissen wir, dass ein solcher Baum alle Proportionen unseres Gartens gesprengt hätte. Ob wir unseren Fehler bei dem normalen üppigen Wachstum rechtzeitig mit der Axt oder Säge korrigiert hätten, ist unwahrscheinlich. Denn mit den Bäumen verbindet sich über die Jahre, die zu ihrem Wachstum nötig sind, immer auch ein Stück der eigenen Biografie.

„DENN MIT DEN BÄUMEN VERBINDET SICH ÜBER DIE JAHRE AUCH EIN STÜCK DER EIGENEN BIOGRAFIE.“

Unser Hausbaum

Aus der Zusammenschau eines Baumes mit der Geschichte einer Familie entspringt die Tradition der „Hausbäume“, die früher zu jedem ländlichen Anwesen gehörten. Eindrucksvolle Bilder von mächtigen, jahrhundertealten Eichen, welche die Hofstellen überragen, kennen wir vor allem aus Westfalen. Es gibt Familien, deren Stammbaum parallel zum Hausbaum die Verwurzelung über Generationen mit einem Ort belegt. So steht zum Beispiel im Park des Schlosses Wolfsgarten der Landgrafen von Hessen eine sehr alte Eiche, mit der die Familiengeschichte verbunden ist.

In unserem Dorf waren es vor allem die großen Birnbäume, die in dieser Kolonistensiedlung aus dem 18. Jahrhundert die Hofstellen markierten. Sie lieferten frisches Obst, auf das die Neuankömmlinge angewiesen waren und dokumentierten gleichzeitig den Willen zur Verwurzelung in der neuen Heimat. Auch bei uns gibt es einen Hausbaum, der durch seine markante Baumkrone und seine Größe Grundstück und Haus überragt. Es ist eine Robinie *(Robinia pseudoacacia)*, die einen bezeichnenden biografischen Bezug hat. Denn in unmittelbarer Nähe des Grundstücks wurde vor Jahrzehnten ein kleines Wäldchen – der Spielplatz der Kindheit – gerodet. Der damals 14- oder 15-jährige Heranwachsende empörte sich über den Anfang der 60er-Jahre begangenen Um-

RECHTS
Zerfurcht und von Flechten bewachsen ist der eindrucksvolle Stamm der Robinie.

GANZ RECHTS
Aus einem Schössling ist im Laufe von 50 Jahren ein mächtiger Baum geworden.

TIPP

01
Fegen Sie das Laub vor die Hecken oder unter die Gehölze, so bildet sich im Laufe der Zeit ein Ansatz von Waldboden.

weltfrevel und holte einen Wurzelausläufer ins Gelände. Daraus ist jetzt ein Baum mit gewaltigem Stammumfang geworden. Die Robinie ist heute unser Hausbaum von beeindruckender Schönheit: zur Blütezeit mit ihren weißen duftenden Blütentrauben, im Winter mit dem bizarren Geäst ihrer Krone. Wie eine Skulptur wirkt die zerfurchte Rinde des Stammes mit Farbnuancen von Grau über Grün bis Bronze. Wenn im Sommer ein leichter Wind durch das lockere Laub weht, hat der Baum etwas Tänzerisches. Das Bild ist in unseren Köpfen entstanden, als im Sommer 2010 ein Tornado über den nördlichen Kreis Kleve fegte. Wir sahen schreckensbleich aus den Fenstern und bangten um unseren Baumbestand. Glücklicherweise war es nur ein Ausläufer des Wirbelsturms und unsere Robinie hielt stand. Aber der Wind brach viele Äste ab, die fast im Kreis um den Baum wirbelten. „Sieh mal, die Robinie tanzt!", sagte einer von uns – und das Bild blieb.

Markanter Auftritt

Unter den vielen Bäumen unseres Gartens fallen noch zwei weitere durch ihre Größe und die markante Kronenform auf. Der eine ist ein Walnussbaum, der an der Nordseite des Hauses neben der Einfahrt steht. Der andere ist eine zwanzig Jahre alte Eiche, die erstaunlich schnell gewachsen ist. Mit ihr verbindet sich ebenfalls ein Stück unserer Biografie, denn sie ist ein Sämling aus dem Pfarrhausgarten in Moyland, dort haben wir fünfundzwanzig Jahre gelebt. Aus diesem fingerdicken Keimling hat sich in über zwanzig Jahren ein das Gartenbild prägender Baum entwickelt.

Laubbäume und ihre Veränderung

Laubbäume faszinieren durch ihr jahreszeitlich wechselndes Erscheinungsbild. Der frische Austrieb im Frühjahr macht einen Laubbaum attraktiv; sein Blätterdach ist im Sommer ein willkommener Sonnenschutz, und durch den Herbst begleitet er uns mit seiner Blattfärbung. Im Winter ist es das kahle Geäst mit den markanten Wuchsformen, die große Unterschiede aufweisen. Besonders eindrucksvoll ist die winterliche Gestalt von Robinie, Walnuss und Eiche. In England spricht man von den „good bones" eines Gartens, und es sind immerhin meist vier Monate eines Jahres, in der Bäume kein Laub tragen. So findet man in englischen Gartenbüchern immer wieder Bilder von Garten- und Parksituationen mit unbelaubten Bäumen und Sträuchern. Dort ist es viel selbstverständlicher, Winterbilder auch ohne dekorativen Rauhreif oder Schnee wahrzunehmen. Wir schätzen den winterlichen Anblick der charakteristischen Strauch- und Baumstrukturen.

Alle immergrünen Bäume sind uns zu statisch – Veränderungen finden nur durch Wachstum statt, deshalb fehlen sie in unserem Garten. Immergrün sind bei uns nur die Rhododendren, Stechpalmen

LINKS
An der Nordseite des Hauses steht ein großer, ca. 40 Jahre alter Walnussbaum, den Winterstürme in eine Schieflage gebracht haben.

und Buchsbäume. Laubbäume bedeuten natürlich auch fallendes Herbstlaub. „Laubbäume machen viel Dreck" ist eine Aussage, die vor allem im Herbst zu hören ist, wenn Gartenbesitzer mit Laubsaugern oder -pustern lautstark das Herbstlaub beseitigen. Wir müssen dann an uns halten, um nicht sofort über das Laub der Bäume als Staubfilter und Luftreiniger zu referieren. „Wer macht denn hier Dreck?" wäre die passende Rückfrage mit Hinweis auf das Auto, das vor dem Haus parkt und den Platz einnimmt, der dem Hausbaum zugestanden hätte. Welch eine Verdrehung der Tatsachen liegt darin, dass im Herbstlaub etwas Lästiges, Schmutziges gesehen wird und nicht in dem glänzenden Auto mit seinem Schadstoffausstoß. Natürlich ist Herbstlaub lästig und macht Arbeit, dabei ist es aber der Rohstoff für zukünftigen Humus. Bei uns wird das Laub in den Hintergrund des Gartens gefegt, vor die Hecken und unter die Gehölze. Im Laufe der Jahre hat sich dort ein leichter Ansatz von Waldboden gebildet.

Große Bäume

Häuser ohne Hausbaum wirken auf uns immer etwas verloren. Sie sind kein Zuhause, sondern nur zweckmäßige Wohnstätten. Besonders augenfällig wird das in Neubaugebieten, die inzwischen am Rande vieler alter Dörfer entstanden sind. In solchen geschlossenen Bebauungsgebieten gibt es kaum größere Bäume, aber auffallend viele beschnittene Kugelbäume, oft in Zwergform. Viel Fläche wird für Parkraum benötigt und deutlich weniger für Kinderspielplätze, die häufig so funktional eingerichtet sind, dass jeder kindliche Spieltrieb schon an der Einzäunung endet. In solchen, von Bauträgern konzipierten Anlagen sind keine großen Bäume vorgesehen. Wie schön wäre es, wenn der alte Gedanke des Dorfangers aufgegriffen würde, um die Enge solcher Wohnsiedlungen durch eine Obstwiese oder durch Nuss- und Kastanienbäume aufzubrechen.

Standortfrage

Bis die Bäume und Gehölze unseres Gartens ihren heutigen Standort gefunden hatten, wurden einige mehrfach umgepflanzt. Am Anfang gab es immer wieder den unreflektierten Wunsch, die eine oder andere botanische Besonderheit haben zu wollen, ohne dass ein Pflanzkonzept vorlag. Das änderte sich jedoch recht bald, und wir entwickelten „Pflanzstrategien". Eine davon ist die Solitärpflanzung von Bäumen oder Sträuchern, um eine Gartenpartie zu betonen. Dafür eignen sich nur die Arten mit besonderer Wuchsform. Die Gruppenpflanzung von Bäumen und Gehölzen setzten wir zur Abgrenzung von Gartenräumen ein oder zur Einbindung von Gehölzen, die eine wenig attraktive Wuchsform haben.

Obstwiese

Bei den Obstbäumen mussten die notwendigen Abstände beachtet werden. Dafür bot sich die Anlage einer Obstwiese an; einzelne Obstbäume begrenzen nun den Gemüsegarten. Einen besonderen Platz unter den Obstbäumen nimmt eine Birnenquitte *(Cydonia oblonga* var. *oblonga)* ein, die exponiert am oberen Ende des Gemüsegartens steht. Ihre großen goldgelben Quitten leuchten im September und Oktober über diesem Gartenraum und betonen die spätsommerliche Fruchtfülle. Die auf dem Grundstück vorhandenen Obstbäume waren fast alle überaltert oder standen an falschen Stellen. Auch die noch jüngeren Birken wurden nach und nach gefällt, denn sie waren für unseren Garten ungeeignet. Die Baumscheibe von Birken ist von einem extrem dichten Wurzelfilz durchzogen, in dem keine Unterpflanzung gut wachsen kann, besonders nicht auf unserem Sandboden.

TIPP

02
Die Früchte der „Birnenquitte" haben einen wunderbaren Duft. Zwei oder drei Früchte auf einer Schale im Haus verbreiten ihren Duft im ganzen Raum.

„HÄUSER OHNE HAUSBAUM WIRKEN AUF UNS IMMER ETWAS VERLOREN. SIE SIND KEIN ZUHAUSE, SONDERN NUR ZWECKMÄSSIGE WOHNSTÄTTEN."

Blühende Schönheiten

Zu den solitär gepflanzten Gehölzen gehören zwei Japanische Blumen-Hartriegel *(Cornus kousa)*, auf die wir wegen ihrer besonderen Gartenwürdigkeit auf einer Sonderseite eingehen. An einer windgeschützten Stelle nahe der Hauswand hat ein Judasbaum mit rotem Laub *(Cercis canadensis* \`Forest Pansy´) einen besonderen Platz erhalten. Seine schnell wachsenden dünnen Triebe sind stark Windbruch gefährdet, deshalb braucht er einen geschützten Standort. Nach der Blüte sind die weinroten Blätter bis zum Abfallen des Laubes im Herbst ein Blickfang. Wenn die Kletterrose \`Veilchenblau´ die den Baum durchrankt, ihre purpurvioletten Blüten im Juni öffnet, wird die Schönheit des Bildes noch gesteigert. Später verschwinden die Rosenranken unter dem ständig neu austreibenden Laub. Im Winter werden die Triebe der Rose und des Judasbaumes eingekürzt, damit die Baumkrone nicht auseinander bricht.

UNTEN
Der Quittenbaum wurde so gepflanzt, dass seine goldgelben Früchte über den ganzen Gemüsegarten hinweg leuchten.

Der Pagoden-Hartriegel steht etwas bedrängt. Als Solitärbaum hätte er nicht in unseren Garten gepasst.

„HEUTE GEHÖRT DER CORNUS ZU DEN EDELSTEN GEHÖLZEN UNSERES GARTENS."

Gruppierungen

In unserem Garten stehen Bäume und Gehölze überwiegend in Gruppen. Ein Erdwall trennt den „Weißen Garten" vom „Wiesengarten", der aus dem Aushub der Teichgrube aufgeschüttet wurde. Die Trennung dieser beiden Gartenräume sollte durch eine fließende, bewegte Form geschehen. Eine Formschnitthecke wäre dafür zu starr gewesen. Daher besteht die Bepflanzung des Walles aus farblich abgestimmten Rhododendren, die mit ihrem immergrünen Laub die Gartenteile ganzjährig blickdicht voneinander trennen. Sie werden von Gehölzen und Bäumen überragt, die den notwendigen Schatten spenden. Die Gehölze sind so ausgewählt, dass sie eine Staffelung bilden: von „niedrig" im Vordergrund bis „hoch" im Hintergrund. Ein Japanischer Zwerg-Schneeball *(Virburnum watanabe)* lockert durch seinen fächerförmigen Aufbau ideal die kompakte Masse der Rhododendren auf. Allerdings wachsen die Rhododendren schneller als der Schneeball, sodass sie regelmäßig eingekürzt werden müssen, damit die Proportionen erhalten bleiben.

Edles Gehölz

Dem Schneeball folgt eine Felsenbirne *(Amelanchier)* und danach ein Weißbunter Pagoden-Hartriegel *(Cornus controversa* \`Variegata´). Den Höhepunkt bildet ein Taschentuchbaum *(Davidia involucrata)*. Eigentlich ist es ein Bepflanzungsfehler, ein so kostbares Gehölz wie den Pagoden-Hartriegel in eine Gruppe zu zwängen. Von seiner Wuchsform mit den elegant schwingenden Ästen her, ist er eigentlich ein Solitärgehölz. Unser Pagoden-Hartriegel war ein Geschenk unserer gärtnerischen Mentorin im zweiten Jahr der Gartenanlage. Wir waren noch ganz dem Umweltgedanken verhaftet und standen diesem nicht einheimischen Gehölz sehr skeptisch gegenüber. Unsere Mentorin hatte eine sehr entschiedene Art und bestimmte die Pflanzstelle mit der Bemerkung: „Und später freut ihr euch daran!" Erst sehr langsam wuchs der *Cornus* zu einem Baum heran, und uns wurde klar, welche botanische Kostbarkeit wir geschenkt bekommen hatten. Heute gehört dieser Hartriegel zu den edelsten Gehölzen unseres Gartens.

Seine weit ausladenden Äste mit dem hellen Laub lockern die ganze Gehölzgruppe auf. Wenn im Spätsommer das Blattgrün schon stumpf geworden ist, hebt sich der *Cornus* bis weit in den Herbst hinein besonders hervor. Lange Zeit haben wir bedauert, dass er in einer Gruppe steht, bis uns ein sachkundiger Besucher darauf aufmerksam machte, dass dieser Baum in Solitärstellung den Charakter unseres Gartens erheblich verändert hätte. So ist aus einem Bepflanzungsfehler ein Vorteil geworden. Allerdings müssen wir die direkten Nachbarn die Felsenbirne und den Taschentuchbaum, regelmäßig beschneiden. Beim Taschentuchbaum handelt es sich im Garten ebenfalls um ein Solitärgehölz. Da er jedoch straff nach oben wächst, bildet er den Höhepunkt in dieser Gehölzstaffelung.

Farbstimmung

Eine weitere Gehölzgruppe im Eingangsbereich haben wir auf Laubfarben abgestimmt. Der höchste Baum dieser Gruppe ist eine Blutpflaume *(Prunus cerasifera* \`Nigra´), die von einem rotblättrigen Holunder *(Sambucus nigra* \`Purpurea´) und

TIPP

03
Es ist empfehlenswert, sich vor der Pflanzung eines Baumes Informationen über sein Wachstum und seine spätere Form zu verschaffen.

einer Kolkwitzie (*Kolkwitzia amabilis)* flankiert wird. Zur Seite steht ihnen noch ein besonderer Perlen-Flieder *(Syringa* x *swegiflexa)*, der zur Blütezeit von der Nähe der rotlaubigen Nachbarn profitiert. Eine kompakte Wuchsform gehört zu seinen Vorzügen, er wuchert nicht und ist während der Blütezeit in der zweiten Maihälfte dicht mit schmalen, lockeren Dolden behängt. Die Farbe variiert von Dunkel- bis Hellrosa, und die Blüten sind jedes zweite Jahr so dicht, dass der Eindruck entsteht, ein impressionistischer Maler habe sie mit schnellen, kräftigen Pinselstrichen gemalt. Im Vordergrund bietet der langstielige Riesen-Lauch *(Allium giganteum)* mit seiner klaren kugelrunden Einzelblüte dazu eine ideale Ergänzung.

Ausgleich und Ergänzung

Im Juni wird diese Gruppe durch den in den Vordergrund gepflanzten Blumen-Hartriegel *(Cornus kousa* \`Melanie´) belebt, der sich mit weiß-buntem Laub vom Hintergrund abhebt und verhindert, dass dieser Bereich zu dunkel wirkt. Ab Juli füllt eine mächtige Staude, der Purpurdost *(Eupatorium maculatum* \`Atropurpureum´), die Lücken zwischen den Gehölzen. Die Blüten- und Blattfarben dieser hochwachsenden Staude korrespondieren bis zum Herbst mit dem roten Laub der Blutpflaume.

Eine weitere ideale Kombination ist das Zusammenspiel einer Prachtspiere *(Exochorda* x *macrantha)* mit einem Spindelstrauch *(Euonymus)*. Die Prachtspiere wächst bei uns seit zwanzig Jahren als bewährter Blütenstrauch im Vordergrund des „Weißen Gartens". Im April zeigt sie sich dicht behängt mit kurzen, weißen Blütentrauben, die noch nie unter einem Spätfrost gelitten haben. Nach der Blüte ist sie allerdings ein etwas struppiges Gehölz von mäßiger Attraktivität. Doch der weißblättrige Spindelstrauch durchrankt teilweise die Prachtspiere und sorgt so für ein gefälliges Bild während der übrigen Monate des Jahres.

Magnolienzeit

Die Wuchsform eines Strauches ist von großer Bedeutung, denn die Blütezeit ist nur kurz und da-

UNTEN
Der Wasserdost ist zu der rotlaubigen Blutpflaume gepflanzt worden. Damit diese Kombination nicht düster wirkt, steht im Vordergrund ein Cornus kousa \`Melanie´ mit grün-weißem Laub.

nach sollte das Gesamtbild noch stimmen. Zu den Gehölzen, die zwar eine wunderschöne Blüte haben, aber danach nur noch wenig attraktiv sind, gehören die Magnolien, von denen bei uns sieben verschiedene Sorten wachsen. Erst nach mehreren Jahren des Wachstums und des regelmäßigen Beschneidens entwickeln die meisten Magnolien eine ansprechende Form.

Neben der unverzichtbaren Tulpenmagnolie *(Magnolia soulangiana)*, die als große rosa Wolke für kurze Zeit über den blühenden Narzissen schwebt, ist es vor allem die Tulpenmagnolie `Lennei´, die mit großen lila-rosa Blüten hervorsticht. Aber ihr Wuchs ist sparrig und unansehnlich. Ständig schneiden wir an ihr herum, um ihre, entweder in die Höhe oder in die Breite wild ausgestreckten Äste in eine Form zu bringen. Es würde sicherlich viel Astbruch geben, ließe man sie wachsen, denn ihr Ausdehnungswille ignoriert alle statischen Gesetze. Ihre wunderschönen Blüten Anfang Mai heben jedoch alle Nachteile auf.

Eine Besonderheit unter unseren Magnolien ist eine *Magnolia* x *loebneri*. Ihre Wuchsform ist ebenfalls nicht berauschend, weil sie bei uns zunächst als vierstämmiger Strauch wachsen durfte – mit nur einem Stamm wäre ihr Habitus viel gefälliger gewesen. Jetzt hat sie gut sechs Meter Höhe erreicht. Späte Erziehung ist bei Gehölzen immer mit schmerzlichen Eingriffen verbunden – und in diesem Fall nicht mehr möglich. Doch ihre Besonderheit liegt in dem seit Jahren gleichmäßig starken Knospenansatz. Die behaarten Knospen schimmern an winterlichen Sonnentagen leicht silbrig und lassen das Weiß der Blüte bereits ahnen. Im April wirkt dieser Strauch wie eine strahlende weiße Wolke. Die Knospen öffnen sich nicht gleichzeitig, sondern in Staffelung. Das bedeutet eine längere Blühzeit als bei Magnolien sonst üblich. Noch nie hat ein Frost die Blüten verdorben, was auf eine Unempfindlichkeit gegen späte Fröste schließen lässt.

Ganz anders die Yulan-Magnolie *(Magnolia denudata)*, die schneeweiße Blüten in Kelchform hervorbringt. Bei uns steht sie etwas erhöht auf einer Böschung, sodass ihre Blüten, gegen den Himmel betrachtet, an weiße Tauben erinnern. Sie hat einen wunderbaren Duft nach Zitrone, aber jeder

TIPP

04
Kombinieren Sie Prachtspiere und Spindelstrauch. Sie ergänzen sich in ihrer Üppigkeit das ganze Jahr über.

noch so geringe Spätfrost verwandelt das strahlende Weiß in schmutziges Braun, wohingegen die *Magnolia* x *loebneri* ihr Weiß behält. Während ihrer kurzen Blüte freuen wir uns über jeden Frühlingstag, an dem wir sie unbeschadet von Frost erleben dürfen.

Mit ihrer schönen rosa Blüte erfreut uns auch die Magnolie `Leonhard Messel´ seit Jahren. Sie ist ebenfalls relativ unempfindlich gegen Spätfröste und treibt seit fünfzehn Jahren zuverlässig ab Anfang April ihre Blüten aus. Sie ist die einzige unter unseren Magnolien, deren Form kaum einen Schnitt benötigt.

In Form bringen

Alle bisher erwähnten Gehölze haben Wuchsformen, denen durch begrenztes Schneiden mehr oder weniger nachgeholfen werden muss. Aber es gibt auch Gehölze, die selbst mit der Schere nur schwer in eine Form zu bringen sind. Dazu gehört besonders die Japanische Scheinquitte *(Chaenomeles japonica)*. Zur Blütezeit sind diese Gehölze ein hübscher Anblick, aber danach gibt es nur noch ein „strukturloses Wuchern". Selbst durch regelmäßiges Schneiden ist ihnen keine Form beizubringen. Immer wieder überlegen wir, ob wir unsere weiße Scheinquitte nicht doch entfernen sollten. Wenn im Winterhalbjahr der Zeitpunkt gekommen wäre, sehen wir die zahlreichen Knospenansätze an den Zweigen und geben ihr noch ein Jahr. So geht das schon viele Jahre.

„EINE SCHEINQUITTE IN KUGELFORM IST EINE ÜBRIG GEBLIEBENE KURIOSITÄT IN UNSEREM GARTEN."

Kugel-Kuriosität

Aus der bäuerlichen Vergangenheit unseres Grundstückes ist eine Kuriosität übrig geblieben: eine Scheinquitte in Kugelform. Es war Tradition am Niederrhein, eine Scheinquitte zu einem Stämmchen von einem Meter Höhe zu ziehen und dann die Zweige zu einer Kugel zu flechten. Oft standen in den Bauerngärten solche Kugelbäumchen je rechts und links des Mittelweges. Im elterlichen Gemüsegarten schmückten sie den Eingang. Von April bis August mussten die Triebe in die vorhandene Kugel geflochten oder zurückgeschnitten werden. Unten am Stamm waren die Austriebe immer wieder zu kappen, es musste also ein ständiger „Erziehungsschnitt" erfolgen. Mit den Bauerngärten sind auch die kugelförmigen Scheinquitten verschwunden. Als wir den Garten übernahmen, empfanden wir die Kugelform zunächst als „Pflanzenquälerei"; sie erinnerte uns an chinesische Frauen im alten Kaiserreich, die ihre Füße verstümmelten, um in entsprechendes Schuhwerk zu passen. Eines der beiden Bäumchen wurde in die Freiheit entlassen, mit dem Ergebnis, dass der Busch später entfernt werden musste, weil er einfach zu wild und unproportioniert wuchs. Aus Respekt vor dem Alter der anderen Kugel, sie soll 1948 gepflanzt worden sein, wurde diese umgepflanzt und in ihrer Form erhalten. Wir bereuen es nicht, denn jedes Frühjahr ist sie dicht besetzt mit roten Blüten, und im Herbst trägt sie einige Früchte. Unsere Augen waren an diese Form gewöhnt, aber bei Gartenbesuchern erregt sie immer wieder Aufsehen und Bewunderung. So nehmen wir die ständigen Schnitte klaglos hin und sehen sie als Relikt aus einer weitgehend untergegangenen bäuerlichen Gartenkultur.

Problemfälle

Als schwierig empfinden wir auch den Pfeifenstrauch *(Philadelphus)*. Für die kurze Zeit der Blüte ist er wunderbar, schon allein wegen seines zauberhaften Duftes. Danach sollte man ihn am besten in der Versenkung verschwinden lassen. Bei uns ist das Problem so gelöst, dass der Busch in einen großen Kunststofftopf gepflanzt wurde, was seinen Hang zum Wuchern begrenzt. Der Topf wird zur Blütezeit mit Sackleinen verkleidet und auf die Terrasse gestellt, sodass wir Duft und Blüte vom Sitzplatz aus genießen können. Danach verschwindet der Topf in die Nähe des Komposthaufens.

Auch Flieder und Forsythie gehören nicht gerade zu den Wuchsschönheiten. Aber auf Fliederduft möchte man nicht verzichten. Wahrscheinlich sind wir zu stark von den literarischen Beschreibungen und den bildlichen Darstellungen des 19. Jahrhunderts geprägt, um dem Flieder eine kritische Würdigung zukommen zu lassen. Aber nach der Blüte ist er nur noch Buschwerk, das in unserer Region zudem noch in den letzten Jahren krankheitsanfällig geworden ist.

Andere Gehölze haben uns gezeigt, dass sie unseren Garten nicht mögen. Alle Ahorn-Arten *(Acer)* haben spätestens im dritten Jahr durch abgestorbene Zweige angezeigt, dass sie sich bei uns nicht wohlfühlen. Das schöne Bild vom Fächer-Ahorn *(Acer palmatum)*, dessen Zweige sich über die

TIPP

05
Pflanzen Sie den Pfeifenstrauch in einen großen Kunststofftopf, das begrenzt sein Wuchern.

RECHTS
Eine zum Stamm gezogene Zierquitte mit geflochtener Krone stand früher in vielen Bauerngärten am Niederrhein.

UNTEN
Die Bäume auf der Obstwiese haben im Laufe von 20 Jahren große Kronen bekommen, wodurch sich die Lichtverhältnisse vollkommen verändert haben. Den Narzissen macht das aber nichts aus.

Steine bis zum Wasser neigen, ist uns versagt geblieben. Auch straff hoch wachsende Formen des Fächer-Ahorns oder des Japanischen Ahorns *(Acer japonicum)* an verschiedenen Plätzen unseres Gartens sind regelmäßig vom Pilz befallen worden und starben ab. Unsere Versuche mit jungen, noch kleinen oder auch mit schon größeren Exemplaren führten immer wieder zum gleichen negativen Ergebnis. Die Ursache liegt zweifellos in den Bodenverhältnissen unseres Gartens. Der Verzicht auf Ahorn fiel uns nicht leicht und wird uns im-

mer wieder bewusst, wenn wir in Baumschulen schöne Exemplare im Angebot sehen.

Schattenbildung

Bei aller Freude an den Bäumen gibt es natürlich auch „Schattenseiten". Unsere Eiche haben wir bewusst als Schattenbaum für die Rhododendren gepflanzt. Nur bei der Pflanzung der Obstwiese im Jahre 1991 war nicht bedacht worden, dass die zukünftige Schattenbildung Folgen haben würde.

Eine Grasmischung für sonnige trockene Flächen wurde ausgewählt. Sie enthielt einen hohen Anteil an Rotschwingelgräsern *(Festuca rubra)*, die Anfang Juni zur Zeit der Grasblüte für ein heiteres Bild sorgten, das zudem noch von Wiesenmargeriten ergänzt wurde. Für den Frühling brachten wir tausend Zwiebeln der Narzisse `February Gold´ auf der Fläche aus. Später kamen noch Elfen-Krokus *(Crocus tommasinianus)* für die Blüte im Vorfrühling dazu. Die Narzissen fühlten sich an diesem Standort wohl und vermehrten sich kräftig. Der Krokus tat sich zunächst schwer und wurde nur langsam heimisch. Aber das kräftige Wachstum der Bäume sorgte für immer mehr Schatten, sodass sich die Rotschwingelgräser zurückzogen. Die Natur kennt kein Vakuum, und so kamen immer mehr unerwünschte Ansiedler in die Wiese, bis hin zur Großen Brennnessel *(Urtica dioica)*. So ist neben der Motorsense bei der einmaligen Mahd im Juni auch viel Handarbeit nötig, um unerwünschte Gewächse zu entfernen

Zwar wird nach dem ersten Mähen die Fläche dann mit dem Rasenmäher alle drei bis vier Wochen kurz gehalten, doch der Löwenzahn will sich immer mehr ausbreiten und muss ausgestochen werden. Auf großen Wiesen ist Löwenzahn eine Bereicherung des Frühlingsbildes, aber im Garten versamt er sich in jeden Winkel. Die ganze Wiese umzufräsen und dort eine schattenverträgliche Rasenmischung einzusäen, würde die Krokus- und Narzissenzwiebeln gefährden. Zur Zeit beobachten wir, ob die Natur selbst eine erträgliche Lösung findet. Die Fotos mit den schönen blühenden Rotschwingelgräsern gehören der Vergangenheit an. Die jetzt recht struppige Fläche ist etwas rustikaler als gewünscht.

Das Wachstum der Bäume und der damit verbundene Schattenwurf hat auch eine Lavendelkante unmöglich gemacht, die in den ersten zehn Jahren einen schönen Abschluss für die Rosenböschung oberhalb der Obstwiese bildete. Die Sonne war zunächst ausreichend für Rosen und Lavendel, doch irgendwann reichte das Licht nicht mehr, und die Lavendelkante wurde immer dünner und musste beseitigt werden. Die Rosen sind vom Schatten der Bäume weniger betroffen und haben sich mit der veränderten Situation arrangiert. Als Ersatz für den Lavendel ist eine Kante aus massiven Basaltblöcken, eine ehemalige Bahnsteigkante, geplant. Das würde einen guten Abschluss für die Rosenböschung bilden, nur muss dann der bisherige Rasenweg anders gestaltet werden.

Ebenso erging es uns mit einer Kantenpflanzung, bestehend aus der hellblau blühenden Deutschen Schwertlilie *(Iris germanica)*. Anfang Juni ergab dies ein wundervolles blaues Band von etwa zehn Metern Länge. Aber je mehr sich die Krone der Blutpflaume ausbreitete, desto mehr wichen die *Iris* zurück. Da auch noch eine Tulpenmagnolie *(Magnolia soulangiana)* in diesem Bereich immer mächtiger wurde, war es mit der *Iris*-Kante bald vorbei. Das Beet hat mittlerweile einen anderen Charakter bekommen. Unter der Blutpflaume, die eine ausladende Krone von fünf Metern entwickelt hat, entsteht nun eine Schattenpflanzung mit Nieswurz *(Helleborus orientalis)*, Leberblümchen und Schneeglöckchen für den Frühling und Funkien *(Hosta)* für den Sommer. Ganz langsam entwickeln sich auch die Herbst-Alpenveilchen *(Cyclamen hederifolium)* für den Frühherbst. Das schön marmorierte Laub dieser Alpenveilchen ist noch lange im Winter eine Zierde.

RECHTS
Eine Rotbuchenhecke behält bis zum Frühling ihr Blattwerk. Im Herbst leuchtet das Laub golden und wechselt im Winter zu rost-braun.

Neue Lösungen

Das Wachstum von Bäumen und Gehölzen fordert Gartenbesitzer ständig heraus, immer wieder neue Lösungen für veränderte Licht- und Bodenverhältnisse zu suchen. Denn unter größer werdenden Bäumen entsteht Schatten, dazu kommt der Wurzeldruck und der Mangel an Feuchtigkeit. Auch für diese Entwicklung gibt es keine allgemein anwendbaren Rezepte, denn zu den veränderten Lichtverhältnissen kommen noch die speziellen Bodenverhältnisse in jedem Garten. Uns reizt es aber immer wieder, durch Experimentieren neue Lösungen zu finden. So werden wir erstmalig eine größere Kolonie Waldlilien *(Trillium grandiflorum)* im halbschattigen Bereich anzusiedeln versuchen. Auch Blutwurz *(Sanguinaria canadensis)* steht noch auf unserer Wunschliste. Gut, dass es eine Fülle von Pflanzen für Schatten- und Halbschattenbereiche gibt, sodass der Garten immer wieder „fortgeschrieben“ werden kann.

Schutzfunktion

Auch zu den Hecken gibt es einiges anzumerken. Die Pflanzung einer Hecke gehört meist zu den ersten Maßnahmen, wenn ein Garten angelegt wird. Dahinter steht eine jahrhundertealte Tradition: Durch die Einfriedung wurde ein Grundstück zum „Hortus“, zu einem beschützten Ort, in dem die besonderen Nutz- und Heilpflanzen wachsen konnten. Die Einfriedung, entweder ein Holzzaun, eine Mauer oder eine Hecke, diente vor allem als Schutz gegen Wildtiere und kalte Winde. In diesem geschützten Gartenraum entstand ein günstiges Kleinklima für das Wachstum der Pflanzen. Heute ist die vorrangige Funktion von Zäunen und Hecken der Blickschutz geworden. Das Gartenleben soll vor Einblicken von außen möglichst schnell abgeschirmt werden.

Bestandsaufnahme

Als wir unser Grundstück übernahmen, fanden wir Weißdorn- und Rotbuchenhecken vor. Der Gemüsegarten war von einer Rotbuchenhecke eingefasst, die schon beim Kauf des Grundstücks durch den Großvater im Jahre 1910 vorhanden gewesen sein soll. Die Weißdornhecken entlang der Straße waren von der nächsten Generation gepflanzt worden. Wir merkten recht bald den Unterschied: Der Weißdorn brauchte zwei Schnitte im Jahr, die Rotbuche nur einen Schnitt. Während die Hecke aus Weißdorn im Winter verkahlt, behält die Rotbuchenhecke ihr Laub, das sich ab Ende November rostbraun verfärbt und bis zum Neuaustrieb in der zweiten Aprilhälfte nicht abfällt. Ein weiterer, wesentlicher Unterschied ist: Der Weißdorn hat Dornen! Nicht nur die luftbereifte Schubkarre wurde dadurch regelmäßig platt gesetzt, sondern auch unsere Hände trotz dicker Arbeitshandschuhe zerstochen. Als wir das Schubkarren-Problem durch einen Vollgummireifen gelöst hatten, blieben die zerstochenen Hände. Hinzu kam der Arbeitsaufwand des zweimaligen Schnittes pro Jahr. Also entschieden wir uns für die Entfernung der Weißdornhecken. Sie wurden zur Straße hin durch Eiben *(Taxus baccata)* ersetzt. Für die Eibe spricht der nur einmal jährlich erforderliche Schnitt im August. Da die Eibenhecke eine massive Abgrenzung ist, wurde sie nur entlang der Straße gepflanzt; dort trägt sie auch zum Schallschutz bei. Innerhalb des Gartens und überall dort, wo wir aus den Fenstern in den Garten sehen können, haben wir Rotbuche gewählt. Eine Eibenhecke wirkt leicht etwas düster und einengend, deshalb wollten wir sie nicht in den Bereichen pflanzen, auf die unser Blick vom Haus aus fällt. Hinzu kommt, dass die Rotbuchenhecke ein jahreszeitlich abwechslungsreiches Bild bietet. Selbst der Blick auf die rostbraune Winterbelaubung hat ihren Reiz, der gesteigert wird, wenn die Hecke mit Schnee bedeckt oder bepudert ist.

Leider bekamen wir in den ersten Jahren ein paar Hainbuchen geschenkt, die für einige Meter Hecke reichten. Damals waren wir erfreut, denn uns war nicht bekannt, dass die Hainbuche *(Carpinus betulus)* eine Birkenart ist. Sie wächst sparrig und braucht deshalb zwei Schnitte pro Jahr. Zudem verliert sie im Winter weitgehend das Laub und ist damit nicht blickdicht. Aber zu

TIPP

06
Bei Heckenpflanzungen empfehlen wir Rotbuche oder Eibe. Sie dominieren den Garten nicht, sondern bilden einen Rahmen für die sonstige Bepflanzung.

„SELBST DER BLICK AUF DIE ROSTBRAUNE WINTERBELAUBUNG HAT IHREN REIZ, DER GESTEIGERT WIRD, WENN DIE HECKE MIT SCHNEE BEDECKT ODER BEPUDERT IST.“

dem Aufwand, dieses Stück Hecke zu entfernen und durch Rotbuche zu ersetzen, haben wir uns bisher nicht aufraffen können. Außerdem entstünde dort für zwei bis drei Jahre eine Lücke, bis die jungen Pflanzen diese wieder schließen könnten.

Erfolgsgaranten

Bei Heckenpflanzungen empfehlen wir immer nachdrücklich Rotbuche oder Eibe. Auch die Blutbuche ist möglich, aber uns wegen ihrer extravaganten Blattfarbe nicht dezent genug. Eine Hecke sollte möglichst nicht den Gartenraum dominieren, sondern nur den Rahmen für die Bepflanzung bilden. Zu den Vorzügen der Rot- bzw. Blutbuchenhecken gehört, dass sie kein dichtes Wurzelgeflecht haben und deshalb ein Beet in unmittelbarer Nähe nicht beeinträchtigt wird. Für eine Rotbuchenhecke spricht auch, dass sie einen Gartenraum nicht optisch einengt. Ein relativ kleiner Gartenteil, wie es unser „Blauer Garten“ an der Südseite des Hauses ist, wird nicht durch die Hecke erdrückt oder optisch verkleinert. Beide Heckenpflanzen, Eibe und Rotbuche, wachsen in den ersten drei bis vier Jahren langsam. Dann geht es zügig und sie erfüllen voll die gewünschte Funktion.

UNTEN
Eine Magnolie entwickelt nur durch regelmäßiges Beschneiden eine ansprechende Form.

Die richtige Wahl

Alle Heckenpflanzen, die schnell wachsen, können sich auch schnell zu einem Problem entwickeln. Die in den letzten Jahren so häufig als Hecken verwendeten Lebensbäume oder Thujen sind keine Heckenpflanzen. Abgesehen davon, dass sie jedes Grundstück optisch verengen, sind sie nicht zum regelmäßigen Schnitt geeignet. Die seit einigen Jahren grassierenden Erkrankungen dieser Hecken soll, bei aller Vorsicht vor solchen Aussagen, auch in dem Beschneiden der Thujen eine Ursache haben. Ein entscheidender Nachteil ist, dass sie mit ihrem Wurzelgeflecht einen breiten Bodenstreifen durchziehen, sodass eine Bepflanzung erst mit einigem Abstand möglich ist. Gleiches gilt für die schnell wachsenden Kirschlorbeerhecken. An ihrer groben Belaubung, die auch noch bei jedem Schnitt zerhackt wird, können wir keinen Gefallen finden. Auch hier ist das Wurzelgeflecht ein Problem.

Wir haben die Erfahrung gemacht, dass es zu jeder Pflanze eine gleichwertige Alternative gibt und es entscheidend auf die jeweiligen Klima- und Bodenverhältnisse ankommt. Deshalb sind wir bei Empfehlungen zurückhaltend und berichten lieber von unseren eigenen Erfahrungen. Bei Hecken ist das anders. Hier empfehlen wir unsere Favoriten uneingeschränkt, zumal sie in jedem Klima und Boden wachsen. Wichtig ist, bei der Pflanzung von Hecken langfristig zu denken. Die Fehler, die bei der Auswahl der Heckenpflanzen gemacht werden, zeigen sich meist erst ab dem fünften Jahr und sind dann nur noch mit großem Aufwand zu korrigieren.

OBEN LINKS
Magnolien bestechen im Frühling durch ihre Blüten.

OBEN RECHTS
Der Walnussbaum ist ein idealer Sonnenschutz im Sommer.

UNTEN LINKS
Strahlende Herbstfärbung bei der großen Eiche.

UNTEN RECHTS
Die filigrane Silhouette der Robinie im Winter.

LIEBLINGSPFLANZEN:
Unsere Baumfavoriten

RECHTS
Mitte Mai ist der Taschentuchbaum übersät mit Blüten. Es ist jedes Jahr ein fantastisches Schauspiel.

TASCHENTUCHBAUM

Eine Sonderstellung unter den Gehölzen unseres Gartens nimmt der Taschentuchbaum *(Davidia involucrata)* ein. Es fällt schwer, diesen Baum, der auch Taubenbaum genannt wird, sachlich zu beschreiben. Er hat, wie der Gehölzfachmann Andreas Bärtels in seinem Buch „Kostbarkeiten aus ostasiatischen Gärten" schreibt, die Menschen immer wieder ins Schwärmen gebracht. So geht es auch uns. Wenn er Mitte Mai mit Tausenden seiner weißen Blättern behängt ist, gehen wir mehrmals täglich unter diesen Baum, um uns von seiner einzigartigen Schönheit verzaubern zu lassen. Aus der Ferne ist er gar nicht mal besonders spektakulär, denn seine weißen Blüten mischen sich unter die grünen Blätter. Nähert man sich dem Baum, entfaltet er einen eigentümlichen Reiz. Die Chinesen, in deren Provinz Sichuan er beheimatet ist, bezeichnen ihn als „Auf-Wiedersehen-Baum", was als poetischer Versuch zu verstehen ist, seinen Reiz in Sprache zu fassen. Wenn man unter ihm steht und nach oben blickt, schaut man in unzählige Blüten, die sich aus drei Komponenten zusammensetzen. Die eigentliche Blüte ist eine mit Staubgefäßen besetzte Kugel an einem kurzen

Stiel; sie wird von zwei unterschiedlich großen Blättern in einem gebrochenen Weiß eingefasst. Die weißgefärbten Hochblätter (Brakteen) sind also keine Blütenblätter. Ihre unterschiedliche Größe bringt eine Dynamik mit sich, die bei einem leichten Wind, der die Blätter bewegt, noch verstärkt wird. Es sind besondere Tage im Jahr, wenn sich der Taschentuchbaum in seiner vollen Schönheit zeigt.

Am Ende der etwa dreiwöchigen Blütezeit wirft der Baum die weißen Hochblätter ab, die dann durch den Garten „segeln". Auf dem benachbarten Teich wirken sie tatsächlich wie kleine Segelschiffchen. Aus den Blüten entwickeln sich kugelrunde Nüsse, die noch lange im Baum hängen, wenn im Herbst das Laub abgefallen ist. Bis in den Februar hinein wirken diese Früchte auf uns wie Notenzeichen im Geäst. So bietet der Taschentuchbaum auch im Winter ein besonderes Bild.

Unser Taschentuchbaum hat erst nach zwölf Jahren erste Blüten getragen, eine durchaus normale Zeitspanne. Als wir ihn 1991 in der örtlichen Baumschule kauften, war er ein 1,20 Meter hoher Strauch mit drei Trieben. Bekannt war uns der Taschentuchbaum bis dahin nur von Bildern oder kurzen Beschreibungen. Er war das einzige Exemplar in der Baumschule und wurde mit einem Trieb bei uns hochgezogen. Seinen heutigen Standort erhielt er nach mehrfachem Umpflanzen. Dass ein Taschentuchbaum bis zu zwanzig Meter hoch werden kann, wussten wir damals noch nicht. Jetzt dürfte seine Höhe etwa acht bis neun Meter betragen, eine Idealgröße für unseren Garten. Aber er wird noch weiter wachsen ….

Was wir ebenfalls nicht wussten: Ein Taschentuchbaum besitzt recht dicke Saugwurzeln, mit denen er seine Baumscheibe durchwurzelt. Die Rhododendren in seiner Nähe kümmern sichtlich, während die Rosen zur anderen Seite sich erstaunlicherweise mit seinem Wurzeldruck besser arrangieren. Allerdings waren die Historischen Rosen `Fatin Latour´ und `Great Maiden's Blush´ schon gepflanzt worden, als der Taschentuchbaum noch ein Bäumchen war.

Sein Standort ist ausgesprochen trocken, weil er auf einer Böschung oberhalb des Teiches im „Weißen Garten" steht. Da die Böschung nach Süden ausgerichtet ist, trocknet sie im Sommer stark aus, was zu Problemen bei der Unterpflanzung führt: Während im Frühjahr die Narzissen und Tulpen mit der Situation gut klar kommen, wird es im Sommer schwierig, doch Wandelröschen *(Lantana)* und Fleißiges Lieschen *(Impatiens)* dienen meist als „Lückenfüller". Trotz der gärtnerischen Probleme, die ein Taschentuchbaum mit sich bringen kann, zählt er zu den botanischen Höhepunkten unseres Gartens.

UNTEN
Die Früchte des Taschentuchbaumes hängen bis in den Februar im kahlen Geäst.

RECHTS
Die Blüte des Taschentuchbaumes ist der kleine Puschel zwischen den weißen Hochblättern (Brakteen).

JAPANISCHER BLUMEN-HARTRIEGEL

Aus der Gattung Hartriegel *(Cornus)* gehört unsere ganz besondere Beachtung dem Japanischen Blumen-Hartriegel *(Cornus kousa)*. Zu den weiteren gartenwürdigen Familienmitgliedern zählen der Pazifische *(Cornus nuttallii)* und der Amerikanische Blumen-Hartriegel *(Cornus florida)*, der Etagen-Hartriegel *(Cornus alternifolia)* sowie der Pagoden-Hartriegel *(Cornus controversa)*.

Zu Beginn unserer Gartenanlage vor 25 Jahren erhielten wir einen Chinesischen Blumen-Hartriegel *(Cornus kousa chinensis)* geschenkt. Damals war uns diese Gehölzart noch unbekannt. Die zauberhafte Blüte mit einer Fülle weißer Sterne im Juni, die sich jedes Jahr zuverlässig wiederholte, weckte den Wunsch, mehrere Sträucher davon zu pflanzen. Damals waren die *Cornus kousa* aber kaum in deutschen Baumschulen zu finden, und es gab auch noch kein Internet, das die Suche vereinfacht hätte. Nur ausdauernde Suche in verschiedenen Baumschulen führte zum Erfolg.

Die zweite Pflanze aus der *Cornus*-Familie war eine Zuchtform, *Cornus kousa* \`Schmetterling´. Allerdings waren wir etwas verunsichert worden, weil in der Fachliteratur immer wieder der Hinweis zu finden war, dass der Blumen-Hartriegel feuchte Böden bevorzuge. Unser Garten liegt aber auf tiefgründigem Sandboden, der schnell austrocknet. Nach über zwanzig Jahren Erfahrung durften wir etwas anderes feststellen: Auf unserem trockenen, kalkarmen Boden wachsen diese hübschen Gehölze besonders gut! Vielmehr lieben sie keine feuchten, lehmigen Böden. Beim Vergleich mit anderen Gärten haben wir beobachtet, dass sie in Lehmböden nur schlecht oder gar nicht wachsen.

Unsere Begeisterung für diese Gehölzart führt dazu, dass wir immer wieder ihre Vorzüge anpreisen. Alle *Cornus kousa* sind nicht nur zur Blütezeit im

OBEN

Unser 20 Jahre alter Cornus kousa *'Schmetterling' wird seinem Namen durch seine Wuchsform gerecht. Die Blütezeit fällt in den Juni und dauert bis zu drei Wochen.*

Juni eine Attraktion, sondern auch im Sommer, wenn sie eine Vielzahl himbeerroter, kugeliger Früchte tragen. Bei älteren Sträuchern ist der Fruchtansatz so stark, dass die Früchte dann ebenso leuchten wie die Blüten im Frühsommer. Die Früchte sind essbar, ihr Geschmack ist klebrig süß und erinnert an Litschis. Wir machen daraus eine Marmelade, die einen frischen, fruchtigen Geschmack hat, der sich auch nach Monaten der Lagerung hält.

Die Früchte können ebenso mit Kandiszucker, einer Vanillestange und klarem Schnaps angesetzt werden. Nach vier bis fünf Monaten ist daraus ein Likör geworden, der sich als Aperitif eignet.

Einen dritten Höhepunkt bieten die Blumen-Hartriegel, wenn sie im September flammend rotes Herbstlaub entwickeln, noch bevor die anderen Gehölze in die Herbstfärbung übergehen.

Zu ihren besonderen Eigenschaften gehört das langsame Wachstum und die Trichterform, die eine Unterpflanzung gut möglich macht. Unser ältester Strauch hat nach 25 Jahren gerade mal vier Meter erreicht. Zudem kann man ihn gut beschneiden, was aber gleich nach der Fruchternte im September erfolgen sollte, denn diese Sträucher setzen schon früh die Knospen für das nächste Jahr an. Im Winter ist das filigrane Astwerk mit den zahlreichen Knospen an jedem Zweigende ein besonderer Anblick.

Wenn wir um Empfehlungen gebeten werden, steht an erster Stelle die Zuchtform `Schmetterling´, gefolgt von `White Fontaine´. Wer es Rosa

mag, kann die Sorte `Satomi´ pflanzen. Die Sorte `Teutonia´ ist im Blütenansatz sehr unregelmäßig. Seit wenigen Jahren gibt es die Sorte `Venus´. Die großen weißen Blütensterne lassen bei uns keine uneingeschränkte Begeisterung aufkommen. Sie wirken etwas überzüchtet, auch scheint der Strauch stärker zu wachsen als die anderen Vertreter. Ganz extravagant wirkt die Sorte `Melanie´. Ihre überwiegend weißen Blätter mit leicht gewellten Rändern nehmen den weißen Blütensternen allerdings die Wirkung. Bei uns steht der Strauch vor einer rotlaubigen Blutpflaume, was die Wirkung enorm steigert.

Wenn Gartenbesucher von den Blumen-Hartriegeln begeistert sind und sie selbst im Garten pflanzen wollen, empfehlen wir immer, im Juni in einer Baumschule ein Exemplar auszusuchen, das dann in voller Blüte steht. Zum einen, um sich von der Blütenpracht ein Bild zu machen, und zum anderen, weil es vorkommen kann, dass nur nach dem Namen bestellte Exemplare nicht korrekt geliefert werden und die Enttäuschung dann beim Erscheinen der ersten Blüten groß ist.

LINKE SEITE, LINKS
Eine aparte Züchtung mit weiß-grünem Laub ist der Cornus kousa *`Melanie´.*

LINKE SEITE, RECHTS
Die essbaren Früchte sind im Spätsommer eine zweite Zierde des Japanischen Blumenhartriegels.

UNTEN
Die bogenförmigen Zweige dieses Cornus kousa *wölben sich über einen Gartenweg.*

03 KAPITEL / Narzissen, Tulpen & Co. – Erfahrungen mit Zwiebelblumen

Wenn eine „Schöpfungsgeschichte“ zu unserem Garten geschrieben werden würde, müsste sie so beginnen: Am Anfang standen die Narzissen …

Es begann Mitte der 80er-Jahre mit den abgeernteten Narzissen, die der örtliche Gärtner zum Schnittblumenverkauf in flachen Obstkisten gezogen hatte. Nach der Ernte der Blütenstängel waren die Knollen zu Abfall geworden. Etwa vier Jahre lang holten wir diese Blumenzwiebeln auf unser Gelände, auf dem der Garten erst langsam entstand. Es waren überwiegend die Sorten `Ice follies´ und `Carlton´, die den Kern unseres Bestandes bis heute bilden.

Frühlingsboten

Unsere Vorliebe für Narzissen hat sicherlich ihre Ursache in der frühen Blüte. Mit ihrem kräftigen Gelb und Weiß beenden sie eindrucksvoll die graue Winterzeit. Zwar gibt es in unserem Garten in allen Monaten blühende Pflanzen, aber so richtig Farbe bringen erst die Narzissen ab Mitte März. Die zarten violetten Elfenkrokusse *(Crocus tommasinianus)* und auch die Schneeglöckchen, selbst wenn sie zu Tausenden im Februar für einen weißen Blütenflor sorgen, gehören noch zum Vorfrühling, der „fünften Jahreszeit“ für jeden Gartenliebhaber. Erst die Narzissen verkünden den Frühling. Sie halten auch den launischen und wetterwendischen Monaten März und April stand. Wenn im April die Magnolienblüte durch einen Nachtfrost geschädigt wird, sind die Narzissen vielleicht gebeugt worden, aber sie richten sich wieder auf. Sie sind zuverlässige Frühlingsboten, während viele Gehölze noch zaudernd ihre Blüten zurückhalten.

Eine Ausnahme in 30 Narzissen-Jahren bildete der Frühling 2012. Nach viel zu warmen Monaten Dezember und Januar waren die Narzissen weit vorgetrieben. Dann bescherte der Februar uns 14 Tage Kahlfrost mit Tagestemperaturen von -7 °C und Nachtfröste bis -15 °C. Da erfroren die Knospen und auch die Blätter. Noch ein Jahr später war die Narzissenblüte dadurch beeinträchtigt!

Grundbedingungen

Generell ist eine jährlich wiederkehrende Narzissenblüte nur möglich, wenn drei Grundbedingungen erfüllt werden:

„ERST DIE NARZISSEN VERKÜNDEN DEN FRÜHLING.“

RECHTS
Das Abschneiden der verblühten Narzissen ist eine Notwendigkeit, um die Blüte des nächsten Jahres zu fördern. Dabei taucht man meistens ganz in die Atmosphäre des Gartens ein.

– Nach der Blüte müssen die Samenkapseln abgeschnitten werden, damit die Kraft in der Knolle bleibt. Das klingt nach „viel Arbeit“ und ist eine zwar lästige, aber doch schnell durchzuführende Tätigkeit. Um eine solche Aufgabe zu strukturieren, zählen wir immer 500 Samenkapseln in einen Eimer. Dafür werden 15 bis 20 Minuten benötigt. Dieses Abschneiden ist eine der Voraussetzungen für die Narzissenblüte im nächsten Jahr.

– Gegen Ende der Blütezeit benötigen die Narzissen eine Düngung. Wir verwenden dazu stickstoffreduzierten Volldünger in geringer Dosierung.

– Außerdem muss das Narzissenlaub auswachsen und verwelken dürfen. Wenn das Laub zu früh abgeschnitten wird, ist die Blüte des nächsten Jahres erheblich beeinträchtigt oder sogar unmöglich gemacht. Deshalb bedeutet es eine große gestalterische Aufgabe, das vergehende Laub in die Bepflanzung zu integrieren. Erst wenn es gelb und gänzlich abgestorben ist, kann es entfernt werden. Nach der Blüte dauert dies etwa noch sechs Wochen.

Ideen für das Laub

Wir haben uns für das unansehnliche verwelkende Laub verschiedene gestalterische Lösungen ausgedacht. Die einfachste Lösung fanden wir für den Obstgarten: Dort steht unter den Bäumen raues Gras, in das sich einzelne Wiesenblumen gemischt haben. Da hier ausschließlich die frühe Sorte `February Gold´ gepflanzt wurde, die spätestens bis Anfang April verblüht ist, kann die Wiese Ende Mai/Anfang Juni mit der Motorsense gemäht werden. Bis zum Herbst wird das Gras dann durch regelmäßiges Schneiden mit dem Rasenmäher kurz gehalten.

Eine anspruchsvollere Idee haben wir für den zentralen Bereich des Narzissen-Teiches umgesetzt. Dabei war die muldenförmige Oberflächengestalt unseres Gartengeländes ein entscheidender Vorteil. An der tiefsten Stelle wurde ein Teich angelegt, in dem sich die Narzissenblüte im April spiegelt. Danach gibt es eine Abfolge in der Bepflanzung, die das Narzissenlaub integriert: In der ersten Phase sind es vor allem die Prärielilien *(Ca-*

TIPP

01
Schneiden Sie die Samenkapseln nach der Blüte unbedingt ab, damit die Kraft in der Knolle bleibt.

LINKS
Die Sorte `February Gold´ gehört zu den bewährten Narzissensorten unseres Gartens. Seit 1991, als wir tausend Zwiebeln gepflanzt haben, haben sie sich kontinuierlich vermehrt.

massia), die mit ihren hohen blauen Blütenstielen alles überragen. Diese Zwiebelblumen aus den nordamerikanischen Steppen fühlen sich bei uns wohl und gedeihen äußerst gut. Fast gleichzeitig gehen die ersten Berg-Flockenblumen *(Centaurea montana)* in ihrem kräftigen Blau auf. Gerade diese Blautöne passen gut zu den Blättern der Narzissen, ebenso wie die Sibirischen Schwertlilien *(Iris sibirica)*, die etwas später folgen. Dazu kommt noch das willkürlich sich versamende Silberblatt *(Lunaria)*, sowie Nachtviole *(Hesperis)* und Akelei. Zehn Tage nach der Narzissenblüte bietet diese Fläche ein völlig neues Bild, in dem das Narzissenlaub nicht als störend empfunden wird. Dazu trägt auch bei, dass die Böschung oberhalb der Fläche mit Rhododendren bepflanzt ist, deren Blüten im Mai die Blicke auf sich ziehen. Die Strauchrose `Marguerite Hilling´, die in der zweiten Maihälfte ihre rosa Blüten entfaltet, gehört ebenfalls zu unserem Konzept. Später dann, Anfang Juni, wird das zusammensinkende und hässlich braun-gelbe Laub der Narzissen von den großen Blattschöpfen der Taglilien *(Hemerocallis)* überlagert. Auch das starkwüchsige Geranium `Orion´ sowie die Katzenminze *(Nepeta x faassenii* `Walkers Low') decken jetzt die Flächen ab. Verwelktes Narzissenlaub ist nur mehr an ganz wenigen Stellen zu sehen und kann mit ein paar Handgriffen entfernt werden.

Die vielleicht spektakulärste Lösung haben wir für eine wesentlich kleinere Fläche im Eingangsbereich, dem „Cottage-Beet“, gefunden. Auch dort gibt es im April eine dichte Narzissenblüte zwischen den im Boden ruhenden Sommerstauden. Für die erste Phase nach den Narzissen, etwa Ende April, Anfang Mai, sind dort dreihundert spät blühende Tulpen der langstieligen Sorte `Menton´ über die ganze Fläche verteilt. Dazu werden gezielt Silberblätter in Violett ausgesät und einige in Weiß dazu gemischt. Kaum sind die Narzissen verblüht, stehen über dem Laub die großen Kelche der blass-rosa Tulpen, die eine hervorragende Farbkombination zu den fliederfarbenen Silberblatt-Stauden bilden. Einige weiße Exemplare geben dazu den nötigen Kontrast. Das Narzissenlaub spielt dann allenfalls als grüner Untergrund noch eine Rolle, stört aber in keiner Weise. Später bestimmen dann viele Exemplare des Riesen-Lauchs *(Allium giganteum)* und erster Staudenmohn *(Papaver orientale)* in kräftigen Farben dieses Beet.

Zu den Lösungen im Umgang mit dem verwelkenden Narzissenlaub fanden wir durch jahrelanges Experimentieren mit verschiedenen Stauden. Inzwischen haben sich die Pflanzkombinationen schon seit Jahren bewährt.

Beobachtungen

Wenn die drei Voraussetzungen für eine dauerhafte Narzissenblüte, also das Abschneiden der Samenkapseln, die richtige Düngung und die Integration des vergehenden grasartigen Laubes erfüllt sind, ist das Kapitel „Narzissen“ noch lange nicht abgeschlossen. Denn die jeweiligen Bodenverhältnisse im Garten sind für die Auswahl der passenden Sorte entscheidend. In der Fachliteratur haben wir kaum Hinweise auf die Bodenansprüche der verschiedenen Narzissen-Sorten gefunden. Daher haben wir die Entwicklung der Narzissen in den Gärten von Freuden beobachtet, die unsere Liebe zu diesen Zwiebelblumen teilen. Auffällig ist, dass dort Sorten wachsen und sich vermehren, die sich bei uns als nicht dauerhaft erwiesen haben. Die Sorte `Tete à tete´ wuchert beispielsweise in anderen Gärten, während sie sich bei uns keine drei Jahre hält. Mehrfache Versuche, diese Sorte in großem Stil bei uns anzusiedeln, schlugen fehl. Auch die Dichternarzissen *(Narcissus*; Poeticus-Narzissen) sind dort wüchsig und blühfreudig, bei uns aber ständig auf dem Rückzug. Wie sehr Standort und Bodenverhältnisse das Wachstum und die Vermehrung bestimmen, konnten wir im eigenen Garten beobachten. Auf einer größeren Fläche wurden gleichzeitig die sehr frühen Trompetennarzissen *(Narcissus pseudonarcissus)* und Cyclamineus-Narzissen `Peeping

OBEN
Lilienblütige Tulpe ʻMarietteʼ im April.

UNTEN
Akelei im Mai.

OBEN
Bart-Iris, Mohn, Glockenblumen und Zierlauch im Juni.

UNTEN
Der „Blaue Garten“ im Oktober.

Tom´ gepflanzt. Während sich die Trompetennarzissen langsam vermehrten, ist die Sorte `Peeping Tom´ vollkommen zurückgegangen. Auch die gesamte Gruppe der Tazetta-Narzissen hat sich in unserem Garten als äußerst kurzlebig erwiesen. Nach unseren Beobachtungen fühlen sich Narzissen an Standorten wohl, deren Boden während des gesamten Gartenjahres bedeckt ist, also kühl bleibt, wie etwa bei uns in der Obstwiese, deren Oberfläche vom Gras bedeckt wird. An allen Stellen, die im Sommer stark austrocknen, ließen sich Narzissen nicht dauerhaft ansiedeln.

Präzise Konzepte

Begeistert sind wir auch von den Tulpen, da sich diese Blumenzwiebeln so vielfältig verwenden lassen. Mit Tulpen können eindrucksvolle Gartenbilder gestaltet werden. Die im Handel angebotenen Zwiebeln sind zuverlässige Produkte der niederländischen Blumenzwiebelzüchter, die laufend neue Sorten anbieten. Es gibt kaum andere Möglichkeiten, Gartensituationen so präzise zu gestalten wie mit Tulpenzwiebeln. Dazu sind allerdings Konzepte nötig, wie sie von der niederländischen Gartengestalterin Jaqueline van der Kloet meisterhaft präsentiert werden. Sie gestaltet die Pflanzungen im Keukenhof bei Lisse, dem Mekka aller Tulpenliebhaber, und hat auch an vielen anderen Orten in Europa schon ihre Spuren der Gartengestaltung hinterlassen. Im Herbst 2011 bepflanzte sie in unserem Garten einige Partien, und das Ergebnis im folgenden Frühjahr löste bei uns den Impuls aus, Tulpenbeete nach ihrem Vorbild zu gestalten. Schon seit vielen Jahren pflanzen wir jeden Herbst vier- bis fünftausend Tulpenzwiebeln. Im Laufe der Jahre hatten wir Konzepte für die unterschiedlichen Gartenräume entwickelt. Doch nach der überbordenden Narzissenblüte gab es bis zur Rhododendron-Blüte ab Mitte Mai immer eine „stille Zeit" in unserem Garten, die auf uns wie eine Ernüchterung nach dem Narzissen-Rausch wirkte. Die Lösung bestand in der Pflanzung von mittelfrühen und späten Tulpen. Während der „Narzissen-Zeit" würden Tulpen nicht zur Geltung kommen, sondern mit ihren Farben und Formen sogar stören. Lediglich ab Mitte April gibt es im „Weißen Garten" Tulpen der Sorte `Purissima´ an den Stellen, an denen die Narzissen mit ihrem vergehenden Laub unpassend wären.

TIPP

02
Tulpen brauchen im ländlichen Bereich unbedingt einen Wühlmausschutz.

Schutz durch Töpfe

Wer Tulpenzwiebeln pflanzt, sollte jedoch einiges beachten: Im ländlichen Bereich oder in größeren Gärten brauchen Tulpen unbedingt einen Wühlmausschutz. In sandigen Böden, wie sie bei uns vorhanden sind, graben diese unterirdischen Tulpenliebhaber bis zu zwei Meter tiefe Gänge. Selbst wenn durch Fallen oder durch eine auf Wühlmäuse spezialisierte Katze die Population dezimiert, findet immer wieder ein Nachzug aus den umliegenden Wiesen statt. Es bleiben im Grunde nur Schutzmaßnahmen übrig. Seit Jahren bewährt – und immer wieder beschrieben – hat sich die Pflanzung in Plastiktöpfen. Nur ganz selten fressen sie sich von unten durch einen Topf durch; ebenso ist es die große Ausnahme, wenn ein Einstieg von oben erfolgt. Die im Handel angebotenen Pflanzschalen dienen den Wühlmäusen dagegen eher als Servierschalen!

Ein zweiter, entscheidender Vorteil besteht darin, das man das Auftreten von Krankheiten, insbesondere des Tulpenfeuers *(Botrytis tulipae)*, vermeidet. Bei dieser Krankheit ist der Austrieb bereits deformiert oder welk oder zeigt graubraune Flecken, die immer größer werden. Befallene Zwiebeln verfaulen oder sterben ab. Ein Boden kann zudem „tulpenmüde" werden, wenn man regelmäßig Tulpenzwiebeln an dieselbe Stelle pflanzt. Bei uns werden die Plastiktöpfe mit Erde aus dem Anzuchtbereich gefüllt – damit verringert sich die Wahrscheinlichkeit, dass die Krankheit auftritt. Diese Art der Pflanzung bringt außerdem eine Arbeitserleichterung: Gerade in einer dicht bepflanzten Staudenrabatte können die Töpfe zur Pflanzzeit schnell ausgetauscht werden, ohne dass Wurzeln oder andere Blumenzwiebeln beschädigt werden.

Der einzige Nachteil besteht darin, dass in den Töpfen in kleinem Umfang Staunässe entstehen

OBEN
Die Darwin-Tulpen `Ivory Floradale´ ergänzen mit ihren großen Blütenkelchen das dunkelgrüne Laub der spät blühenden Rhododendren.

kann. Tulpen lieben aber sommertrockene Böden, doch mit einer Drainage als unterste Schicht im Topf kann man Staunässe verhindern. Auf gar keinen Fall dürfen die Töpfe mit Blumenerde oder Kompost gefüllt werden, dann faulen die Tulpenzwiebeln oder werden so geschädigt, dass sie nicht zur Blüte kommen!

Luxuspflanzen

Da die meisten hochgezüchteten Tulpenzwiebeln im zweiten Jahr nur noch reduziert blühen, pflanzen wir jeden Herbst neue. Tulpen sind unsere Schwachstelle, deshalb kann von „Nachhaltigkeit" bei unseren Tulpenpflanzungen keine Rede sein. Nur wenn man sich auf grelles Rot und knalliges Gelb beschränken will – oder auf botanische Sorten – gibt es tatsächlich Tulpen, die über viele Jahre regelmäßig wiederkommen. Aber da wir Gartenkultur nicht aus einem ideologischen Blickwinkel betrachten, leisten wir uns diesen gärtnerischen Luxus. In der Kulturgeschichte der Gärten Europas waren die Tulpen immer ein Ausdruck kostspieliger Lebenshaltung. Wenn die Zwiebeln im Fachhandel bezogen werden, bedeuten sie vom Preis her einen bescheidenen Luxus, der sich aber in jedem Frühling zur Blütezeit auszahlt.

Pflanzkonzepte

Um die Tulpen in ihrer Wirkung zu steigern, bedarf es unbedingt eines Pflanzkonzeptes. Zufallskäufe sind selten geeignet, ein zufriedenstellendes Ergebnis zu erzielen. Wir verwenden Tulpen für drei unterschiedliche Gestaltungsweisen:

- In Einzelpflanzung: über einen Gartenraum werden Tulpenzwiebeln einer einzigen Sorte verteilt. Mit relativ wenigen Zwiebeln in einem Farbton kann dann eine großzügige Wirkung erzielt werden.

- Tulpen in Reihen sind eine Möglichkeit, mit einem „Farbband" ein Beet einzurahmen. Eine Reihe bedeutet dabei nicht, einzelne Tulpen zu setzen, vielmehr werden die Töpfe mit fünf oder mehr Zwiebeln pro Gefäß in einer Reihe gepflanzt. Vor dem dichten Rhododendron-Wall haben wir beispielsweise neun Tulpen pro Topf der großblumigen Darwin-Hybride `Ivory Floradale´ gesetzt. Die Proportionen der Tulpen harmonieren mit den groben Blättern der Sträucher und ihre Elfenbeinfarbe mit dem Grün des Laubes.

- Die dritte Methode ist die Streupflanzung, bei der Töpfe mit zwei, drei, fünf oder sieben Zwie-

OBEN
Durch die Verteilung von 500 Tulpenzwiebeln der Sorte 'Mariette' über die ganze Fläche des Kräutergartens entsteht eine eindrucksvolle Wirkung.

beln über eine Fläche verteilt werden. Früher haben wir diese Pflanzung immer nur in einer Sorte durchgeführt. Durch Jaqueline van der Kloet haben wir gelernt, wie reizvoll die Mischung verschiedener Farben und Kelchformen sein kann.

Gefüllte Tulpen

Bei der Verwendung von gefüllten Tulpen waren wir sehr zurückhaltend, wir haben aber einige exponierte Flächen in unserem Garten für jährlich neue Experimente mit den Zwiebelschönheiten vorgesehen. Im Jahr 2013 kam es zu einer unfreiwilligen neuen Erfahrung mit überzeugendem Ergebnis: Durch die Verwechselung der Tüten haben wir statt der dezenten späten Tulpe 'Menton' die lilienblütige Tulpe 'Mariette' im Eingangsbeet gepflanzt. Dort sind die Tulpen als Ergänzung zu den violetten Silberblättern gedacht. Die zurückhaltende blass-rosa Sorte 'Menton' sorgte bisher für eine dezente Eleganz. Das Altrosa der Sorte 'Mariette' war diesmal ein atemberaubender, fast schriller Kontrast zu den fliederfarbenen Silberblättern. Da das Eingangsbeet eine Fläche von etwa 150 Quadratmetern umfasst, über die 300 Tulpen verteilt wurden, „sprang" diese Farbigkeit sofort ins Auge. Mehrfach betraten Besucher der „Offenen Gartenpforte" mit einem kleinen Aufschrei unseren Garten. Dieses „Missgeschick" mit positivem Ausgang wird wohl zur Standardbepflanzung werden. Genau hier liegt der Kern unserer Tulpen-Faszination. Mit ihr sind Farbexperimente und damit Gartenbilder möglich, wie sie in diesem Umfang mit anderen Pflanzen kaum umzusetzen wären.

Wildtulpen

Eine nachhaltige Tulpenpflanzung wäre nur mit Wildtulpen zu machen. Leider sind unsere Bodenverhältnisse, die Wühlmäuse und unsere ständige Bodenbearbeitung dafür ungünstige Rahmenbedingungen. Die Weinbergtulpe *(Tulipa sylvestris)* haben wir in Nordholland auf Flächen verwildert erlebt. Dort hatte ein Adeliger im 17. Jahrhundert einige dieser Tulpen auf sein Grab pflanzen lassen. In den folgenden Jahrhunderten haben sie sich zunächst den Kirchhof, dann das ganze Dorf

Fotos: iBulb/Wouter Koppen (2), Marion Nickig; Text: L. Pricking

▶ **ZWEI MÄNNER MIT GRÜNEM DAUMEN**
Der Pfarrer Klaus Bender (links) und der pensionierte Lehrer Manfred Lucenz genießen ihren Garten

◀ **BEEINDRUCKENDER BLÜTENTEPPICH**
Im Frühjahr verwandelt sich das Staudenbeet im Vorgarten in eine Narzissenwiese. Die Sorten 'Carlton', 'Ice Follies' und die Gelbe Narzisse (Narcissus pseudonarcissus) haben sich auf dem sauren Boden bewährt

erobert. Schon bei der Einfahrt des Ortes findet man diese kleine gelbe nickende Wildtulpe am Straßenrand. Alle Versuche, diese Sorte bei uns anzusiedeln, schlugen fehl. Auch andere Wildtulpen, wie die Zwerg-Stern-Tulpe *(Tulipa tarda)*, die Art *Tulipa urumiensis* und die Gnomen-Tulpe *(Tulipa turkestanica)* blieben bei uns nicht dauerhaft – im Garten ist eben nicht alles möglich!

OBEN
Die gelben Kaiserkronen (Fritillaria imperialis *'Lutea Maxima') werden ergänzt durch gelbe Tulpen, überwiegend der Darwin-Sorte 'Golden Apeldoorn'. Das Zusammenspiel von Kaiserkronen und Tulpen steigert die Wirkung der Farbe.*

Empfehlungen

Einen nachhaltigen Erfolg bescherten uns die über einen Meter hohen gelben Kaiserkronen *(Fritillaria imperialis* 'Lutea Maxima'). Vor vierzehn Jahren pflanzten wir dreißig dieser schuppigen stark riechenden Zwiebeln auf dem „Gelben Hügel", die sich in den Folgejahren kontinuierlich vermehrten. Im Frühling 2013 erstrahlten bereits mehr als 180 dieser majestätischen Geschöpfe mit ihren leuchtend gelben Blütenglocken. Sie scheinen den sommertrockenen Standort im Halbschatten unter der großen Robinie zu schätzen. Vielleicht liegt es daran, dass die Robinie zu den Hülsenfrüchtlern gehört und stickstoffhaltige Knötchen in ihrem Wurzelwerk bildet. Wir geben unseren Kaiserkronen in jedem Fall gegen Ende der Blütezeit in der ersten Maihälfte eine Gabe stickstoffreduzierten Volldünger, um ihr Wachstum zu fördern.

OBEN
Die Fritillaria raddeana *blüht bereits im März. Sie hebt sich durch den lockeren Aufbau der Krone von den anderen Kaiserkronen ab.*

Die hohen Kaiserkronen kombinieren wir mit gelben Tulpen der Sorte 'Golden Apeldoorn', die zur gleichen Zeit blühen. Die Tulpen müssen allerdings jeden Herbst neu gepflanzt werden, damit im Frühjahr diese wunderbare Kombination den „Gelben Hügel" garantiert aufleuchten lässt.

Vor drei Jahren setzten wir zudem eine größere Menge Zwiebeln der Art *Fritillaria raddeana* in die halbschattigen Beete entlang des Gemüsegartens. Diese kleinere Verwandte blüht bereits im März und zeichnet sich durch lockere Blütenstände in einem sehr hellen Gelb aus, das mit frühen weißen Narzissen ergänzt wird. Meist blühen dann auch schon die ersten Obstbäume, sodass wir uns an einer üppigen Märzblüte auf allen „Etagen" freuen können. Noch ist nicht abzusehen, ob sich diese Art ebenso fleißig vermehrt wie die gelben Kaiserkronen.

Schritt / 01

Verwenden Sie für Tulpenzwiebeln unbedingt normale Gartenerde; Kompost oder gedüngte Blumenerde vertragen sie nicht.

OBEN LINKS
Gartenerde.

UNTEN RECHTS
Gesunde Tulpen.

Schritt / 03

Mit den Plastiktöpfen vermeidet man zudem das Auftreten von Krankheiten, insbesondere des Tulpenfeuers. Nehmen Sie am besten Erde aus dem Anzuchtbereich, das verringert die Wahrscheinlichkeit des Ausbruches.

Schritt / 02

Im ländlichen Bereich oder in größeren Gärten brauchen Tulpen unbedingt einen Wühlmausschutz. Als solcher hat sich die Pflanzung in Plastiktöpfen bewährt.

OBEN LINKS
Zwiebeln in Plastiktöpfen.

UNTEN RECHTS
Farbband aus Tulpen.

Schritt / 04

Um die Tulpen in ihrer Wirkung zu steigern, bedarf es unbedingt eines Pflanzkonzeptes. Mit einer Reihe kann man z. B. ein Beet mit einem Farbband einrahmen.

LIEBLINGSPFLANZEN:

Unsere Zwiebelfavoriten

RECHTS OBEN
Mit Tulpentöpfen werden die Plätze im Garten zum Blickfang, die sonst im April noch kahl wären.

RECHTS UNTEN
Ein solcher Tulpentopf setzt einen überzeugenden farblichen Akzent.

TULPEN IN GEFÄSSEN

Unsere Spezialität ist es, Tulpen in Terrakotta-Töpfen oder in anderen Pflanzgefäßen in Doppellage zu stecken. Damit werden Tulpen mobil und können an besonderen Stellen im Garten und auf Terrassen wirkungsvoll platziert werden. Das Rezept ist leicht nachzuahmen: Auf den Topfboden kommt eine Lage Sand oder Kies als Drainage, dann eine Schicht Erde, darauf dicht die Tulpenzwiebeln, die mit einer weiteren, etwa zehn Zentimeter dicken Erdschicht abgedeckt werden. Darauf folgt die zweite Lage Zwiebeln, die dann wieder mit acht bis zehn Zentimetern Erde abgedeckt werden. Dabei muss unbedingt normale Gartenerde verwendet werden; Kompost oder gedüngte Blumenerde vertragen die Tulpenzwiebeln nicht. Eine der Ursachen für das Misslingen der Topfpflanzung liegt an der Verwendung ungeeigneter Blumenerde, die man im Handel bekommt.

Ein anderes Problem tritt auf, wenn die Töpfe, die draußen überwintern, durchfrieren. Am Niederrhein sind die klimatischen Bedingungen zwar günstig – lange Frostperioden mit Temperaturen unter -10 °C gibt es kaum. Wenn es jedoch dazu kommt, decken wir die zusammengestellten Töpfe mit einer Plane ab. Fröste bis -8 °C richten keinen Schaden an, wenn sie in den Monaten Dezember oder Januar auftreten. Verheerende Auswirkungen hatte die verspätete Frostperiode im Februar 2012 jedoch auf die Tulpen, denen es ebenso erging wie den Narzissen (vgl. S. 44).

Meist sind die Töpfe weniger frosthart als die Tulpen. Deshalb haben wir tief in den Geldbeutel gegriffen und uns frostfeste Impruneta-Ware geleistet. Wer diese Kosten scheut, kann seine Tulpen alternativ in größere Plastiktöpfe pflanzen. Auch bei uns werden solche Plastiktöpfe verwendet, die dann im Frühling in bäuerliche Vorratsgefäße – meist alte Sauerkrautbehälter – gesetzt werden. Ebenso dienen Terrakotta-Töpfe als dekorative Übertöpfe, die jedoch nicht frostfest sind.

Wenn der März oder April zu trocken ist, müssen die Tulpentöpfe regelmäßig gegossen werden. In diesen Wochen entwickelt die kleine Tulpenzwiebel ihr enormes Programm an Blattmasse und Blüte, wozu sie die Feuchtigkeit dringend braucht.

LINKS OBEN
Im Sommer stehen in den großen Terrakottatöpfen Hortensien. Im Herbst werden die Töpfe zum Gartenhaus transportiert und mit Tulpen bepflanzt.

LINKS UNTEN
1. Zwiebeln auf die erste Schicht Erde geben.
2. Mit Erde bedecken.
3. Dann folgt die zweite Lage Zwiebeln.

RECHTS
Bei der Bepflanzung der Tulpentöpfe probieren wir jedes Jahr neue Kombinationsmöglichkeiten aus.

ZIERLAUCH

Vielfältige Gestaltungsmöglichkeiten bietet die Gattung Lauch *(Allium)*. Vor Jahren ein nur am Rande wahrgenommenes Zwiebelgewächs, erhielt der Zierlauch in den letzten Jahren immer größere Bedeutung bei der Gartengestaltung, zumal fast jährlich neue Züchtungen angeboten werden.

Unsere Erfahrungen mit dieser Gattung sind unterschiedlich. In unserem Garten hat sich seit zwölf Jahren die Art *Allium giganteum* besonders bewährt. Ihre fast zwei Meter hohen Stiele überragen alle anderen Stauden und tragen lila-violette Kugeln von der Größe eines Tennisballs. In der zweiten Maihälfte, wenn die Stauden erst vereinzelt blühen, säumt der Riesen-Lauch bereits unser Cottage-Beet über eine Länge von zwanzig Metern. Während die Größe der Kugeln jedes Jahr unterschiedlich ausfällt, haben sich die Zwiebeln ordentlich vermehrt. Inzwischen versamen sie sich auch. Ihr einziger Nachteil ist das Laub, das schon zunehmend welke Spitzen zeigt, während sich die Blüte erst entfaltet. Die dichte Staudenbepflanzung kaschiert jedoch ihr wenig attraktives Laub. Die Kombination mit einzelnen abgeblühten Silberblatt-Stauden ist durchaus reizvoll. Zu diesem Zeitpunkt sind deren Samenstände metallischgrün mit einem Stich ins Violette und bilden so eine aparte Ergänzung zu den *Allium*-Kugeln.

Ganz offensichtlich entwickelt sich der Riesen-Lauch besonders gut, wenn der Boden bedeckt ist. Ähnliche Erfahrungen machten wir mit dem Iranischen Blumenlauch *(Allium aflatunense)*. Diese einfachste Form des „Trommelschläger-Lauchs" steht flächig verteilt im „Wiesengarten" und überragt dort das Narzissenlaub und die Stauden in der zweiten Maihälfte.

Mit der *Allium*-Hybride `Ambassador´ haben wir folgende Erfahrungen gemacht: Sie bringt im ersten Jahr beeindruckend große Blütenkugeln in dunklem Violett hervor. Im folgenden Jahr jedoch hat sich die Zwiebel geteilt und produziert dann zwei oder drei Stiele, deren Blüten wesentlich kleiner ausfallen.

Besonders schätzen wir den Sternkugel-Lauch *(Allium christophii)*. Die Blütenkugeln dieser Art entwickeln sich etwa zehn Tage später als die der oben genannten Arten und Sorten und erreichen einen Durchmesser von zwanzig Zentimetern. Leider sind sie bei uns nicht so dauerhaft und weniger vermehrungsfreudig als die anderen Zierlauch-Verwandten. Im Gartenbereich an der Südseite unseres Hauses müssen sie immer wieder nachgepflanzt werden, denn sie vermehren sich dort nicht. Schuld daran könnten natürlich auch die Wühlmäuse sein, die an dieser Stelle besonders häufig auftreten. Die abgeblühten Kugeln mit ihren Samenständen sind besonders eindrucksvoll. Regelmäßig nehmen wir eine dieser prächtigen Zwiebelblumen mit einer besonders großen Kugel ins Haus, wo sie uns wochenlang als Blickfang dient.

LINKS
In den Staudenbeeten im Eingangsbereich stehen in der zweiten Maihälfte die hohen Allium giganteum *zwischen den abgeblühten Lunarien. Deren Samenstände färben sich grün-violett und ergänzen so farblich die* Allium*-Kugeln.*

RECHTS OBEN
Die Allium giganteum *sind vor 15 Jahren gepflanzt worden und vermehren sich immer weiter.*

RECHTS UNTEN
Das Staudenbeet wäre ohne die Allium *in der zweiten Maihälfte noch farblos.*

HERBSTZEITLOSE

Bei den Herbstzeitlosen (*Colchicum)* fallen Blüte und Pflanzzeit zusammen: Meist werden die dicken Zwiebeln ab Mitte August im Handel angeboten, gleichzeitig beginnt dann die Zeit der Blüte in unserem Garten. Mit etwas Verzögerung treiben auch frisch gepflanzte Zwiebeln noch Blüten aus. Bei uns haben sie sich über die Jahre gleichmäßig vermehrt und tragen wesentlich zum Septemberbild bei. Mit drei Sorten haben wir gute Erfahrungen gemacht: mit der großblumigen Zuchtsorte \`The Giant´, mit der gefüllten Sorte \`Waterlily´ und mit der Wildform *Colchicum byzantinum.*

Allerdings bedeutet das im Frühling kräftig austreibende Laub, das bis zu 25 Zentimeter hoch wird, eine gestalterische Herausforderung. Die kräftigen Laubbüschel müssen in die Bepflanzung integriert werden. Ab Anfang Juni wird das Laub schnell braun und fällt zusammen. Im Juli und August sind diese Stellen dann kahl. Wir haben verschiedene Lösungen für dieses Problem gefunden:

Die Hybride \`The Giant´ wächst entlang einer zehn Meter langen Kante aus Bergenien, einer immergünen Blattschmuckstaude. Im Frühling stört das Laub nicht sonderlich, da die Stauden in dieser Rabatte ab Mai die Blätter der Herbstzeitlosen verdecken. Im Sommer gibt es zwischen den Bergenien und den anderen Stauden eine Lücke, aus der dann Anfang September die großen Kelche der Herbstzeitlosen in Lila-Rosa emporschießen.

Die Sorte \`Waterlily´ gedeiht am Rand eines weiteren Beetes neben der Lilientraube *(Liriope muscari).* Die Blüten dieser gefüllten Sorte sind kurzstieliger und ergänzen die Lilientraube hervorragend.

Und der Wildform *Colchicum byzantinum* haben wir eine Fläche von 1,5 Quadratmetern zwischen den Gehölzen eingeräumt, die dann im Juni mit Mulch abgedeckt wird.

RECHTS OBEN
Im September sorgen die Colchicum *der großblumigen Sorte \`The Giant´ für eine farbliche Grundierung im Wiesengarten.*

RECHTS UNTEN
Alle Pflanzen dieses Gartenbereiches sind farblich aufeinander abgestimmt.

OBEN
Die gefüllten Colchicum *der Sorte \`Waterlily´ sind etwas kurzstieliger und standfester als andere Sorten.*

OBEN
Das Laub der Colchicum *ist sehr kräftig und wächst im Frühjahr bis zu 25 cm hoch. Im Juni fällt es zusammen und kann erst dann entfernt werden.*

NARZISSEN

UNSERE EMPFEHLUNGEN

GRUNDLAGE FÜR JEDE NARZISSEN-PFLANZUNG IST DER EINKAUF GUTER WARE. AUF BLUMENZWIEBELN SPEZIALISIERTE FIRMEN BIETEN QUALITATIV HOCHWERTIGE PRODUKTE AN. DIES ERKENNT MAN SCHON DARAN, DASS DIE ZWIEBELN IN UNTERSCHIEDLICHEN GRÖSSEN UND PREISKATEGORIEN ANGEBOTEN WERDEN. DER FACHHANDEL GARANTIERT EINE SACHGEMÄSSE LAGERUNG IN HALLEN, DEREN LUFTFEUCHTIGKEIT UND TEMPERATUR KONTROLLIERT WERDEN. DIE PFLANZZEIT FÜR NARZISSEN BEGINNT ENDE SEPTEMBER UND KANN SICH, JE NACH KLIMAZONE, BIS IN DEN NOVEMBER ERSTRECKEN.

Unsere Empfehlung für einzelne Sorten beginnt mit \`February Gold´ (Cyclamineus-Narzisse). Wie wir durch Vergleiche feststellen konnten, hat diese Sorte keine spezifischen Bodenansprüche. Sie blüht am Niederrhein meist ab der zweiten Märzhälfte bis in die erste Aprilwoche hinein. Weil die Temperaturen dann noch niedriger sind, ist die Blütezeit länger als bei den späteren Sorten. Bei dieser Narzisse stimmt auch die „Statik", denn sie kann sich nach einem Frost oder starken Wind wieder aufrichten. Die eindrucksvolle großblumige Sorte \`Dutch Master´ knickt dagegen schnell um und kommt dann nicht mehr auf die „Füße".

Besonders günstig ist die Kombination aus der weißen Großkronigen Narzisse \`Ice Follies´ und der gelben \`Carlton´ – beide Sorten sorgen in unserem Garten für eine Massenblüte. Diese Kombination hat den Vorteil, dass zunächst die Fläche nur von den weißen Narzissen mit graugrünem Laub dominiert wird. Ein silbrig anmutender Glanz liegt dann über dem Areal, der sich durch das Aufblühen von \`Carlton´ ab Mitte April langsam in Goldgelb verwandelt, wenn die \`Ice Follies´ verblüht sind. Letztere vermehren sich allerdings nur in einem Boden, der ihnen zusagt. In unserem Sandboden mit seinem pH-Wert von 5,7 gehört diese Sorte zu den Besten. Durch Vergleiche mit Pflanzungen bei Gartenfreunden haben wir festgestellt, dass sie dagegen in kalkhaltigen Böden nicht dauerhaft ist.

Über viele Jahre bewährt hat sich die Sorte \`St. Patricks Day´, die ausgesprochen elegant wirkt. Ihre Farbe ist gelbgrün, und damit eignet sie sich besonders als Vorpflanzung vor spät blühenden Rhododendron. Das kräftige Grün der Rhododendron-Blätter betont das Gelbgrün dieser Narzissen-Sorte. Zur Zeit der Rhododendron-Blüte sind die Narzissen längst vergangen.

Unter Bäumen in lichtem Schatten vor einer Buchenhecke hat sich die Sorte \`Flower Record´ zum Dauergast in unserem Frühlingsgarten entwickelt. Elegant, aber kein Massenblüher, ist die weiße Trompeten-Narzisse \`Mount Hood´, die bei uns ebenfalls langlebig ist. Noch eleganter erscheint uns die zarte weiße Sorte \`Thalia´, die zwei oder drei Blüten an einem Stiel trägt und einen starken Duft verströmt. Leider zieht sie sich nach drei bis vier Jahren zurück.

Als eine Ausnahme von allen Regeln hat sich die Wildform *Narcissus pseudonarcissus* erwiesen. Auf einem sommertrockenen Standort an einem kleinen Hang mit Südlage ist sie seit Jahren bei uns heimisch. Sie blüht in unserem Klima noch vor \`February Gold´, also Anfang März. Die Samenkapseln brauchen nicht abgeschnitten zu werden, denn sie versamt sich, ohne dass die Zwiebeln an Blühfähigkeit verlieren. Bis zur Rosenzeit ist ihr Laub eingezogen.

Noch eine letzte Empfehlung zur Narzissen-Pflanzung: Eine eindrucksvolle Wirkung erreicht man, wenn auf einer Fläche möglichst nur eine Sorte blüht. Mehrere, gleichzeitig blühende Sorten bringen Unruhe ins Bild, denn die unterschiedlichen Blüten fordern zur Einzelbetrachtung heraus. Großzügigkeit im Gesamteindruck entsteht dagegen, wenn eine Fläche nur von einer Sorte geprägt wird.

UNTEN LINKS
Die Schneeglöckchen versamen sich inzwischen durch den ganzen Garten und ergänzen die Lenzrosen.

UNTEN RECHTS, OBEN
Der Märzenbecher hat Jahre gebraucht, bis er anfing, sich zu vermehren.

UNTEN RECHTS, UNTEN
Ebenso war es mit dem Elfenkrokus – erst nach Jahren besiedelte er große Flächen.

GEDULD MIT GEOPHYTEN

Die Welt der Blumenzwiebeln ist unendlich – Narzissen und Tulpen sind lediglich die bekanntesten Vertreter dieser Gewächse. Zwiebelgewächse gibt es in jeder Größe und für jede Jahreszeit. Um den Winter möglichst schnell mit Blüten zu beenden, setzen wir auf Winterlinge, Schneeglöckchen und den sehr frühen Elfenkrokus. Zu den bekannten Frühlingsblühern gehört auch der Märzenbecher, der jedoch ein wenig später als die anderen genannten Geophyten blüht.

Bis jedoch diese Zwiebelgewächse in einem Garten Vorfrühlingsatmosphäre verbreiten, braucht man Geduld. Vom Elfenkrokus haben wir über mehrere Jahre bis zu tausend Zwiebelchen auf eine 250 Quadratmeter große Obstwiese gesteckt. Mit Hilfe eines Pflanzholzes wurden vier bis fünf Zentimeter tiefe Löcher gebohrt und dort die Zwiebeln hineingelegt. Im Frühjahr gab es dann zumeist eine Enttäuschung – ob es wirklich tausend zarte Blüten waren, konnten wir nicht nach-

zählen. Es sah jedenfalls nach weniger aus. Als wir eigentlich schon aufgegeben hatten und davon ausgingen, dass unser Boden nicht geeignet sei, begannen sie, sich auszubreiten. Inzwischen finden wir Elfenkrokusse an allen möglichen Stellen, quer durch den Garten. Wichtige Helfer bei der Ausbreitung sind die Ameisen, die die Samen durch den Garten tragen. Gerade diese eigenwillige Ausbreitung passt in unser Konzept. Es verschafft dem Garten eine fröhliche Leichtigkeit.

Dasselbe passierte mit den Schneeglöckchen. Auch hier war Geduld nötig, bis sie sich den ganzen Garten erobert hatten. Schneeglöckchen sind eine schwierige Handelsware. Die Knöllchen dürfen nicht austrocknen, und die beste Pflanzzeit ist direkt nach der Blüte, noch mit grünem Laub. In unserer Nähe gab es einen verwilderten Park, aus dem wir uns Schneeglöckchen zum idealen Zeitpunkt holten. Diesem frevlerischen Tun folgte die Strafe auf dem Fuße: In den kompakten Schneeglöckchen-Klumpen saß ganz heimtückisch ein kleines Stückchen Giersch. Der Giersch vermehrte sich schneller als die Schneeglöckchen und sorgt nun für jährlich wiederkehrende Arbeit. Um die Schneeglöckchen-Geschichte abzuschließen: Der verwilderte Park wurde inzwischen restauriert und die großen Schneeglöckchen-Flächen sind im Zuge der Unkrautbekämpfung tot gespritzt worden!

Winterlinge und Märzenbecher beanspruchen ebenfalls viel Geduld. Noch empfindlicher als die Zwiebeln der Schneeglöckchen, sind die etwas kräftigeren Zwiebeln der Märzenbecher. Auch hier besteht die Gefahr, dass die Zwiebeln durch Handelswege zu trocken werden, daher verspricht nur der Kauf im Fachhandel Erfolg.

Die im Herbst schrumpeligen Knöllchen der Winterlinge müssen vor der Pflanzung erst eine Nacht lang gewässert werden. Auch bei diesem Zwiebelgewächs braucht es Zeit, bis sie durch Versamung einen dichten Vorfrühlingsteppich in Goldgelb bilden. Doch Geduld ist ja eine der vorrangigen Gärtner-Tugenden!

Der leuchtende Winterling braucht einen ungestörten Standort, an dem er sich über Samen ausbreiten kann.

04

KAPITEL

Unser Rosengarten: Im Reich der Königin der Blumen

In der Gartenabteilung unserer Bibliothek stehen viele schöne Rosenbücher, die sich dort im Laufe von zwanzig Jahren angesammelt haben. Das erste Rosenbuch stammte von Gerda Nissen, „Alte Rosen", das wir 1988 auf einer Fahrt nach Norden in einer Hamburger Buchhandlung entdeckten. Spontan legten wir bei der Weiterfahrt eine Zwischenstation in Meldorf (Schleswig-Holstein) ein, denn dort wuchsen die in diesem Büchlein beschriebenen Rosen im Museumsgarten. Das war unser „Schlüsselerlebnis" mit der Königin der Blumen, denn solche herrliche Rosen waren uns bisher unbekannt! Wir kannten nur langweilige Beete mit Polyantharosen, die ebenso künstlich aussahen wie die Edelrosen, deren drei bis fünf Triebe vollendete Schönheiten ohne Duft trugen. Das war in Meldorf anders: Diese Alten oder auch Historischen Rosen mit ihrem buschigen Strauchwerk und kräftigen Blüten besaßen nicht nur Duft, sondern auch Charme. Nichts von der adretten Ordentlichkeit und Langeweile der uns bisher bekannten Züchtungen. Auch die Farbe ihrer Blüten war dezenter und sprach uns sofort an.

„DIESE ALTEN ODER AUCH HISTORISCHEN ROSEN BESASSEN NICHT NUR DUFT, SONDERN AUCH CHARME."

UNTEN
Im Rosengarten von Sissinghurst Castle in Südengland haben wir zum ersten Mal gesehen, dass Rosen und Stauden kombiniert werden können.

Alte Rosen

Dass Rosengärten nicht unbedingt aus einer Abfolge von Beeten der immer gleichen Sorte bestehen müssen, sondern mit passenden Stauden in einem lockeren Verbund wachsen können, sahen wir ein Jahr später erstmals in dem faszinierenden Garten von Sissinghurst Castle in Kent, Großbritannien. Das Begehren war nun geweckt, zumal fast jede Gartenzeitung und natürlich auch die neu erschienenen Bücher die Vorzüge der Alten Rosen anpriesen: robuste Gesundheit, Duft und eine eigene Geschichte, wie etwa die der Bourbonrose `Souvenier de la Malmaison´, die auf die große Rosensammlerin Kaiserin Josephine hinwies – auch wenn sie erst nach ihrem Tod gezüchtet worden war. Andere trugen klangvolle aristokratische Namen aus der Vergangenheit, wie `Comte de Chambord´, `Reine de Violettes´ oder `Baron Girod de L' Ain´.

Unter unseren Gartenfreunden waren Alte Rosen ein großes Thema, doch die Suche nach Bezugsquellen erwies sich Ende der 80er-Jahre noch als schwierig. Die ersten Historischen Rosen bekamen wir direkt aus England geliefert; später war es ein norddeutscher Anbieter, der mit einem prächtig bebilderten Spezialkatalog unsere Rosenlust weckte. Das „Rosenfieber" ergriff uns, und Bücher und Rosenstöcke wurden in großer Zahl angeschafft. Wegstrecken von mehr als 100 Kilometern haben wir akzeptiert, um in einer Gärtnerei für Historische Rosen in den Niederlanden Pflanzen zu erwerben. Wir tauschten mit Gartenfreunden unsere angelesenen Kenntnisse aus und priesen die in Büchern und Zeitungen beschriebenen Vorzüge der Alten Rosen.

Doch die Ernüchterung setzte in den folgenden Jahren ein: Viele Historische Rosen waren weder besonders wüchsig, noch frei von Krankheiten. `Baron Girod de L' Ain´ wächst beispielsweise sparrig ohne jede Form, aber die Blüten mit dem kleinen weißen Rand sind sehr apart. Obendrein neigt diese Rose zu Sternrußtau. `Reine Victoria´ hat, ebenso wie ihre „Tochter" `Mme. Piere Oger´ schöne kugelförmige Blüten, die aber bei geringstem Regen zu einer unansehnlichen Kugel vermatschen. Außerdem wissen beide Damen nicht, ob sie nicht doch lieber Kletterrosen wären. Ihr schlanker, aufstrebender Wuchs braucht eigent-

RECHTS
Die Rose `La Reine Victoria´ hat schöne Blüten – leider auf schwachen Stielen.

TIPP

01
Hier gibt es nur Gutes zu berichten: `Louise Odier´, `Comte de Chambord´ und `Great Maiden's Blush´.

lich eine Stütze, damit die Blüten nicht schlaff und entmutigt nach unten hängen, weil der Stiel die kleinen Blütenkugeln nicht richtig halten kann. Die klangvolle `Souvenier de la Malmaison´ verändert das zarte Rosa ihrer kräftig gefüllten Blüten bei zu viel Sonne schnell in ein schmutziges Grau; außerdem ist sie empfindlich gegen Regen.

Natürlich gibt es auch Historische Rosen, von denen wir nur Vorzüge berichten können: `Louise Odier´ (Bourbon-Rose) etwa, die sich durch Blühfreudigkeit, schönen Wuchs und robuste Gesundheit auszeichnet. Auch vom `Comte de Chambord´ (Portlandrose) gibt es nur Gutes zu berichten, ebenso wie von `Great Maiden's Blush´ (Albarose).

Als wir feststellten, dass die Alten Rosen nicht generell gesünder, blühwilliger oder besser sind als neue Züchtungen, interessierten wir uns auch für moderne Sorten. Zumal in den vergangenen Jahren viele Neuzüchtungen auf den Markt gekommen sind, die sich an der üppigen Schönheit der Alten Rosen orientieren.

Neuzüchtungen

Die Englischen Rosen von Züchter Charles Austin sollten beispielsweise die Vorzüge der Alten Rosen, also Duft und Form, mit den guten Eigenschaften der mehrfach blühenden Neuzüchtungen verbinden. Bei diesen modernen Romantik-Rosen führten wir unsere Misserfolge auf das kontinentale Klima zurück, und Gartenbesuchern

LINKS
Die Rose `Louise Odier´ hat sich bei uns bewährt.

RECHTS
Die Rose `Great Maiden's Blush´ blüht seit Jahren auch im Halbschatten.

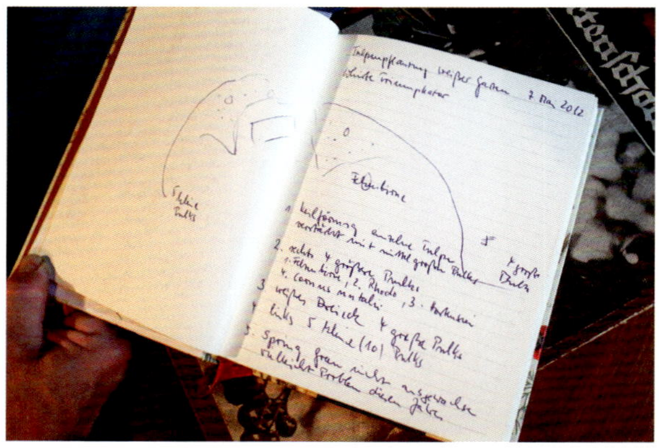

TIPP

02
Führen Sie ein „Rosenbuch" über positive und negative Erkenntnisse.

OBEN
Blühende Rosen im Topf kaufen wir nur, wenn uns Auskunft über das Pflanzsubstrat gegeben werden kann.

„IN DEN VERGANGENEN JAHREN SIND VIELE NEUZÜCHTUNGEN AUF DEN MARKT GEKOMMEN, DIE SICH AN DER ÜPPIGEN SCHÖNHEIT DER ALTEN ROSEN ORIENTIEREN."

erklärten wir lange Zeit immer wieder geradezu entschuldigend, dass wir keine guten Rosen hätten, denn unser kalkarmer, sandiger Boden sei für diese anspruchsvollen Gehölze nicht geeignet. Bis eine Besucherin uns widersprach und erklärte, sie hätte bei uns im Juni des Vorjahres eine wunderbare Rosenblüte erlebt.

Bestandsaufnahme

Das war Grund genug, unseren Rosenbestand einmal genauer durchzugehen. Das Ergebnis erstaunte uns, denn unser Garten beherbergt etwa 150 Rosenstöcke, von denen die meisten gut gedeihen. Unser subjektiver Eindruck eines mangelhaften Rosenbestandes beruhte auf der Vielzahl von Enttäuschungen, die sich im Laufe der Jahre angesammelt hatten. Wir sind und waren keine Rosenfachleute, sondern haben uns nur langsam grundlegende Kenntnisse erarbeitet. Es wurden immer

wieder Rosen gekauft, um Verluste zu ersetzen oder den Rosenbestand zu erweitern. Im Rückblick wäre es hilfreich gewesen, ein „Rosenbuch" darüber zu führen. Das hätte sicherlich zu vielen verwertbaren Erkenntnissen geführt. So bleibt nur der subjektive Eindruck, dass hinter dem jetzigen schönen Bestand ebenso viele Misserfolge stehen.

OBEN
Die Strauchrose ´Schneewittchen´ hielt nicht, was sie verprach.

Verlockt durch die üppigen Bilder in Gartenzeitschriften, pflanzten wir die vielgepriesene Rose `Schneewittchen´, die damals noch das ADR-Siegel trug. Für uns war die Auszeichnung „Anerkannte Deutsche Rose" (ADR) eine Hilfestellung bei der Rosenauswahl, denn das Gütesiegel besagt, dass Neuzüchtungen über mehrere Jahre auf ihre Anfälligkeit gegenüber Krankheiten überprüft werden. Auch `Lavender Dream´ gehörte zu den Neuzüchtungen, die wir mit niedrigen Stauden kombinieren wollten. Aber die Ergebnisse blieben weit hinter dem zurück, was in Gartenzeitungen oder auf Gartenschauen zu sehen war. Wir führten die Misserfolge zuerst auf Standortprobleme in unserem Garten zurück, bis wir die beiden Rosen auf einer Liste mit Züchtungen entdeckten, denen das ADR-Gütesiegel wieder aberkannt worden war. Also hatten diese beiden – und 72 weitere Sorten – nachträglich gravierende Defizite gezeigt. Für uns als Gartenbesitzer ist dies ärgerlich, zumal die Gründe für die Aberkennung nicht öffentlich gemacht wurden. Andererseits fühlen wir uns in unseren Erfahrungen bestätigt. Offensichtlich haben sich die Kriterien für das ADR-Siegel dahingehend verändert, dass die Gesundheit von Rosengehölzen heute höher bewertet wird als in der Vergangenheit. Welchen Stellenwert die Veredelungsunterlage für das Wachstum von Rosen hat, scheint noch eine offene Frage zu sein.

Auf der Suche nach schönen und gesunden Rosen hatten wir noch eine weitere Hürde zu nehmen,

OBEN LINKS
`Comte de Chambord´ bzw. `Mme. Boll´.

OBEN RECHTS
`Williams' Double Yellow´.

UNTEN LINKS
`Great Maiden's Blush´.

UNTEN RECHTS
`Park Wilhelmshöhe´.

„KLIMA UND BODENVERHÄLTNISSE SIND DIE BEIDEN FAKTOREN, DIE DAS WACHSTUM VON ROSEN ENTSCHEIDEND BEEINFLUSSEN."

die uns zunächst gar nicht bewusst war: dem verlockenden Angebot von blühenden Rosen in Plastikcontainern zu widerstehen. Damit blieb uns scheinbar die Suche in Rosenbüchern und Katalogen erspart, denn die vor unseren Augen schon blühende Rose im Topf sprach ja für sich. Gerne wurde auch der deutlich höhere Preis akzeptiert, hatte man doch schon eine blühende Rose, und die Wartezeit, bis ein wurzelnackter Rosenstock endlich die Erwartungen erfüllt, schien wegzufallen. Erst langsam machte sich die Erkenntnis breit, dass die in Töpfen gekauften Rosen nicht alle die Nachhaltigkeit besitzen, die der Käufer erwartet. Im dritten Jahr nach der Pflanzung zeigt sich meist, ob eine Rose üppig blüht und gesundes Blattwerk hat. Während sich die wurzelnackt gekauften Rosenstöcke über Jahre kontinuierlich entwickeln, ist bei vielen „Topfrosen" im dritten Jahr ein deutlicher Rückgang im Wachstum spürbar. Inzwischen wissen wir, dass *Rosen* eine schwierige Container-Ware sind, weil die häufig verwendete Veredelungsunterlage Rosa `Laxa´ in erster Linie für das Freiland und nicht für Topfkulturen gezüchtet worden ist.

Noch entscheidender ist, ob die Rose in einem hochgedüngten Substrat zu einer schnellen Blüte getrieben wurde, oder ob eine Pflanzerde verwendet wurde, die den Rosen gerecht wird. Die Ungeduld der Käufer, so mussten wir lernen, hat zu Angeboten geführt, die den Spontankauf zwar anregen, aber nicht unbedingt einen dauerhaften Erfolg bedeuten. Wenn wir jetzt Rosen in Töpfen kaufen, dann nur noch dort, wo über die Beschaffenheit der Pflanzerde Auskunft gegeben wird.

Einflussfaktoren

Klima und Bodenverhältnisse sind die beiden Faktoren, die das Wachstum von Rosen entscheidend beeinflussen. Nicht von ungefähr haben die „Rosenfreunde Solingen" eine Liste der Rosen erstellt, die sich unter den Bedingungen des Bergischen Landes bewährt haben. Eine solche Liste fasst die Erfahrungen vieler Jahre zusammen. Unsere Region, der Niederrhein, ist zwar klimatisch begünstigt, aber die Bodenverhältnisse vor Ort sind sehr unterschiedlich. Die Eiszeiten und das Urstromtal des Rheins haben auf kleinstem Raum zu ganz verschiedenen Bodenstrukturen geführt. Unser Garten liegt auf den Sanderflächen der vorletzten Eiszeit, das heißt, dass die Endmoräne beim Abschmelzen der gewaltigen Eismassen ausgeschwemmt und das ausgewaschene Material als Sand und Kies abgelagert wurde. So ergab sich eine Landschaft mit sanften Kuppen. Aufgrund der geringen Fruchtbarkeit des Bodens wuchs dort bis ins 18. Jahrhundert hinein die typische Vegetation der Heide. Erst durch Pfälzer Emigranten wurde dieses Heideland kultiviert. Zwischen den Hügeln liegen alte verlandete Flussarme; dort hat sich fruchtbarer Lehm abgelagert.

Für das Wachstum der Rosen ist die Bodenbeschaffenheit entscheidend. In unseren ersten Gartenjahren war uns die Bedeutung des Gartenbodens noch nicht klar. Erst im Laufe der Jahre wurde die

Bodenart zu einem Erfahrungswert, der für die gesamte Bepflanzung unseres Gartens zur Grundlage wurde. Aber wie für Rosen typisch, gibt es immer auch Ausnahmen. So kommen einige dieser edlen Gehölze, wie etwa die von uns immer wieder gelobte Parkrose `Park Wilhelmshöhe´ (Züchter: W. Kordes' Söhne) durchaus mit unterschiedlichen Bodenverhältnissen zurecht. Nach über zwanzig Jahren Erfahrung mit Rosen steht bei uns die Erkenntnis an erster Stelle, dass es für jeden Boden und Standort geeignete Rosen gibt. Nur, welche Züchtungen sich für den jeweiligen Gartenboden eignen, ist ein langer, mit vielen Enttäuschungen verbundener Prozess von „Versuch und Irrtum".

Anspruchsvolle Schönheiten

Rosen sind anspruchsvoll. Ihre bezaubernde Schönheit hat ihren Preis – sie gehören nicht zu den pflegeleichten Pflanzen im Garten. Entscheidend ist neben der richtigen Auswahl auch immer die sorgfältige Pflanzung und regelmäßige Pflege. Jede neue Rose wird bei uns mit besonderer Aufmerksamkeit behandelt. Sie erhält bis zu einer halben Schubkarre reifen Kompost in ein großzügig bemessenes Pflanzloch. Diesen Kompost vermischen wir mit einem Teil des Erdaushubs und geben noch etwas grobe Hornspäne dazu. Reifer Kompost heißt, mindestens zwei Jahre Lagerung, bevor wir ihn verwenden. Nach der Pflanzung wird die Rose eingeschlämmt. Im ersten Winter erhält sie dann noch einen Frostschutz aus Kompost oder verrottetem Kuhmist. Da unser Garten von hohen Hecken umgeben ist, die alle kalten Winde abhalten, sind seit Jahren keine nennenswerten Frostschäden aufgetreten.

Die Düngung der Rosen erfolgt im März, gleichzeitig mit dem Schnitt. Zur Düngung greifen wir auf handelsüblichen Spezialdünger zurück. Außerdem hat sich verrotteter Kuhmist bewährt, der aber mindestens ein halbes Jahr in einer Ecke des Gartens lagern muss. Er wird im Spätherbst aufgetragen und im Frühling wieder entfernt. Das Ergebnis ist hervorragend, aber der Arbeitsaufwand und der benötigte Lagerplatz macht diese Art der Düngung nur alle paar Jahre möglich.

Die alte Faustregel, Rosen zur Zeit der Forsythienblüte zu schneiden, gilt auch bei uns. Eine Ausnahme bilden die Alba-Rosen (`Félicité Permentier´, `Great Maiden's Blush´, `Königin von Dänemark´), die erst nach der Blüte im August geschnitten werden. Ein Frühjahrsschnitt würde bei diesen Rosen den Blütenansatz vernichten. Mit dem Schnitt der Strauchrosen wird auch deren Form bestimmt; sie werden in puncto Höhe und Breite an die individuelle Gartensituation angepasst. Allerdings setzt die jeweilige Wuchsform der verschiedenen Rosen unserem Gestaltungswillen Grenzen. Auch das ist eine über Jahre gewonnene Erfahrung. Am einfachsten ist der Schnitt der bodendeckenden Beetrosen, die bis auf 15 Zentimeter zurückgeschnitten werden. Ein weiterer Schnitt erfolgt im Sommer, wobei in erster Linie die verwelkten Rosenblüten entfernt werden. Wenn die Rose zur Ausbildung von langen Trieben neigt, nehmen wird diese entsprechend zurück.

Gifteinsatz

In unserem Garten ist seit 25 Jahren kein Gift eingesetzt worden. Oft stellen Gartenbesucher die Frage, warum wir keine Läuse an den Rosen haben. Dann ist die Verblüffung groß, wenn wir das mit dem Verzicht auf Insektizide begründen. Die Erklärung: „Unsere Rosen haben keine Läuse, weil wir kein Gift einsetzen", bedarf dann weiterer Ausführungen: Mit dem Einsatz von Gift werden auch alle nützlichen Läusevertilger vernichtet, die meist gar nicht wahrgenommen werden. Die Schlupfwespen, von denen einige Arten kleiner als einen Millimeter sind, legen ihre Eier direkt in die Blattläuse hinein, die dann den Larven als Nahrung dienen. Außerdem ernähren sich auch die Larven der Schwebfliegen und der Florfliegen

TIPP

03
Halten Sie sich an die alte Faustregel und schneiden die Rosen zur Forsythienblüte. Ausnahme: Alba-Rosen.

Schritt / 01

Die einmal blühenden Alba-Rosen werden nach der Blüte geschnitten. Dies geschieht bei uns im Juli oder August.

OBEN
Rosenschnitt nach der Blüte.

UNTEN
Geschnittene Rose mit Verzweigungen.

Schritt / 02

Bei uns haben sich die Albarosen an schattigen, räumlich begrenzten Standorten bewährt. Sie werden daher stark beschnitten, was aber ihrer Blühfreude nicht schadet. Allerdings darf der Schnitt nicht zu tief erfolgen, man sollte die Verzweigungen beachten.

von den Blattläusen. Die Marienkäfer und ihre Larven gehören schon eher zu den Läusefressern, die im Garten wahrgenommen werden.

Schädlinge

Von einem Gifteinsatz wären die Meisen besonders betroffen, die ihre Brut mit Blattläusen füttern. Der Einsatz von Gift würde also nicht nur die Insekten treffen, sondern auch die Vogelwelt. Es überleben aber immer einige Blattläuse, um sich dann bei günstiger Wetterlage explosionsartig zu vermehren. Wenn einmal das natürliche Gleichgewicht im Garten vernichtet wurde, muss immer wieder gespritzt werden. Natürlich spielt es eine Rolle, dass unser Garten 4000 Quadratmeter groß ist und sich darin über Jahre eine vielfältige Insekten- und Vogelwelt ungestört entwickeln konnte.

Rosenkrankheiten wie Sternrußtau sind dagegen eindeutig sortenspezifisch. Es gibt Rosen, die dafür besonders anfällig sind, während direkt benachbarte Rosenstöcke davon frei bleiben. Rosen, die zu starkem Befall neigen, sind bei uns im Garten durch andere ersetzt worden. Wie immer bei Rosen, spielt auch der Standort eine Rolle. Bei `Nevada´ und `Marguerite Hilling´ akzeptieren wir das im Juli angegriffene Laub. Die überwältigende Schönheit während der Blüte hat eben eine Kehrseite.

Die Blattrollwespe, die erst seit drei bis vier Jahren in unserem Garten verstärkt auftritt, wird ebenfalls nicht bekämpft. Vielleicht gehört sie zu den periodisch auftretenden Plagen und verschwindet auch wieder, zumindest haben wir diese Hoffnung. Die unscheinbare Wespe sticht bei der Eiablage in ein Rosenblatt, das sich daraufhin einrollt. Das eingerollte Blatt ist zwar deutlich sichtbar, die Pflanze wird dadurch aber nicht geschädigt, sodass man auf Pflanzenschutzmittel getrost verzichten kann.

Wir konnten zudem beobachten, dass es resistente Rosen gibt. Während die Historische Rose `Mme. Pierre Oger´ einen starken Befall mit den kleinen blassgrünen Larven der Blattrollwespe aufweist, ist ihr direkter Nachbar `Palmengarten Frankfurt´ vollkommen ohne Befall. Auch an anderen Rosen haben wir die sortenspezifische Anfälligkeit für die Blattrollwespe feststellen können. Unsere prinzipielle Grundhaltung ist es, erst einmal neue Entwicklungen zu beobachten und abzuwarten. Hektische Reaktionen ziehen meist eine Fülle von Nebenwirkungen nach sich.

Die perfekte Rose

Unser „Rosenerfolg“ stellte sich erst nach einem langwierigen dornigen Weg ein. Wie immer beim Gärtnern war Ausdauer und Leidenschaft – und auch Leidensbereitschaft – gefordert. Der langjäh-

rige Direktor des Parks Wilhelmshöhe in Kassel führte uns vor Jahren durch den Park und die Rosenpflanzung, die er noch im Ruhestand mit betreute. Auf unsere Frage, welche Rosen er empfehlen könnte, antwortete er knapp: „Keine – denn jede Rose verhält sich an jedem Standort anders!" Dieser Satz prägte sich bei uns ein, wir haben ihn als Ermutigung empfunden, für unseren Garten die Rosen zu finden, die unter unseren Bedingungen zufriedenstellend gedeihen.

„JEDE ROSE VERHÄLT SICH AN JEDEM STANDORT ANDERS."

OBEN
Die Blüten der Strauchrose 'Nevada' in strahlendem Weiß.

LINKS
Die Rose 'Palmengarten Frankfurt' hat eine späte zweite Blüte, die bis in die zweite Oktoberhälfte anhält.

LIEBLINGSPFLANZEN:

Unsere Rosenfavoriten

UNTEN
Die Rose `Park Wilhelmshöhe´ erfreut uns seit 20 Jahren im Juni drei Wochen lang mit diesem Anblick.

Aufgrund unserer Erfahrungen mit Rosen sind wir bei Empfehlungen zurückhaltend – die Standorte und Klimabedingungen sind einfach zu verschieden. Dennoch gibt es einzelne Rosen, auf die wir aufmerksam machen möchten: Allen voran auf die Parkrose `Park Wilhelmshöhe´ *(Rosa-gallica* Hybride) mit ihren halbgefüllten karminrosa Blüten, denen ein herrlicher Duft entströmt. Gesund, blühwillig, regenfest, frosthart und langlebig sind weitere Eigenschaften, die wir an dieser Rose schätzen. Sie blüht zwar nur einmal, doch in diesen drei Wochen überstrahlt sie ihre gesamte Nachbarschaft.

Die Polyantharose `Pearl Drift´ gehört ebenso zu den Schönheiten, die uns seit mehr als zehn Jahren uneingeschränkt Freude macht. Sie besitzt halbgefüllte weiße Schalenblüten, glänzendes Blattwerk und blüht dazu mehrfach. In diese Reihe gehört auch die frühe Rose `Blanc Double de Coubert´ *(Rosa rugosa* x `Sombreuil´), deren strahlend weiße Blüten vor dem Hintergrund der Weidenblättrigen Birne *(Pyrus salicifolia* `Pendula´) besonders gut zur Geltung kommen.

Gut gefällt uns auch die David-Austin-Züchtung `Emanuel´ (syn. `Crocus Rose´) mit ihren fülligen apricotfarbenen Blüten, wobei die äußeren Blütenblätter cremeweiß verblassen. Eine Schwachstelle hat sie jedoch: Die Triebe können diese üppigen Blüten kaum tragen und müssen gestützt werden.

An einem erstaunlichen Standort hat sich die gelbe Bibernell-Rose `Williams' Double Yellow´ *(Rosa pimpinellifolia)* entwickelt. Vor fünfundzwanzig Jahren gehörte sie zu den ersten Rosen unseres Gartens und wurde auf den „Gelben Hügel" in die Nähe der damals noch kleinen Robinie gepflanzt. Zunächst gedieh die Rose nicht besonders gut. Die Robinie wuchs wesentlich schneller und erst, als aus dem Bäumchen ein kräftiger Baum geworden war, begann die Rose ebenfalls erstaunlich zu wachsen. Nun bildet sie viele wurzelechte Ausläufer und hat eine Höhe von gut zwei Metern erreicht. Mitte Mai ist sie dicht übersät mit zart duftenden gelben Blüten. Dieses ungewöhnliche Wachstum unmittelbar unter dem großen Baum hat wohl seinen Grund in den stickstoffhaltigen Knöllchen im Wurzelwerk der Robinie, von denen auch die gelben Kaiserkronen profitieren (vgl. S. 53). Diese Rose bildet nun jedes Jahr zur Blütezeit den viel bewunderten Höhepunkt auf dem „Gelben Hügel".

Ebenso bewährt sich die Historische Rose `Fantin Latour´ *(Rosa centifolia)* an einem eigentlich ungünstigen Standort. Sie steht im Schatten des immer größer werdenden Taschentuchbaums, blüht reich und ist gesund, obwohl sie seit Jahren keine direkte Sonne bekommt.

Ganz anders die gelb blühende Englische Rose `Graham Thomas´ – sie hat sich bei uns nie wohlgefühlt und wuchs nur mickrig. Mindestens drei Versuche endeten ohne Erfolg. Unserer Nachbarin schenkten wir vor Jahren eine solche Rose zum Geburtstag. Sie ist der schönste Rosenbusch dieser

UNTEN

Die Rose `Graham Thomas´ hat sich trotz mehrerer Versuche bei uns nicht wohlfühlen wollen. Im Garten der Nachbarin, 100 m weiter, ist sie ein Blütentraum.

RECHTS

Unter der großen Robinie hat sich die Rosa pimpinellifolia *`Williams' Double Yellow´ zu einem 2 m hohen und breiten Busch entwickelt. Sie blüht schon in der zweiten Maihälfte und hat einen zarten Duft.*

Sorte geworden, den wir, abgesehen von Mottisfont Abbey in Großbritannien, je gesehen haben. Nur einhundert Meter von uns entfernt, blüht sie in Intervallen seit Jahren überreich mit gesundem Blattwerk. Wie das in der bäuerlichen Tradition des Recyclings schon mal vorkommen kann, steht sie auf einem Kiesplatz vor dem Hauseingang inmitten eines alten Traktorreifens!

Eine Namensverwechselung bescherte uns eine wunderbar pflegeleichte Rose: Vor mehr als 15 Jahren kauften wir, angezogen durch die bezaubernde Abbildung einer Rosenblüte und des verheißungsvollen Namens `Lady Curzon´ einen Rosenstock. Es entwickelte sich ein prächtiger Rosenbusch mit rotgetönten Zweigen und ebensolchem glänzendem Laub, über dem in Dolden einfache Schalenblüten in Rosa-Weiß stehen. Die Rose blüht in Intervallen ab Juni bis zum ersten Frost und passt hervorragend zu dem purpurfarbenen Salbei *(Salvia verticillata)* `Purple Rain´. Unsere Gartenbesucher fragten regelmäßig nach dem Namen dieser Rose und erhielten auf dem noch vorhandenen Namensschild die entsprechende Auskunft. Erst als Gartenfreunde dann `Lady Curzon´ pflanzten und sich daraus ein wenig charmantes Ungeheuer entwickelte, war klar, das unsere Rose keine `Lady Curzon´ war. Die Nachforschungen ergaben, dass es sich in Wirklichkeit um die Sorte `Rosy Cushion´ handelt, eine niederländische Züchtung aus dem Jahre 1979. Die wurzelnackte Rose mit diesem Namensschild ohne Foto hätte uns damals sicher nicht zum Kauf verleitet.

Ein klangvoller Name verführt zum Kauf – das gilt besonders bei den Rosen. Dazu passt die Geschichte um eine Portland-Rose, die wir sehr schätzen, mit dem klangvollen Namen `Comte de Chambord´, die eigentlich eine `Mme. Boll´ ist. Wenn man die Wahl hat, entscheidet sich der Käufer sicherlich für die Rose mit dem aristokratischen Namen. Wer will schon eine nach Haushälterin oder Köchin klingende Rose kaufen, wenn es auch den Grafen gibt. Doch Namen sind Schall und Rauch, besonders wenn die Rose so schön ist wie `Mme. Boll´ und so herrlich duftet. Tatsache ist jedoch, dass die falsche Benennung auf den englischen Gartengestalter und Buchautor Graham Stuart Thomas zurückgeht. Er verfasste mehrere Standardwerke über Rosen, wobei ihm eine Verwechslung zwischen `Comte de Chambord´ und `Mme. Boll´ unterlief, die bis heute immer wieder weitergegeben wird.

Ohne jede Verwechslungsmöglichkeit gestaltete sich der Kauf einer anderen pflegeleichten Rose. Eine Reihe mit 25 Kleinstrauchrosen der Sorte `Palmengarten Frankfurt´ wählten wir nach eingehenden Informationen aus. Gesund und blühfreudig bis zum Frost, bewährt sich diese öfter

blühende Sorte mit ADR-Prädikat seit zwanzig Jahren, selbst unter schwierigen Standortbedingungen.

Zu den Rosenerfolgen unseres Gartens gehören auch die Strauchrosen *(Rosa moeyesii)* der Sorten `Nevada´ und `Marguerite Hilling´. Am Eingang des Gartens sorgen drei der mittlerweile zwei Meter hohen Rosenbüsche `Nevada´ jedes Jahr für einen wahren Rosentraum. Die cremefarbenen offenen Schalenblüten sitzen so dicht auf den überhängenden Trieben, dass kaum Laub zu sehen ist. Ein einzelner Strauch `Marguerite Hilling´ am

LINKS
Drei Sträucher der Rose `Nevada´ im Eingangsbereich des Gartens bieten seit Jahren Ende Mai/ Anfang Juni diesen überwältigenden Anblick.

LINKS
Nahaufnahme der Kletterrose `Constance Spry´.

RECHTS
`Constance Spry´ ist mit ihrer Blütenform und -farbe, ihrem Duft und dem gesunden Laub einfach perfekt. Sie berankt unser Gartenhaus und hat sich seit vielen Jahren bewährt.

Rande des Wiesengartens ist ähnlich wüchsig und blühfreudig. Seine karminrosa Blüten zeigen drei Farbnuancen: Im Aufblühen sind sie kirschrot, dann gehen sie in ein Rosa über und im Verblühen nehmen sie ein Altrosa an. Besonders reizvoll ist, dass alle drei Rottöne gleichzeitig auf den Blüten erscheinen. Später im Jahr gibt es eine schwache Nachblüte. Leider ist ihr Laub ab August/September kränkelnd und unansehnlich. Vor Jahren waren wir einmal dazu aufgefordert worden, eine vierzig Meter lange Rosenhecke als Parkplatzbegrenzung an einer Kirche anzulegen und wählten dafür `Nevada´ und einige wenige Exemplare der `Marguerite Hilling´. Die Bodenverhältnisse waren dort günstiger als in unserem Garten, weniger Sand, dafür mehr Lehmanteile. Die Hecke entwickelte sich gut und war für vier bis fünf Jahre eine Augenweide – bis dann innerhalb von zwei Jahren alle voll entwickelten Rosensträucher abstarben! – Verstehe einer die Rosen.

SCHÖNHEITEN IN LUFTIGER HÖHE: KLETTER- UND RAMBLERROSEN

Da wir nicht genügend Möglichkeiten haben, um Kletterrosen zu pflanzen, sind unsere Erfahrungen mit ihnen begrenzt. Rosenbögen passen nicht in unsere Gartenanlage, sodass nur die Mauerflächen zur Verfügung stehen und einige wenige Bäume und Sträucher, die Rosen mit ihren Ranken erobern können.

Besonders bewährt hat sich die Englische Rose `Constance Spry´, eine Austin-Züchtung, von der nur Gutes zu berichten ist: Die rosa Blüte, der Duft und ihre Gesundheit lassen keine Wünsche unerfüllt. Dass sie nur einmal blüht, ist zwar bedauerlich, doch als „Dauerblüher" würde sie vielleicht etwas von ihrem besonderen Charme verlieren. Jedenfalls sind diese drei Wochen im Juni immer ein Höhepunkt in unserem Garten.

LINKS
Zu dem Mauerwerk aus alten Feldbrandsteinen passt die Kletterrose `Mme. Alfred Carrière´. Sie ist ein vollwertiger Ersatz für die kränkelnde `New Dawn´.

RECHTS
Im „Blauen Garten“ hat sich ein Rosensämling sein Aufenthaltsrecht „erduftet“ und „erblüht“. Vermutlich ist es eine `Wedding Day´.

An zweiter Stelle folgt die Noisetterose `Mme. Alfred Carrière´. Schon Vita Sackville-West berichtet von ihrer guten Wüchsigkeit und Blühfreude. Wenn vielleicht etwas an dieser Rose zu bemängeln ist, dann ist es ihr kraftvoller Wuchs. Ebenso wie sie immer wieder neue große Blüten treibt, streckt sie auch fortwährend meterlange Triebe aus, die ständig gekappt werden müssen. Einziger Wermutstropfen bei dieser Rose ist, dass sie bei uns die Kletterrose `New Dawn´ ersetzt. Diese früher so robuste und reich blühende Rose ist zum Problemfall geworden. Bei uns starben vor zehn Jahren drei prächtige Exemplare innerhalb von zwei Jahren ab. Heute beobachten wir auch in anderen Gärten, dass diese Züchtung immer häufiger kränkelt, sodass es scheinbar nur noch wenige gesunde Exemplare gibt.

Die Kletterrose `Raubritter´ durchrankt einen großen winterblühenden Schneeball *(Virburnum)* und sorgt dafür, dass dieser exponiert stehende Strauch auch im Juni ansehnlich ist. Leider sind die schönen kugelförmigen Blüten in Purpurrosa ohne Duft.

Ganz pikant wirkt die Kletterrose `Veilchenblau´, wenn sie mit ihren fast dornenlosen Trieben einen rotlaubigen Judasbaum *(Cercis canadensis* `Forest Pansy´) durchrankt. Die Blattfarbe des Baumes und die Blütenfarbe von `Veilchenblau´ bilden im Juni ein eindrucksvolles Bild vor unserem Hausgiebel. Später im Jahr verschwinden die Rosenranken unter dem üppigen Laub des Judasbaumes.

Weniger gut entwickelte sich in unserem Garten die Kletterrose `Bantry Bay´. Die schöne rosa Blüte wird schon früh im Jahr durch die von Sternrußtau befallenen Blätter beeinträchtigt. Ab August hatte diese Rose bei uns regelmäßig keine Blätter mehr. Da bei uns kein Gift eingesetzt wird, haben wir uns von ihr getrennt.

LINKS
Nahaufnahme des Sämlings der Rambler-Rose `Wedding Day´.

Die stark wachsenden Ramblerrosen `Filipes Kiftsgate´ und `Wedding Day´ pflanzten wir an den Anbau eines Nachbargebäudes, das auf der Grundstücksgrenze steht. Von dort aus erobern sie mit ihren Sämlingen unseren Garten, da die Vögel ihre zahlreichen Hagebutten verbreiten. In einer Magnolie im „Blauen Garten" hatten wir einen Sämling von `Wedding Day´ übersehen, und als die Kletterrose dort blühte, war es der Duft, mit dem sie sich ihr Aufenthaltsrecht an dieser unpassenden Stelle erwirkte. Schon im dritten Jahr war sie so stark gewachsen, dass sie die ganze Magnolie samt ihrer Nachbarschaft zu erdrücken drohte. Nach der Blüte wurde sie zurückgeschnitten, und es bleibt abzuwarten, ob wir sie dauerhaft an diesem Standort dulden.

Weniger wuchsstark als die beiden vorgenannten Züchtungen ist `Seagull´, die bei uns im Garten die Krone einer abgestorbenen Zierkirsche belebt. Sie blüht etwas später, erst im Juli. Mit ihren halbgefüllten Blüten in strahlendem Weiß ist sie die letzte Ramblerrose im Gartenjahr. Sie versamt sich nicht und muss auch weniger geschnitten werden.

Vor drei Jahren hielt die neue Sorte `Wickwar´ Einzug in unseren Garten. Dabei handelt es sich um eine Soulieana-Hybride aus der asiatischen *Rosa soulieana*, die 1960 in England im Garten Steadman entstanden ist. Sie ist die Schönste unter unseren Ramblerrosen. Über ihrem grau-grünen Laub erheben sich die großen cremeweißen Blüten in Büscheln und bilden zusammen eine silbrig strahlende Kombination. Ihr Rankgerüst bildet ein überalterter Süßkirschenbaum, den wir dafür gezielt zurückgeschnitten haben. Inzwischen ist der alte Baum mit Efeu berankt, durch das sich die Triebe der Rose flechten. Im Herbst leuchten ihre zahlreichen Hagebutten auf den dunklen Efeublättern und sorgen so für ein weiteres wunderbares Gartenbild.

Wenn genug Platz vorhanden ist, ergänzen Rambler die Rosenvielfalt eines Gartens ganz hervorragend. Das einzige Problem ist, ihr gewaltiges Wachstum in Schach zu halten. Wir haben daher eine Rosenschere in der Nähe der Zweige deponiert, damit wir sie immer gleich zur Hand haben.

OBEN UND RECHTS
Die beste Rambler-Rose unseres Gartens ist `Wickwar´. Ihre Blüten sind größer als die anderer Sorten und haben eine etwas längere Blütezeit. Der Hagebuttenbehang ist sehr stark und wird von den Vögeln geschätzt.

KAPITEL 05

Vielfalt und Lebendigkeit der Stauden

LINKS
Erste Eindrücke von der Staudenvielfalt erhielten wir in der „Staudengärtnerei Gräfin von Zeppelin" in Sulzburg/Laufen.

RECHTS
Schön und anspruchsvoll sind die verschiedenen Züchtungen der Iris barbata, *wie hier die Sorte 'Blenheim Royal'.*

Die Entdeckung der Stauden vollzog sich bei uns in mehreren Schritten. In den 80er-Jahren war das Staudensortiment, das in unserer Region und in Deutschland angeboten wurde, noch recht begrenzt. Ausnahmen bildeten einige wenige Staudengärtnereien, zu denen auch die der Gräfin von Zeppelin in Sulzburg/Laufen gehört. Wir besuchten diese Gärtnerei auf der Durchreise in die Schweiz im Juli 1983, noch bevor wir unseren Garten überhaupt geplant hatten. Der Besuch war eine Offenbarung: Beim Betreten der Gärtnerei empfing uns eine einmalige Atmosphäre und eine Staudenpracht, die ihre Schönheit nicht nur dem milden Klima des Oberrheingrabens verdankte, sondern auch der besonderen gestalterischen Hand der Besitzerin. Es war nicht einfach ein Betrieb, der Pflanzen anbot, vielmehr war die Liebe zur Pflanzenwelt für uns hier überall spürbar. Uns fehlten alle Kriterien, um diese Vielfalt einordnen zu können. Damals standen die Taglilien *(Hemerocallis)* in voller Blüte und der überwältigende, geradezu elektrisierende erste Eindruck ist auch heute, dreißig Jahre später, noch präsent.

„DER ÜBERWÄLTIGENDE ERSTE EINDRUCK DER BLÜHENDEN TAGLILIEN IST AUCH HEUTE NOCH PRÄSENT."

Inspiration im Ausland

So begann unsere erste Gartenphase, in der wir eigentlich „alles" haben wollten. Vom Niederrhein aus konnten wir die Gärtnereien in den Niederlanden leicht erreichen. Es war die Zeit, in der die bürgerliche Gartenkultur dort zu einem Höhenflug ansetzte. In Amsterdam wurde eine Gartenstiftung gegründet (Nederlandse Tuinenstichting), und der heute weltbekannte Gartengestalter Piet Oudolf hatte, nicht weit von uns entfernt, in Hummelo, seine Gärtnerei eröffnet. Dort bot er viele Stauden an. Gartenreisen führten uns nach England, und wir verbanden den Besuch von Gärten und Parks mit Einkäufen in Gärtnereien. Rückblickend können wir diese Phase nur mit einem Blick durch ein Teleskop im Planetarium vergleichen: Der Kosmos beginnt erst hinter dem, was man mit bloßem Auge sieht.

Wir gerieten in einen „Pflanzenrausch", denn alles schien möglich. Bücher, wie das von Penelope Hobhouse („Farbe im Garten", deutsche Ausgabe 1986) betörte mit traumhaften Pflanzenkombinationen. Es wurde gekauft, was der Geldbeutel und die Transportkapazität des Autos möglich machten. Die unterschiedlichen Standortansprüche der Stauden beachteten wir dabei. Die ersten Bart-Iris *(Iris barbata)* erhielten einen leicht erhöhten Platz, um jede Staunässe zu vermeiden. Und das bei unserem sandigen Boden, in dem zehn Liter Gießwasser in Windeseile vor den Augen versickern! Um die erste Blüte dieser Iris an einem strahlenden Juni-Morgen zu erleben, wurde der Wecker gestellt und die Nachtruhe verkürzt.

Erste Schritte

Unsere Vorstellung von der Gestaltung der Beete orientierte sich häufig an den Bildern in Gartenbüchern und Zeitschriften und war recht vage. Wir schwankten noch zwischen dem Sammeln alles Erreichbaren und der gezielten Kombination von Pflanzengruppen. Bei den Besuchen von Privatgärten in den Niederlanden und England beeindruckten uns in erster Linie die vielfältigen Möglichkeiten der Gartengestaltung und die jeweils unterschiedliche Atmosphäre. Die Staudenpflanzungen erschienen uns leichter umsetzbar als die Rosen- oder Gehölzpflanzungen. Zudem gab es viele Pflanzpläne in Büchern und Garten-

LINKS
Eine Fülle von Akelei hat in einigen Gartenbereichen ihren Standort selbst bestimmt und passt fantastisch in unser Gartenkonzept.

UNTEN
Eine Bergenienkante als Wegbegleitung bewährt sich durch das immergrüne Laub ganzjährig und setzt nach den Narzissen mit ihren Blüten einen farblichen Akzent.

zeitungen, die wir als Hilfestellung betrachteten. Aber bald waren wir ein wenig ratlos, weil es bei uns nicht so, wie in den Büchern beschrieben, wachsen wollte.

Die Bedeutung des Goethe-Zitates „Man kann von Menschen und Pflanzen alles haben, wenn man jedes nach seiner Art behandelt" begriffen wir erst nach und nach. Zunächst war es unser Wille, der den Pflanzen unter Beachtung der Grundregeln (Schatten, Halbschatten oder Sonne) den Standort zuwies. Das Klima als Standortfaktor zu beachten, lehrten uns die Pflanzen selbst. Was wir aus England mitgebracht hatten, war nicht unbedingt für den Niederrhein geeignet. In groben Zügen war uns das zwar bewusst, aber das Zusammenspiel von Niederschlägen und Temperaturen in seiner Bedeutung für die Pflanzenwelt mussten wir erst noch lernen. Über die Bodenverhältnisse als Standortfaktor haben wir uns damals kaum Gedanken gemacht. Um diesen Sachverhalt zu begreifen, half es, dass wir Gartenfreunde in der Umgebung hatten, die zur gleichen Zeit auf anderen Böden ihre Gärten anlegten. Wie schon im Rosenkapitel beschrieben, sind die Böden am Niederrhein infolge der eiszeitlichen Prägung auf kleinstem Raum sehr unterschiedlich. Während sich etwa die Sommerastern *(Aster x frikartii)* bei Freunden explosionsartig vermehrten, waren – und sind – sie bei uns eine sehr langsam wachsende Staude. Die von uns bewunderte und einen Herbstgarten prägende Myrtenaster *(Aster ericoides)* verweigerte sich bei uns vollkommen.

Dabei haben wir uns nicht gleich vom ersten Misserfolg entmutigen lassen, erst nach dem drit-

LINKS
Acanthus hungaricus *ist eine prächtige Sommerstaude, die sich in unserem Sandboden aber stark versamt und so lästig werden kann.*

TIPP

01
Bei Staudenpflanzungen muss man oft seine eigenen Erfahrungen machen.

ten Versuch machten wir eine endgültige Aussage. Dazu beobachteten wir immer auch die Entwicklung in anderen Gärten, weil unsere Freunde ihre Pflanzen zum Teil auf gemeinsamen Einkaufsfahrten in denselben Gärtnereien gekauft hatten. Natürlich gab es auch die umgekehrte Entwicklung, dass Pflanzen bei uns enorm wuchsen, aber dort nicht. Herausragendes Beispiel dafür ist der Ungarische Akanthus *(Acanthus hungaricus)*, der in unserem Sandboden ein enormes Wachstum zeigt und sich in unerwünschtem Maße versamt.

Fünf Stauden-Kategorien

Langsam begriffen wir, dass Pflanzpläne in Büchern kein passendes Stauden-Rezept für unseren Garten liefern, sondern dass wir unsere eigenen Erfahrungen sammeln mussten. Dabei entwickelten wir fünf verschiedene Stauden-Kategorien, die sich von unseren Bodenverhältnissen ableiten:

Erste Gruppe

Der ersten Gruppe, die glücklicherweise sehr groß ist, ordnen wir alle unkomplizierten Stauden zu, die offensichtlich mit vielen unterschiedlichen Bodenverhältnissen zurecht kommen. Dazu gehören beispielsweise Taglilien, Funkien, Frauenmantel, Phlox, Pfingstrosen, Katzenminze und Eisenhut.

Nach unseren Beobachtungen gibt es aber Unterschiede innerhalb einer Staudenart. So wuchert die Anemone *(Anemone hupehensis* \`September Charm´) in unserem Garten, während die Japonica-Hybriden *(Anemone hupehensis* var. japonica) bei uns nicht wachsen wollen. Bei den Pfingstrosen haben wir ähnliches festgestellt: Die alte dunkelrote Bauernpaeonie *(Paeonia officinalis)* wächst an jedem Standort unseres Gartens gut, aber nicht die Züchtungen aus dieser Art. Offensichtlich führen genetische Veränderungen zu anderen Bodenansprüchen. Dagegen gibt es keine Probleme bei den vielen Varietäten der Edelpäonie *(Paeonia* x *lactiflora)*.

Zweite Gruppe

Zur zweiten Gruppe gehören Stauden, bei denen das Wachstum an bestimmte Bodenverhältnisse

gebunden ist: Bergenien *(Bergenia)*, Salomonssiegel *(Polygonatum)*, Mädchenauge *(Coreopsis)*, Rudbeckien *(Rudbeckia)*, Sonnenbraut *(Helenium)*, Sonnenhut *(Echinacea)*, Indianernessel *(Monarda)* und die graulaubigen Artemisien *(Artemisia)*.

Zu unserem Bedauern haben sich gerade die Hochsommerstauden bei uns nicht dauerhaft ansiedeln lassen. Wir haben über Jahre hinweg verschiedene Kombinationen an unterschiedlichen Standorten innerhalb unseres Gartens erfolglos ausprobiert. Ebenso wollten Miscanthus-Gräser (Chinaschilf), die aus verschiedenen Gärtnereien bezogen wurden, in unserem Boden einfach nicht wachsen. Dass sich das Greiskraut *(Ligularia dentata)* nach anfänglichem Wachstum wieder zurückzogen hat, kann vielleicht mit unserem trockenen Boden erklärt werden. Eine junge Staude kann ihren Feuchtigkeitsbedarf noch mit dem kapillaren Aufstieg und dem morgendlichen Tau decken, für größere Exemplare reicht die sommerliche Bodenfeuchtigkeit aber nicht aus. Inwieweit unser an Mineralien armer Boden zusätzlich das Pflanzenwachstum behindert, kann nur vermutet werden. Unsere Beobachtungen reichen sicher nicht aus, um daraus allgemeingültige Regeln abzuleiten. Deshalb gibt es in diesem Buch keine konkreten Vorschläge in Gestalt von Pflanzplänen. Wir möchten jedoch Gartenliebhaber darauf aufmerksam machen, dass Misserfolge bei Stauden ihre Ursache häufig in den spezifischen Bodenverhältnissen haben.

OBEN
Die Akeleien können wunderschön sein, aber ihre Samenstände müssen rechtzeitig entfernt werden, damit sie nicht zur Plage werden.

Dritte Gruppe

Eine dritte Gruppe der Stauden sucht sich durch Versamen ihren Standort selbst. Zum Teil handelt es sich dabei um Pfahlwurzler, die sich nur schlecht verpflanzen lassen. Bei uns sind es in erster Linie die Akeleien, die sich über den gesamten Garten ausgebreitet haben. Diese zarte Staude besitzt eine poetische Ausstrahlung, die sonst nur

„DIE AKELEI BESITZT EINE POETISCHE AUSSTRAHLUNG, DIE SONST NUR BEI ROSEN ODER LILIEN ZU FINDEN IST."

bei Rosen oder Lilien zu finden ist. Ab Mitte Mai bestimmt sie wesentlich die Atmosphäre unseres Gartens, ohne sich in den Vordergrund zu spielen. Trotzdem ist die liebliche Akelei in jedem Gartenbereich präsent und verzaubert durch die Vielfalt der Formen und Farbnuancen in Blau über Rosa bis Weiß. Ab Mitte Juni wird sie bodennah abgeschnitten und treibt daraufhin wieder aus. Ihr filigranes Blattwerk begleitet dann viele andere Pflanzen wie etwa die Herbstzeitlosen *(Colchicum)* bis in den Spätherbst hinein.

Auch der Gelbe Scheinmohn *(Meconopsis cambrica)* ist ein Pfahlwurzler, der sich seinen Standort selbst sucht. Die zauberhaften gelben und orangen Schalenblüten leuchten an schattigen Stellen geradezu hervor und entwickeln nach dem Rückschnitt eine zweite schwächere Blüte. Der Gelbe und der Hellgelbe Lerchensporn *(Corydalis lutea* bzw. *Corydalis ochroleuca)* sind zwar keine Pfahlwurzler, doch auch sie wachsen dort am besten, wo sie sich selbst ausgesät haben. Beide Formen blühen sowohl im Schatten als auch in der Sonne. Bodenansprüche stellen sie keine besonderen, sie keimen sogar in Mauer- und Pflasterfugen. Nur das Verpflanzen lieben sie nicht sonderlich und schmollen danach während der ganzen Saison. Am selbst gewählten Standort gehören sie von Mai bis Oktober zu den wenigen Dauerblühern und können kräftige Horste entwickeln. Mit ihrem zart gefiederten Laub wirken sie jedoch stets locker und verspielt. Wir sind immer wieder erfreut, wie sie selbst problematische Gartenpartien füllen oder eigenständig kleine Gartensituationen schaffen, an die wir gar nicht gedacht hätten.

Ebenso macht es das Weiße Pfingst-Veilchen *(Viola sororia* \`Albiflora´). Es stellt keine hohen Ansprüche an den Boden, nur will es seinen Standort selbst bestimmen. Alle Versuche, der robusten kleinen Staude eine Beet-Kante oder einen bestimmten Platz zuzuweisen, waren nicht von Dauer. Als wir das Weiße Pfingst-Veilchen gewähren ließen und die Sämlinge nicht mehr umpflanzten, fanden wir es an Plätzen, an denen es auf charmante Art unsere Pflanzpläne durchkreuzte, aber durchaus dazu passte. Auf der mit grobem Kies belegten Fläche vor dem Teich im „Weißen Garten" hat es sich optisch in den Mittelpunkt gerückt. Diese Fläche ist mit einem Vlies unterlegt, damit sich kein Unkraut zwischen den Steinen ausbreitet. Das stört das Wachstum des Pfingst-Veilchens aber in keiner Weise, und es belebt die Steinfläche in der zweiten Maihälfte mit seinen strahlend weißen Blüten und dem dunkelgrünen Laub.

Diese Stauden schaffen durch ihre Selbstaussaat eine natürliche Atmosphäre in unserem Garten und passen so sehr gut zu unserem Konzept. Natürlich müssen immer wieder Sämlinge entfernt werden, denn nicht jeder Standort ist uns recht.

Vierte Gruppe

Zur vierten Gruppe der Stauden gehören alle Pflanzen, die besonderer Pflege bedürfen. Dazu zählen an erster Stelle die Bart-Iris. Der Preis für die grandiose Blüte, die sie zu Juwelen unter den Stauden macht, sind ihre hohen Ansprüche! Sie wollen nährstoffreichen Boden, den wir nicht bieten können. Also ist zweimalige Düngung, einmal im Februar und dann nach der Blüte im Juni, notwendig. Bei einem unserer Gartenfreunde auf den Löss-Böden der Jülicher Börde sind die gleichen Zuchtsorten doppelt so wüchsig und wesentlich stärker in Blütenansatz und -größe. Während sie dort kurze, kräftige Rhizome ausbilden, entwickeln sich die Rhizome in unserem Garten länger

RECHTS
Es ist erstaunlich, was sich das Weiße Pfingst-Veilchen (Viola sororia \`Albiflora´) *als Standort aussucht. Über diese Fläche laufen viele Gartenbesucher, aber den Pflanzen macht es nichts aus.*

TIPP

02
Stauden schaffen durch ihre Selbstaussaat eine natürliche Atmosphäre – lassen Sie sie also ruhig wachsen.

und deutlich dünner. Aber auch das bescheidenere Wachstum und die kleineren Blüten werden durch ihre Schönheit kompensiert, und so haben wir ihnen eigene Beete im „Blauen Garten" eingeräumt. Bart-Iris lieben es nicht, von Nachbarn bedrängt zu werden, aber wir muten ihnen zu, sich mit einzelnen Pfirsichblättrigen Glockenblumen *(Campanula persivifolia)*, Akelei und Klatschmohn *(Papaver rhoes)* zu arrangieren – so ergibt sich eine frühsommerliche Impression. In der zweiten Junihälfte werden die Stiele der verblühten Iris, der Akelei sowie der Glockenblumen abgeschnitten und der Mohn entfernt. In die Lücken pflanzen wir einjährigen Salbei, der im Herbst für den nächsten Blütenflor sorgt. Spätestens im vierten Jahr müssen die Rhizome der Bart-Iris ausgegraben und verjüngt werden. Dann wird der Boden mit reifem Kompost für die Neupflanzung aufbereitet. Von dem „Abfall" beim Ausputzen der Rhizome legen wir eine kleine Nachzucht im Gemüsegarten an. Bis zur nächsten „Umpflanzaktion" haben sich daraus blühfähige Pflanzen entwickelt, die wir wieder verwenden können.

Dagegen sind die Deutsche Schwertlilie *(Iris germanica)* und ihre Sorten wesentlich pflegeleichter und stellen keine großen Bodenansprüche.

Bei einigen Stauden aus der Kategorie „pflegeintensiv" ist unsere Arbeitskraft und Einsatzbereitschaft erschöpft. Für kurze Zeit hatten wir beispielsweise den Blauen Scheinmohn *(Meconopsis betonicifolia)* in unserem Garten. Betört von dem strahlenden Blau seiner Blüten, die in Büchern und Zeitschriften wunderbare Bilder abgaben, machten wir auch damit Versuche. Der Boden am schattigen Standort wurde mit Kuhmist präpariert, und die teuren Pflanzen blühten für zwei bis drei Jahre, aber dann verschwanden sie wieder aus unserem Garten. Es hätte uns zu denken geben müssen, dass wir auch bei Gartenbesuchen in England nur vereinzelte Pflanzen

sahen und die großen Gruppen mit *Meconopsis*, so wie in Büchern und Zeitschriften abgebildet, nicht fanden. Inzwischen wissen wir, dass ein kühler Standort mit hoher Luftfeuchtigkeit, am besten an einem Bach, eine gewisse Dauerhaftigkeit garantiert. Das können wir, vierzig Meter über dem Meeresspiegel auf Sand natürlich nicht bieten.

Ähnliches können wir von dem Blauen Lerchensporn und seiner Hybride *(Corydalis flexuosa; Corydalis elata x flexuosa)* berichten. Natürlich faszinierten uns die blauen Blüten und unsere Annahme, sie wären ähnlich pflegeleicht wie die anderen uns vertrauten *Corydalis*-Arten, erwies sich als großer Irrtum. Die Ansprüche des Blauen Lerchensporns sind uns zu hoch.

Fünfte Gruppe

In die fünfte Gruppe gehören die Stauden, vor deren Wachstum man nur warnen kann. Sie wollen

„MIT BART-IRIS, GLOCKENBLUMEN, AKELEI UND KLATSCHMOHN ERGIBT SICH EINE FRÜH-SOMMERLICHE IMPRESSION."

UNTEN LINKS
Der „Blaue Garten" hat Anfang Juni eine Blütenmischung, die zur Atmosphäre der Frühsommertage passt. Einzelne Rot- und Weißtöne liefern den notwendigen Kontrast. Wir erleben ihn wie ein lebendiges Bild des Malers Monet.

UNTEN
Im September sind es verschiedene Asternsorten, die diesen Gartenraum dominieren. Die Farben sind satter und kräftiger und passen zum Herbst.

Schritt 01

Die Physalis alkekengi (Lampionblume) trägt im Herbst leuchtend lampionartige Blüten an langen, instabilen Stielen, die sich gerne an der benachbarten Pflanze abstützen. Gerade darin besteht eines der beiden Probleme dieser Pflanze: Da sie während des Sommers kräftiges Laub entwickelt, bedrängt sie schwachwüchsige Nachbarn.

OBEN LINKS
Die Lampionblume ist im Herbst sehr dekorativ.

UNTEN RECHTS
Die blaue Blüte der Ochsenzunge ist ein verführerischer Anblick.

Schritt 03

Eine Staude, deren wunderbare blaue Blüten uns verführt haben, ist die Ochsenzunge. Wir haben aber schlechte Erfahrungen mit ihrem Ausbreitungswillen gemacht. Schon nach der Blüte ist die Pflanze ein Problem: Sie entwickelt große Blätter, die ihr den Namen gegeben haben. Dieses Blattwerk ist schlecht in einer Staudenrabatte zu integrieren, weil es keinerlei optischen Reiz besitzt.

Schritt / 02

Ihr Wachsen macht die Physalis zum Problem in jedem Staudenbeet. Die dicken, fleischigen Wurzeln ziehen sich durch das ganze Beet und durchwachsen die Wurzeln auch anderer Stauden. Wir sind ständig dabei, die Wurzeln auszugraben. Eine vollkommene Entfernung ist aber nie möglich, weil immer irgendwo im Beet ein Rest zurückbleibt, der aufs Neue wuchert.

OBEN LINKS
Nur durch ständiges Ausgraben der Wurzeln können wir das Wachstum der Physalis verhindern.

UNTEN RECHTS
Die Ochsenzunge entwickelt lange Pfahlwurzeln.

Schritt / 04

Das starke Versamen ist ein weiteres Problem. Noch während die Blüten sich öffnen, sind die ersten Samen reif und verbreiten sich in einem großen Umfeld. Wir stellen dieser Pflanze rigoros nach und haben schon ganze Schubkarren voll „geerntet".

Mit kräftigem Rot sind wir vorsichtig, aber als Kontrastfarbe sind einzelne Papaver orientale brauchbar.

„DIE QUALITÄT DES BODENS IST FÜR DAS GEDEIHEN DER STAUDEN MIT VERANTWORTLICH."

den Garten erobern und sind nicht mit anderen Arten verträglich. Allen voran gilt dies für die Lampionblume *(Physalis)*. Weil wir uns in unseren Anfangsjahren von den schönen orangefarbenen Lampions locken ließen, kamen sie als Ableger in den Garten. Recht bald erkannten wir ihren Eroberungsdrang. Mit ihren dicken fleischigen Wurzeln durchzogen sie das ganze Beet und drangen in die Wurzelballen anderer Stauden ein. Ihre unförmigen Austriebe mit grobem Laub werden bis zu achtzig Zentimeter hoch und bedrängen alle anderen Pflanzen. Erst ab September erscheinen dann die Fruchtstände, die von den schönen Lampions umhüllt sind. Ihr Wuchern zu bekämpfen, ist eine echte Daueraufgabe. Wenn diese Pflanze in den letzten Jahren verstärkt im Herbst in Gartencentern angeboten wird, sollte sie mit Warnschildern versehen sein, denn so mancher Käufer weiß nicht, welches Problem er sich damit in den Garten holt.

Zweifelhafte Qualitäten

So erging es uns, nachdem wir der Ochsenzunge *(Anchusa azurea)* in die wunderschöne königsblaue Blüte geschaut hatten. Als die erstandenen kleinen Pflanzen heranwuchsen, wurde die Kehrseite der zarten Blüte deutlich. Das lappige große Laub, das der Pflanze den Namen gegeben hat, ist störend und wird im Verlauf der Vegetationsperiode immer hässlicher. Die Ochsenzunge versamt sich in unvorstellbarem Ausmaß und keimt zwischen Rosen ebenso wie in Steinfugen. Sie ist schnellwüchsig und treibt bis zu fünfzig Zentimeter tiefe Pfahlwurzeln in den Boden. Gezielt stellen wir ihr nach und wundern uns, dass uns immer wieder an einer anderen Stelle ein Sämling die Zunge herausstreckt.

Von ebenso zweifelhafter Qualität ist der Beinwell *(Symphytum grandiflorum)*. Als Bodendecker vor Jahren in den Garten geholt, breitet er sich unmäßig aus. Es ist eine Daueraufgabe, einen solchen Ausbreitungsdrang zu bändigen. Schön ist die große Staude nur im ersten Halbjahr nach der akzeptablen Blüte mit ihrem frischem Laub. Ab Juni hängen die rauen Blätter schon schlaff herab und bieten keinen schönen Anblick mehr. Die Empfehlung, zu diesem Zeitpunkt das Laub abzuschneiden, damit es wieder ansehnlich austreibt, empfinden wir als ärgerlich. Denn eigentlich sollten Bodendecker ja eine Arbeitserleichterung sein. Dieser Beinwell ist es nicht!

Kauf-Aspekte

Eingedenk unserer fünf Staudenkategorien versuchen wir bei jedem Stauden-Einkauf folgende Aspekte zu klären:

1. Stellt die Staude besondere Ansprüche an den Boden?
2. Wie pflegeintensiv ist sie? (Dazu gehört z. B. auch die Standfestigkeit.)
3. Neigt die Pflanze zum Wuchern bzw. zu starker Selbstaussaat?

TIPP

03
Bedenken Sie die Kehrseite der Ochsenzunge: Das lappige große Laub wird im Laufe der Vegetationsperiode immer hässlicher.

„FÜR UNS BEDEUTET ERFOLGREICHES GÄRTNERN, BIS IN DETAILFRAGEN NACHHALTIG ZU DENKEN."

Natürlich müssen die Standortbedingungen der jeweiligen Pflanze immer beachtet werden, ob ihr „Lebensbereich" eher trocken oder feucht, ob er sonnig oder halbschattig ist. Aus unserer langjährigen Erfahrung mit Stauden können wir nur betonen, wie wichtig die Qualität des Bodens für ihr Gedeihen ist.

Beim Kauf von Stauden sollte man auch auf das Substrat achten, in das die Pflanzen getopft wurden – ein Thema, das unserer Meinung nach noch zu wenig beachtet wird. Das große Interesse an der Gartenkultur hat zu einer erhöhten Nachfrage nach Stauden geführt. Der steigenden Nachfrage steht mittlerweile ein gewaltiges Sortiment gegenüber. Im Internet, in Gartencentern, Baumärkten und auf Wochenmärkten findet man eine unglaubliche Vielfalt blühender Stauden in Containern. Die Pflanzenproduktion läuft in großem Stil, und man ist überrascht, was alles an ehemaligen Raritäten nun als Massenware angeboten wird. Das Kaufverhalten hat sich entsprechend entwickelt: Der ungeduldig gewordene Gartenbesitzer greift gerne zu der voll entwickelten Pflanze im Plastiktopf. Die beeindruckende Üppigkeit erweckt den Eindruck, dass es sich um eine ausgewachsene Pflanze handelt. Dagegen kommt eine kleine, mit zwei oder drei Trieben kultivierte Pflanze aus einer Spezialgärtnerei kaum an. Der gewaltige Nachteil der in aufgedüngten Substraten produzierten Pflanzen zeigt sich erst später: Sie können aus ihrem Topfballen keine Wurzeln in die Gartenerde ausbilden, verbrauchen den Dünger im Substrat und fallen anschließend in sich zusammen. Ein zweites Wachstumsjahr gibt es meist nicht mehr.

Im Gegensatz dazu stehen die Stauden, deren spezifische Bodenansprüche schon bei der Anzucht durch gezielte Verwendung von Pflanzerden beachtet wurden. Solche Pflanzen sind beim Verkauf in Gärtnereien natürlich kleiner und teurer.

RECHTS
Es ist erstaunlich, wie gut selbst das verwaschene Rosa der Akelei eine passende Ergänzung anderer Blüten sein kann.

GANZ RECHTS
In der zweiten Junihälfte erlischt langsam das Blütenfeuerwerk im „Blauen Garten", hat aber selbst im Vergehen noch seinen Reiz.

Leider orientieren sich viele beim Pflanzenkauf ausschließlich an optischen Eindrücken und am Preis. Die Informationen über die Bedürfnisse der Stauden sind dazu meist auf ein Minimum reduziert. Diese Angebote locken zu Spontankäufen ohne Nachhaltigkeit. So werden scheinbar günstige Einkäufe ins Gegenteil verkehrt, denn jeder Staudenkauf sollte auf Langfristigkeit angelegt sein. Es bleibt die Frage, ob Produktion und Handel mit solcher „Wegwerf-Ware" nicht mögliche Gartenliebhaber verprellen, weil der sich das Verschwinden der Stauden als eigene Unfähigkeit im Umgang mit Pflanzen anrechnet. In Wirklichkeit handelt es sich aber um ein Produktionsdefizit. Einer unserer Gartenfreunde, ein guter Stauden-Kenner, ist deshalb dazu übergangen, das Wurzelwerk aller neu gekaufter Stauden auszuwaschen.

Für uns bedeutet erfolgreiches Gärtnern bis in Detailfragen nachhaltig zu denken, und dazu gehört, dass man sich auch über die Produktion der Pflanzen seine Gedanken macht.

LIEBLINGSPFLANZEN:

Unsere Staudenfavoriten

UNTEN
Das Blau des Rittersporns begeistert seit Generationen die Gartenliebhaber. Es ist nicht schwierig, solche Pflanzen selber zu ziehen.

RITTERSPORN

Seit vielen Jahren gehört der Rittersporn zu den, im wahrsten Sinn des Wortes, herausragenden Stauden unseres Gartens. Es ist die Erfüllung unserer Gartenträume, wenn Ende Mai bis Anfang Juli eine blau leuchtende Blütenwand von sechs Metern Breite und bis zu zwei Metern Höhe vor unseren Augen entsteht.

Da wir immer wieder Schwierigkeiten hatten, gekaufte Pflanzen dauerhaft in unserem Garten anzusiedeln, begannen wir damit, den Rittersporn selbst heranzuziehen. Darauf brachten uns zufällig gekeimte Sämlinge.

Seit wir diese Prachtstaude selbst aus Samen ziehen und ihr dann den richtigen Standort geben, hat sich der Erfolg dauerhaft eingestellt!

Nun säen wir jedes zweite Jahr die Samen sofort nach der Reife Ende Juli, Anfang August aus. Es reicht dabei, eine Rispe ausreifen zu lassen, um genug Samen zu ernten. Für die Aussaat bereiten wir im Gemüsebeet eine Reihe von etwa 50 Zentimetern vor, aus der wir dann im Herbst über 50 kräftige Sämlinge selektieren können. Diese werden anschließend in kleine Plastiktöpfe gepflanzt, wobei die Erde aus dem Gemüsegarten mit reifem Kompost verbessert wird. Die kleinen Pflänzchen könnten in Beeten im Winter leicht übersehen werden, denn sie ziehen ihr Laub vollständig ein. Außerdem bilden sie noch im Spätherbst ihr Wurzelwerk aus. Während des Winters stehen sie draußen an einer geschützten Stelle, aber ohne besondere Abdeckung. Ende März des folgenden Jahres zeigen die Pflänzchen

GANZ LINKS
Bereits im zweiten Jahr sind aus den kleinen Ritterspornsämlingen kräftige Pflanzen geworden.

LINKS
Das Weiße Weidenröschen ist eine zauberhafte, noch viel zu wenig bekannte Staude für den Monat Juli.

RECHTS
Ein zentrales Beet unseres Gartens ist mit den Weißen Weidenröschen bepflanzt. Es liegt vor den Fenstern des Esszimmers, so haben wir den Anblick zu allen Tageszeiten.

schon erste Blätter und werden dann in zwei Reihen im Anzuchtbereich des Gemüsegartens gepflanzt. Drei Wochen später bekommen sie eine Düngung mit Hornmehl verabreicht. Bereits im Juni blühen die kleinen Stauden das erste Mal. Die Palette der Formen und Blautöne ihrer Blüten ist so groß, dass wir eine Auswahl treffen müssen. Wir schätzen aber die vielen Spielarten, die uns die Natur bietet.

Die „Mutterpflanzen“ haben wir in einer Doppelreihe am unteren Ende des Gemüsegartens zusammengefasst. Dieser Standort hat den Vorteil, dass wir den Rittersporn nicht in verschiedene Staudenbeete integrieren müssen. Anstoß dazu gaben die Sichtungsbeete der Royal Horticultural Society in Wisley Garden. Besonders beeindruckte uns dort ein großes Feld mit übermannshohem Rittersporn in verschiedenen Farben. Aus dieser Vielfalt haben wir einen winzigen Ausschnitt in Blau bei uns nachgepflanzt.

Er erhält Ende März eine erste Düngung und eine zweite Gabe Ende Juli, nachdem die Stauden bodennah abgeschnitten worden sind. Eine große Gruppe Rittersporn innerhalb eines Staudenbeetes würde nach dem Rückschnitt eine kahle Stelle hinterlassen, die sich erst wieder ab Mitte August langsam füllen würde. Außerdem wirkt die hohe Staude in einem gesonderten Beet eindeutig prächtiger. Sie scheint es zu lieben, dass der Boden im Gemüsebeet bis zu ihrem Wurzelbereich regelmäßig umgegraben und mit Kompost versorgt wird. Auch die zweite Blüte im September fällt an diesem Standort üppiger aus, als bei der Verwandtschaft in den Staudenbeeten. Da der Rittersporn nicht zu den langlebigen Stauden gehört, sorgen wir immer für genügend Nachzucht, um Lücken aufzufüllen.

WEISSES WEIDENRÖSCHEN

Das Weiße Weidenröschen *(Epilobium angustifolium* \`Album´) nimmt in unserem Garten eine Sonderstellung ein. Von Mitte Juni bis Mitte Juli bilden die schlanken, bis zu 1,80 Meter hohen Rispen in strahlendem Weiß den Mittelpunkt des „Weißen Gartens". Sie füllen ein zentrales, mit Buchs eingefasstes Beet von 16 Quadratmetern Größe, das in die hinter dem Haus gelegene Terrasse eingefügt ist. Diese Terrasse hätte ohne das Mittelbeet eine Fläche von 75 Quadratmetern und würde damit nicht zu den Maßen des Hauses passen.

Im Laufe der Jahre hat das Weidenröschen mit seinen flachen Wurzeln die gesamte Fläche des Beetes erobert. Da die Blüte maximal vier Wochen andauert, haben wir ihr Immergrüne und Bodendecker zur Seite gestellt, damit diese zentrale Fläche auch während der übrigen Vegetationszeit ansprechend wirkt. Dominierend ist ein Seidelbast *(Daphne tangutica)*. Dieser immergrüne Zwergstrauch wächst in die Breite und trägt Büschel kleiner Blüten, die außen rosarot bis purpur und innen weiß mit Purpur gefärbt sind. Sie erscheinen in unserer Klimazone bis zu drei Mal im Jahr. Die erste Blüte im April ist besonders üppig. Dann verströmen die kleinen Blüten morgens und abends einen intensiven Duft, der über dem ganzen Terrassenraum liegt.

Die übrige Fläche haben wir mit Dickmännchen *(Pachysandra)* bepflanzt, das nun ganzjährig einen grünen Teppich mit seinen Blättern knüpft. Im Frühling wachsen weiße Hyazinthen in diesen Bodendecker hinein, und im Mai folgen späte weiße Tulpen, die jeweils einzeln über die Fläche verteilt wurden. Das Weiße Weidenröschen hat sein Wurzelgeflecht zwischen die Dickmännchen und unter den Seidelbast geschoben. Ab der zweiten Mai-

OBEN
Das fröhlich bunte Wandmosaik braucht die schlichte grüne Hosta *als Kontrast.*

FUNKIEN

Vor dreißig Jahren, als wir die ersten Schritte in das Neuland „Gartenkultur" setzten, führten Funkien *(Hosta)* ein Schattendasein, in dem sie sich auch durchaus wohlfühlen. Wir erlebten sie als Lückenfüller für schwierige Gartensituationen. Das hat sich in den vergangenen drei Jahrzehnten entscheidend geändert. Viele Züchter haben sich dieser wunderbaren Blattschmuck-Staude angenommen und mit einer Vielzahl von Varietäten die Pflanzenpalette bereichert. Funkien gehören,

hälfte entwickeln sich langsam seine Triebe, um dann für vier Wochen einen unbeschreiblichen Zauber zu entfalten. Vom Morgenlicht bis in die späte Dämmerung werden alle Nuancen der Farbe Weiß durchgespielt. Gesteigert wird das Bild noch, wenn ein leichter Wind die Pflanzen bewegt. Das Weiße Weidenröschen versamt sich im Gegensatz zum heimischen Schmalblättrigen Weidenröschen nicht und kann nur über Stecklinge oder Wurzelausläufer vermehrt werden. Nach unseren Erfahrungen hat diese Staude keine besonderen Bodenansprüche und liebt vollsonnige Standorte. Allerdings dauert es drei bis vier Jahre, bis die Pflanzen eingewurzelt sind. Nach der Blüte schneiden wir alle Triebe bodennah ab, dann bestimmen der immergrüne Bodendecker und der Seidelbast das Bild. Wenn im Handel Ende Juli noch Weiße Wandelröschen *(Lantana)* zu bekommen sind, pflanzen wir einzelne Exemplare zwischen den Bodendecker.

ebenso wie die Taglilien, zu den pflegeleichten Stauden. Sie bevorzugen vor allem Standorte im Halbschatten und Schatten, einzelne Sorten wie `June´ vertragen auch Sonne. Zu ihren Vorzügen gehört, dass sie keine besonderen Bodenansprüche stellen, allerdings sind ihre Blätter in mageren Böden etwas kleiner als in nährstoffreicher Erde. Ihre Funktion als Lückenfüller haben sie im Prinzip beibehalten, dabei werden die Lücken aber in die erste Qualitätskategorie eines Gartens gehoben. Ihr großer Vorteil besteht darin, dass ihr Blattwerk während der gesamten Vegetationszeit ansehnlich ist, während ihre Blüten eher unscheinbar wirken. Es gibt sogar Sorten, aus denen wir die Blüten schnell herausschneiden, weil sie die Schönheit der Pflanze beeinträchtigen.

Wir empfinden es als eine reizvolle gestalterische Aufgabe, immer wieder Pflanzstellen zu finden, an denen diese Blattschmuck-Stauden besonders zur Geltung kommen. Neuerwerbungen pflanzen wir für die ersten Jahre in einen Tontopf, bis aus ihnen kräftige Stauden geworden sind. In diesen zwei bis drei Jahren haben wir dann für die voll entwickelte Pflanze einen Standort gefunden, der ihrer Besonderheit in Blattfarbe und -form gerecht wird.

Einzelne *Hosta* bleiben auch dauerhaft in Töpfen und sind dann als „mobile Pflanzen" in äußerst wirksamer Weise Lückenfüller. Die Schönheit dieser Blattschmuck-Staude tritt in Töpfen deutlicher hervor als in einer Rabatte, zudem sind sie dort vor Schneckenfraß besser geschützt. Der Pflegeaufwand in den Töpfen ist gering, weil ihr Wasser- und Nahrungsbedarf im Vergleich zu anderen Kübelpflanzen kaum ins Gewicht fällt. Wenn man nicht das Geld für teure Impruneta-Töpfe ausgeben will, empfiehlt sich die Pflanzung in größere Plastikcontainer, die dann in einen schmucken Übertopf gestellt werden

GANZ LINKS
Alle Hosta *in Töpfen gehören zu den „Mobilien" unseres Gartens und werden gezielt platziert.*

LINKS
Mit ihrem Blattwerk, das Sonne verträgt, ist die Hosta *`June´ an vielen Standorten verwendbar.*

TAGLILIEN

Die Taglilien *(Hemerocallis)* gehören zu den pflegeleichten Stauden. Sie akzeptieren jeden Standort von Halbschatten bis zu voller Sonne. Sogar im tiefen Schatten unter einer immer größer werdenden Magnolie blühen bei uns einige Pflanzen! Sie wachsen in jedem Boden und sind gut mit anderen Stauden zu kombinieren.

Es gibt frühe Sorten, die Ende Mai/Anfang Juni blühen, während die späten Sorten erst im August ihre Blüten öffnen. Dazu kommt die Fülle der Züchtungen von „niedrig" bis „hoch", von „schlicht" bis „verspielt barock" – für jeden Geschmack ist etwas dabei. Die Blütenfarben reichen von Rotbraun über sämtliche Farbvariationen von Gelb und Orange bis hin zu Weiß. Alle diese Vorzüge haben dazu geführt, dass Taglilien die häufigsten Stauden in unserem Garten sind. Weil wir Sommerstauden wie die Sonnenbraut oder die Rudbeckien nicht dauerhaft ansiedeln konnten, tummeln sich die Taglilien im Juli und August in fast allen unseren Gartenräumen und bestimmen neben dem Hohen Sommerphlox (*Phlox paniculata)* das Gartenbild in der warmen Jahreszeit.

OBEN
Ein robuster „Lückenfüller" in unserem „Wiesengarten" ist das Geranium *`Orion´ mit seinen blauen Blüten.*

RECHTS OBEN
Die einfache Hemerocallis *aus den Bauerngärten muss im Hochsommer die* Helenium*-Arten ersetzen, die in unserem sauren Sandboden nicht wachsen.*

RECHTS UNTEN
Spätblühende braun-rote Taglilien begleiten die Hochsommerstauden im August.

Im „Wiesengarten" haben sie sich besonders bewährt, weil sie sich unbeeindruckt von dem dichten Narzissen-Laub gut entwickeln. Sie ertragen die Nachbarschaft des hoch wachsenden Blauen Storchschnabels *(Geranium-Pratense-*Hybride `Orion´) ebenso gut wie die von Katzenminze und Aster. Ihr behebbarer Nachteil ist, dass das Laub nach der Blüte recht schnell unansehnlich wird. Wir schneiden es dann bodennah ab, und in kürzester Zeit bildet sich ein neuer Blattschopf, der Ende August, Anfang September frisches Grün in die Pflanzung bringt, sodass sich dieser Nachteil noch zu einem Vorteil verkehrt.

Die ungeheure Vielfalt der *Hemerocallis* konnten wir in der Nationalen Taglilien-Sammlung im Garten von Antony House in Cornwall, Großbritannien, bewundern. Die Sammlung beeindruckte uns nachhaltig, zeigte aber auch, dass diese Schönheiten am besten in Kombination mit anderen Stauden wirken. Gerade weil es so viele schöne Varietäten gibt, brauchen die einzelnen Pflanzen etwas Distanz zur nächsten, damit die Wirkung gesteigert wird und nicht in beliebiger Buntheit und Formenvielfalt untergeht. Eine Ton-in-Ton-Pflanzung in geringem Umfang, wie wir sie auf dem „Gelben Hügel" umgesetzt haben, ist von besonderem Reiz. Im September hat diese kleine Fläche dann nichts mehr zu bieten und eine einzelne, besonders gut entwickelte Wachsglocke *(Kirengeshoma palmata)* muss diese Schwäche überbrücken.

Ein weiterer Nachteil der *Hemerocallis* sollte nicht unerwähnt bleiben: Jede Blüte geht nur für einen einzigen Tag auf, und die vergangene Blüte vom Vortag stört dann das perfekte Bild. Das tägliche Ausputzen würde aber zur Fronarbeit werden, und so erfreuen wir uns an der Tagesschönheit und ignorieren den Abgang der Schönheit von gestern.

LILIENTRAUBE

Eine besonders hübsche, aber noch weitgehend unbeachtete Staude verdient es, bekannter zu werden: *Liriope muscari*, die Lilientraube oder auch Glöckchentraube genannt. Während des Jahres bildet diese immergrüne Staude grasähnliche kompakte Horste, aus denen Ende August lange violettblaue Blütentrauben hervorwachsen, die an Traubenhyazinthen erinnern. Der Herbstblüher steht bei uns in dichter Fülle und wirkt bis weit in den Oktober hinein dekorativ. Die Staude kommt mit trockenen Standorten zurecht und wächst im Halbschatten ebenso gut wie in der Sonne. Wir verwenden sie als Strukturpflanze auf einer kleinen Rabatte. Dort blühen zur gleichen Zeit Herbst-Alpenveilchen *(Cyclamen hederifolium)*, die später mit ihrem marmorierten Laub die Lilientraube bis in den Winter hinein ergänzen. Beide Arten lieben Kalk und erhalten deshalb im Frühjahr eine großzügige Portion Dolomitkalk. Als wir das einmal vergaßen, fiel die Blüte komplett aus.

Damit dieses kleine Beet nicht nur im Herbst einen schönen Anblick bietet, sorgen im Vorfrühling einige Lenzrosen *(Helleborus-Orientalis*-Hybride) in ausgesuchten Farben für die erste Blüte im Jahr. Nur wenig später strahlen die kleinen Blütensterne der Sternhyazinthen *(Chionodoxa)* auf. Diese werden abgelöst durch flächig gepflanzte blaue Hyazinthen, um die Zeit bis Mai zu überbrücken. Dann hat der Braune Storchschnabel *(Geranium phaeum* \`Samobor´) mit seinen dunkel-violetten Blüten seinen großen Auftritt, begleitet von einem Pulk aus Blauem Beinwell *(Symphytum azureum)* in der Nebenrolle. Dazwischen suchen sich die Blüten von *Campanula hyacinthoides* in Blau und Milchsterne *(Ornithogallum nutans)* in Weiß ihren Platz. Einige, willkürlich versamte Akelei runden das Mai-Bild ab.

In der zweiten Juni-Hälfte schneiden wir alle Pflanzen zurück. Blauer Beinwell und Brauner Storchschnabel neigen zum Wuchern und werden deshalb reduziert. Dann decken wir die Fläche mit möglichst kleinem Pinien-Rindenmulch ab, aus dem im August die ersten *Cyclamen* hervortreten und im Herbst die Blüten der Lilientraube.

Leider hat sich der Herbstkrokus in diesem Beet nicht dauerhaft gehalten, sondern sich lieber auf den Weg zurückgezogen, der an dem Beet vorbeiführt. Dieser Weg hat einen Unterbau aus Mineralasche und ist mit grobem Nadelholzmulch belegt. Viele hundert Besucher gehen regelmäßig über diesen Weg, offensichtlich schätzt der Herbstkrokus solche Bedingungen. Es könnte natürlich auch sein, dass die kleine Zwiebelpflanze an diesem Standort einfach vor Wühlmäusen sicherer ist als im Beet.

LINKS
Für den September haben wir durch die farblich abgestimmten Pflanzen eine etwas melancholische Atmosphäre geschaffen. Es ist der letzte Höhepunkt der Gartensaison.

OBEN
Bis zu sechs Wochen blüht im Herbst die Lilientraube (Liriope muscari *´Royal Purple´).*

06

KAPITEL / Luxus aus dem Gemüsegarten

Der etwa 400 Quadratmeter große Gemüsegarten nimmt in unserem Lebensalltag eine zentrale Stellung ein. Er ist ansprechend gestaltet und verbindet Nützlichkeit mit Ästhetik. Dabei haben wir uns an den alten Bauerngärten orientiert, die es früher an jedem bäuerlichen Anwesen gab. Man war Selbstversorger, denn ein Einkauf auf dem Markt war umständlich und teuer. Aber der Nutzgarten war noch mehr: Selbst auf den Bauernhöfen spiegelte er die Lebensfreude seiner Besitzer wider. Meist lag er etwas gesondert von den Hofgebäuden und war mit einer schützenden Hecke oder einem Zaun umgeben. Neben Gemüse und Beerensträuchern wurden dort auch immer Heilkräuter und ein paar Blumen kultiviert. Es gab auch Bauerngärten mit einer Fülle von Sommerblumen, die mehr waren als nur reine Ertragsflächen für Obst und Gemüse. Einen solchen Garten hatten wir im Sinn, als wir 1990 begannen, unseren eigenen Gemüsegarten anzulegen und zu gestalten.

RECHTS
Die Ernte und sofortige Verwertung von Gemüse empfinden wir als alltäglichen Luxus.

GANZ RECHTS
Die Gemüsebeete werden von verschiedenen Sommerblumen eingefasst.

Selbstversorger-Garten

Die Liebe zu unserem Gemüsegarten geht natürlich durch den Magen. Bei der Planung des Speisezettels – bei uns wird fast jeden Tag frisch gekocht – gehen wir immer vom aktuellen Angebot aus dem Garten aus. So orientiert sich unsere Küche nach den Jahreszeiten, und die Fülle der verschiedenen Gemüsearten regt uns zum Ausprobieren neuer Rezepte an. Solche Mahlzeiten empfinden wir als Luxus, den wir uns jeden Tag gönnen.

Den Bedarf an frischem Obst und Gemüse können wir nahezu vollständig mit unseren biologischen Erzeugnissen decken. In den Sommermonaten und im Herbst ist der Tisch besonders reich gedeckt, und es gehört dann zu unserem Alltag, die vielen gesunden Genüsse frisch zu verarbeiten. Ernteüberschüsse, die sich zum Konservieren eignen, werden eingefroren oder nach alter Art eingeweckt. Möhren, Sellerie, Rote Bete und Pastinaken lagern wir in Sandkisten im kühlen Keller ein.

Dreizehn Obstbäume

Ergänzt wird unser Gemüsegarten durch eine Obstwiese, die im Frühling einem „Narzissenmeer“ gleicht (vgl. S. 46). Dreizehn Obstbäume versorgen uns mit vitaminreichen Äpfeln, Birnen, Kirschen, Pfirsichen und verschiedenen Pflaumen. Aber die Abhängigkeit vom Witterungsverlauf ist hier noch größer als beim Gemüseanbau. Spätfröste zur Blütezeit können erhebliche Ausfälle verursachen. Demgegenüber stehen andere Jahre mit gewaltigen Überschüssen, von denen wir dann gerne etwas abgeben. Selbst gemachte Gelees und Marmeladen aus eigenem Obst gehören zu unserem alltäglichen Lebensstil. Ein Walnussbaum und eine Edelkastanie für Maronen komplettieren die Palette der Fruchtgehölze.

„DIE LIEBE ZU UNSEREM GEMÜSEGARTEN GEHT NATÜRLICH DURCH DEN MAGEN.“

Standort

Auch von seiner Lage her nimmt der Gemüsegarten eine zentrale Stelle innerhalb unserer Anlage ein. Er liegt in einem besonders sonnigen Bereich mit leichter Hangneigung, der nach Süden ausgerichtet ist. Dem breiten Hauptweg sind rechts und links die beiden 6 x 16 Meter großen Gemüsebeete zugeordnet, wie die Seiten eines aufgeschlagenen Buches, der Sonne zugewandt. So kann das für den Gemüseanbau so wichtige Morgen- und Tageslicht ungefiltert die Beete erreichen; erst gegen

Ende April/Anfang Mai ist der Gemüsegarten noch etwas farblos, die jungen Gemüsepflanzen sehen aber schon vielversprechend aus. Unsere Erbsenreihen müssen wir mit Netzen vor den gefräßigen Holztauben schützen.

Abend werden einzelne Teilbereiche beschattet. Der Hauptweg läuft an der betont erhöhten Nordseite direkt auf eine weiße Bank zu und fungiert so gleichzeitig als zentrale Sichtachse. Zwei Basaltstufen führen zur Bank hinauf, an deren oberen Ende jeweils rechts und links zwei ein Meter hohe Stützmauern verlaufen, die das Gelände terrassieren. Dies war notwendig, weil das Gefälle zu stark war, um es zu gestalten. So bekam der Gemüsegarten einen optisch gefälligen Abschluss. Parallel zum Hauptweg laufen jeweils am äußeren Rand der großen Gemüsebeete zwei Seitenwege entlang. Dort schließen sich zwei schmale Beete mit Beerensträuchern und kleineren Obstbäumen an. Nach Osten schließt eine Rotbuchenhecke den Gemüsegarten ab und schützt ihn vor dem kalten Ostwind. Nach Norden sorgt das Nachbarhaus, die ehemalige Dorfschule, mit zwei gewaltigen hundertjährigen Linden für Windschutz. Beide Elemente, Hecke und Baum, begünstigen das für den Gemüseanbau günstige Kleinklima.

Strukturen schaffen

Früher waren die Beete mit Buchs eingefasst und die Ecken extra mit Buchs-Pyramiden betont. Das verlieh diesem Gartenteil im Winter eine besondere graphische Struktur. Die Einfassungen aus der Züchtung *Buxus sempervirens* `Suffruticosa´ wurden aber vom Pilz *Volutella buxi* befallen und mussten entfernt werden (vgl. S. 167). Die Pyramiden aus der Art *Buxus sempervirens* wurden dagegen verschont. Als Ersatz für die Buchsreihen haben wir die Beete nun mit acht Millimeter starken Eisenkanten eingefasst. Das Winterbild ist jetzt nicht mehr so eindrucksvoll, aber die Eisenkanten regten uns dazu an, dahinter schmale Streifen mit Sommerblumen anzulegen. Dadurch ist der Gemüsegarten während des Sommers deutlich lebhafter geworden und der Verlust der Buchshecken schmerzt nicht mehr so sehr.

Gegensätze

Während die traditionellen Gemüsegärten in den umliegenden Dörfern weitgehend verschwanden, haben wir unseren eigenen Gemüseanbau erweitert. Mit Bedauern sahen wir, wie alte Hecken ausgerissen und in den Osterfeuern verbrannt wurden. Die Flächen wurden dem Acker zugeschlagen oder in Rasen umgewandelt. Der Aufsitzrasenmäher war dann die logische Ergänzung des immer größer werdenden bäuerlichen Fuhrparks. Nun beliefert der Wagen mit Tiefkühlkost fast jedes Haus im Dorf.

„WÄHREND DIE UMLIEGENDEN GEMÜSEGÄRTEN LANGSAM VERSCHWANDEN, HABEN WIR UNSEREN ERWEITERT."

Disziplin gefragt

Wir sind einen anderen Weg gegangen. Der Gemüsegarten ist der Teil unserer Anlage, der am meisten Zeit fordert – und natürlich auch Disziplin, denn die Zeiten der Aussaat und der Ernte müssen eingehalten werden. Zum Glück waren uns die grundsätzlichen Anbautechniken noch aus Kindertagen geläufig. Wenn wir die Eltern in den Garten begleiteten, hatten wir ihnen bei der Arbeit zugesehen und dabei viel Wissenswertes gelernt. Als wir älter wurden, übertrugen die Eltern uns häufig die mühevolleren Gartenarbeiten. Aus dieser Erfahrung konnten wir schöpfen, und wir beobachten heute, wie sich Neulinge beim Gemüseanbau schwer tun. Meistens mangelt es an der richtigen Zeiteinteilung und an der Disziplin, Pflanz- und Aussaatzeiten einzuhalten.

Wir registrierten auch, wie sich die bäuerliche Anbauweise in eine industrielle Agrarproduktion verwandelte. Wenn früher die Bauern auf den Feldern Kartoffeln und Rüben mit Hacken „durchschuffelten", um das Unkraut zu bekämpfen, wird es heute mit Pestiziden im Handumdrehen totgespritzt. Gegen die Krautfäule, eine gefürchtete Kartoffelkrankheit, wird sogar wöchentlich oder, bei entsprechender Wetterlage, sogar mehrfach in der Woche gespritzt. Hackfrüchte sind so zu „Spritzfrüchten" geworden. Hecken, Baumgrup-

TIPP

01
Hecken und Bäume begünstigen als Windschutz das für den Gemüseanbau günstige Kleinklima.

pen und Solitärbäume, die seit Generationen an den Feldrändern standen, wurden im Namen der Flurbereinigung und einer technisierten Landwirtschaft aus dem Weg geräumt. In unserer Umgebung wurde sogar eine Feuchtwiese mit einem Froschtümpel trockengelegt, auf der davor Kiebitze gebrütet hatten! Jetzt werden dort großflächig Industriekartoffeln, Mais und manchmal auch Blumenkohl angebaut. Unser Gemüsegarten entstand nicht zuletzt deshalb, weil wir solche Auswüchse ablehnen.

Arbeit schafft Zufriedenheit

Wir investieren viel Zeit, Arbeit und Geld in unseren Gemüseanbau. Es ist aber nicht nur die Ernte, die unserem Alltag eine besondere Lebensqualität verleiht. Vielmehr erfüllt uns auch die Arbeit im Gemüsegarten mit großer Zufriedenheit. Schon das Umgraben im Frühjahr empfinden wir als optimistischen Akt. Wenn an frühen Märztagen der Gemüsegarten Furche für Furche umgegraben wird, liegt die frische Erde da wie ein leeres Blatt, bereit, beschriftet zu werden. Der Geruch der frisch umgegrabenen Erde verbindet sich mit der gärtnerischen Vorfreude. Wenn an solchen Tagen dann noch die Kraniche tagelang zu Tausenden über unser Dorf fliegen, um nach Norden zu ziehen, ist die Frühlingsatmosphäre nicht mehr zu steigern. Solche Augenblicke intensivster Naturerlebnisse gibt es häufig, etwa wenn an heißen Juli- und Augusttagen die großen Schwalbenschwänze fliegen. Oder wenn die Raupen dieser Schmetterlingsschönheit die – extra für sie ausgesäten– Möhren abfressen und von Tag zu Tag dicker und größer werden. Mit ihren leuchtend orangefarbenen Punkten und gelb-schwarzen Streifen bieten sie uns zum Dank ein faszinierendes Farbenspiel.

„WENN AN FRÜHEN MÄRZTAGEN UMGEGRABEN WIRD, LIEGT DIE FRISCHE ERDE DA, WIE EIN LEERES BLATT, BEREIT, BESCHRIFTET ZU WERDEN."

Gemüsepflanzen haben im Vergleich zu Stauden, Rosen und Gehölzen nur eine kurze Lebenszeit, deshalb kann der Boden für diese Zeitspanne auch gründlicher bearbeitet werden. Wir graben ihn jedes Jahr um und erzielen damit hervorragende Ergebnisse. Biologisch gezogenes Gemüse muss nicht unbedingt mickerig sein – vielleicht mit Ausnahme von Knollensellerie, bei dem die konventionell gezogenen Riesenknollen vom Düngereinsatz zeugen, während die Bio-Knollen nur etwas größer werden als ein Tennisball.

Damit sich die Gemüsepflanzen gesund entwickeln, halten wir die empfohlene Fruchtfolge ein: Jede Gemüseart bekommt erst im vierten Jahr wieder dasselbe Beet zugeteilt. Leider konnten wir nicht verhindern, dass die Kohlhernie unseren Kohlanbau beeinträchtigt. Kohlhernie wird volkstümlich als „dicke Füße" bezeichnet. Die Wurzeln verwachsen dabei zu unförmig dicken Klumpen und können der Pflanze keine Nährstoffe mehr zuführen. Wenn der Kohl aber sehr früh, am besten im März, ausgepflanzt wird, tritt die Krankheit nur in geringem Maße auf. Später Kohl wird dagegen befallen – mit Ausnahme von Grünkohl.

Alle zwei Jahre arbeiten wir beim Umgraben der Beete Kuhmist in den Boden ein. Bei der Mistbeschaffung achten wir darauf, dass er von Bauernhöfen stammt, die ihre Kühe in traditioneller Weise auf Stroh halten. Den bäuerlichen Nachbarn, der kurzfristig eine Karre Mist abkippen kann, gibt es bei uns nicht mehr. Wir fanden zum Glück im Nachbardorf einen Restbauernhof, auf dem Mutterkuhhaltung betrieben wird. Während des Sommers weiden Kühe und Kälber auf der Wiese und kommen erst im Winter in den Stall. Von dort bekommen wir alle zwei Jahre auf Vorbestellung unseren Kuhmist geliefert.

Über Jahre hinweg haben wir zudem den Boden mit reifem Kompost verbessert, der mindestens zwei Jahre gelagert wurde. Im Winterhalbjahr kommt eine Lage durchgesiebter Kompost auf die Beete und wird dann im Frühjahr eingearbeitet. Dadurch hat sich die Humusschicht auf den Gemüsebeeten erheblich verbessert. Dazu geben wir noch regelmäßig Kalk. Die zweite Düngung – nach

TIPP

02
Geben Sie im Winter eine Lage durchgesiebten Kompost auf die Beete und arbeiten sie ihn dann im Frühjahr ein. Das verbessert die Humusschicht.

dem Kuhmist – besteht aus einer Mischung biologischer Substrate, die der Handel anbietet. Früher haben wir Knochenmehl eingesetzt, das aber nach der BSE-Erkrankung von Rindern nicht mehr produziert wird. Wir verwenden auch Hornspäne und Hornmehl, obwohl wir nicht wissen, woher diese Produkte stammen. In Anbetracht der globalisierten Massentierhaltung und dem damit verbundenen Medikamenteneinsatz liegt die Frage nach Belastungen und Rückständen nahe.

OBEN
Nachdem die Gemüsebeete abgeerntet sind, macht sich in diesem Gartenteil eine winterliche Tristesse breit. Aber der nächste Frühling kommt.

Traditionen weiterführen

Wie diese Bedenken zeigen, gehen wir nicht davon aus, dass wir uns eine „Insel der Seeligen", eine „heile Welt", schaffen können. Mit unserem aufwendigen Gemüseanbau möchten wir uns aber bewusst von der industriellen Nahrungsmittelproduktion distanzieren, zu der auch immense Transportstrecken und nicht zu kontrollierende Anbaumethoden gehören. Wenn wir durch die Obst- und Gemüseabteilung der Supermärkte gehen, haben wir immer unseren eigenen Gemüsegarten mit seinem saisonalen Angebot im Kopf.

Wir führen die Tradition der ländlichen Lebensweise, wie sie seit Generationen in unserer Region bestanden hat, weiter. Die industrielle Nahrungsmittelproduktion mit all ihren Problemen hat uns immer mehr darin bestärkt, unsere Kraft und Zeit für den eigenen Gemüse- und Obstanbau einzusetzen. Wir wollen keine Entfremdung von der Lebensmittelerzeugung, wie sie in großen Teilen der Gesellschaft bereits gang und gäbe ist. Ebenso haben unsere täglichen Mahlzeiten ihren hohen Stellenwert behalten und sind nicht von einem dröhnenden Fernseher an den Rand gedrängt worden.

Schritt / 01

Zu den anspruchsvollen Wurzelgemüsen zählt der Knollensellerie. Um im biologischen Anbau solche Knollen zu ernten, bedarf es mehrerer Düngergaben und regelmäßigem Gießens bei Trockenheit.

OBEN LINKS
Knollensellerie ist anspruchsvoll.

UNTEN RECHTS
Pastinaken sind pflegeleicht.

Schritt / 03

Pastinaken gehören zu den pflegeleichten Gemüsearten. Frühe Aussaat und einmalige Düngung reichen für eine zufriedenstellende Ernte.

Schritt / 02

Unsere regenfesten Tomaten wachsen ohne jeglichen Schutz an der sonnigsten Stelle des Gemüsegartens. Die Cocktailtomate der Sorte ´Philovita´ hat sich dabei bewährt, ebenso die Fleischtomate ´Phantasia´.

OBEN LINKS
Zwei Tomatensorten haben sich als regenfest bewährt.

UNTEN RECHTS
Die Melonen-Cloches schützen zarte Sämlinge.

Schritt / 04

Bis zu den „Eisheiligen" schützen wir besonders zarte Sämlinge, wie Zucchini, mit alten französischen Melonen-Cloches. Sie sind sehr dekorativ, müssen aber bei starker Sonne abgenommen werden, weil die Pflanzen sonst verbrennen.

07

KAPITEL

Abenteuer Gartenteich

Den Anstoß zu unserem Gartenteich gab ein kommunales Planungsvorhaben: 1983 wollte der Kreis Kleve in unserer Gemeinde eine zentrale Mülldeponie errichten. Auf dem Gelände einer ehemaligen Kiesgrube und ihrem Umfeld sollte ein bis zu vierzig Meter hoher Müllberg das Entsorgungsproblem der nächsten Jahrzehnte lösen. Bei der Offenlegung überprüften wir die Planung und stellten fest, dass die Belange des Naturschutzes nur unzureichend berücksichtigt worden waren. Im Rahmen des Widerspruchsverfahrens gingen wir mit verschiedenen Sachverständigen durch das Gelände und ließen den Bestand von Flora und Fauna feststellen. Von den Käferarten bis zu den Nachtfaltern, von Sumpfgewächsen über Pilze bis hin zur Trockenflora auf den Sandhängen wurde alles genau kartiert. In den folgenden zehn Jahren wurde dieses Projekt – es war immerhin ein Investitionsvolumen von damals vierundzwanzig Millionen Mark vorgesehen – zu Fall gebracht. Wir wurden uns dabei bewusst, wie wertvoll eine solche Naturlandschaft ist, und auch in der Öffentlichkeit wuchs die Wertschätzung gegenüber natürlichen Biotopen. Dazu kam unser wachsendes Interesse an der Gartengestaltung und an der Pflanzenvielfalt. Sissinghurst mit seinem „Weißen Garten" war uns damals noch kein Begriff, aber aufgrund unseres literarischen Interesses waren wir auf den Briefwechsel zwischen Virginia Woolf und Vita Sackville-West gestoßen, die sich über die Anlage eines „Weißen Gartens" austauschten (vgl. S. 10). Uns faszinierte diese Idee, und so sollte ein gärtnerisches Zwitterwesen entstehen: ein Biotop in einem „Weißen Garten".

„SISSINGHURST MIT SEINEM ‚WEISSEN GARTEN' WAR UNS DAMALS NOCH KEIN BEGRIFF."

Anfänge

Zunächst schwebte uns ein nierenförmiger Teich im Zentrum des „Weißen Gartens" vor. Wir lasen Bücher, Broschüren und Zeitschriftenartikel zur Anlage von Teichen. Die Praxis zeigte aber, dass all unser angelesenes Wissen nicht ausreichte, daher baten wir unsere Nachbarin Elisabeth Renner, die Zeit ihres Lebens Gärten angelegt hatte, um Hilfe. Bei ihr lernten wir als Erstes, klare Formen zu schaffen, die der Größe des Geländes angemessen waren. Die Teichform wurde zu einem Oval mit einer Länge von zwölf Metern und einem Durchmesser von sechs Metern an der breitesten Stelle verändert. Dadurch erhielten wir eine klare, sich organisch ins Gelände einfügende Form. Unsere

UNTEN

Einen prachtvollen Anblick bietet der „Weiße Garten" im April, wozu die Prachtspiere (Exochorda macrantha *`The Bride´*) *entscheidend beiträgt. Der Strauch blüht seit über 20 Jahren zuverlässig.*

„DER ‚WIESENTEICH' HAT SEINE BESTE PHASE IM FRÜHLING, WENN DIE NARZISSEN EINEN DICHTEN GELBEN BLÜTENTEPPICH KNÜPFEN."

OBEN
Den absoluten Höhepunkt hat der „Wiesenteich" zur Zeit der Narzissenblüte. Er lockert die kompakte Masse der Narzissen auf und in seiner Wasserfläche spiegeln sich die Blüten und der Himmel.

Beraterin hatte uns strikt verboten, schwere Geräte wie Bagger für die Erdarbeiten einzusetzen, um Bodenverdichtung zu vermeiden. Wir hatten zwar dadurch einiges an körperlicher Mehrarbeit zu leisten, aber ein entscheidender, kaum noch zu korrigierender Fehler wurde so verhindert.

Fehler machen

Trotzdem unterlief uns ein Gestaltungsfehler, der nicht mehr zu ändern ist: An einer Seite haben wir größere Findlinge direkt ans Ufer platziert, das dort steil abfällt. An der anderen Uferseite geht es über eine Flachwasserzone mit Uferbepflanzung langsam in die Tiefe, die bei 1,60 Meter liegt. Was wir nicht bedacht hatten, war der wechselnde Wasserstand. Uns war nicht klar, dass die Verdunstung an heißen Sommertagen den Wasserstand so weit sinken lässt, dass am Steilufer unterhalb der Steine die Teichfolie sichtbar wird. Dort war auch keine Bepflanzung geplant, weil die Steine unmittelbar aus dem Wasser ragen sollten. Dies ist nicht mehr zu ändern, und so müssen wir während der Trockenperioden im Sommer ständig Wasser nachfüllen.

Diesen Fehler wiederholten wir bei der Anlage unseres zweiten Teiches drei Jahre später nicht mehr. Der zweite Teich sollte auch einen anderen Charakter haben, denn er liegt inmitten einer „Wildwiese". Wir stellten uns einen deutlich flacheren und kleineren Teich vor, eher einen Tümpel, der diesem Gartenteil besser entspricht. Alle Uferzonen dieses kreisförmigen Teiches sind flach gehalten, sodass auch bei niedrigem Wasserstand keine Folie sichtbar wird, weil sich dort ein Uferbewuchs entwickeln konnte.

Beide Teiche sind trotz einiger Probleme wesentliche Bestandteile unseres Gartens geworden. Der

„Wiesenteich“ hat seine beste Phase im Frühling, wenn die Narzissen einen dichten gelben Blütenteppich knüpfen. Sie rücken bis an das Ufer heran und spiegeln sich im Wasser, wie der Jüngling Narkissos in der antiken Sage. Der Teich bildet dabei den natürlichen Mittelpunkt, da sich der Himmel an hellen Tagen in der Wasserfläche spiegelt. Vor der Narzissenblüte ist es der fast geschlossene Kranz von Sumpfdotterblumen *(Caltha palustris)*, der den Teich leuchtend gelb einrahmt. Im Frühsommer ziehen dann die Knabenkräuter *(Dactylorhiza)* die Aufmerksamkeit auf sich, die sich an einem Teil der Uferzone selbst angesiedelt haben.

Winterlicher Blickfang

Beide Teiche sind prägende Elemente für das Winterbild in unserem Garten. Der große Teich im „Weißen Garten“ liegt in Sichtweite des Hauses. Wenn im Spätherbst der Uferbewuchs abgeschnitten ist, bietet sich uns vom Esszimmer aus folgendes Bild: Vor den Fenstertüren liegt die Terrasse mit einem alten Ziegelsteinbelag, darauf folgt die erweiterte Uferzone mit grobem Kies, dann die glatte Wasserfläche, die von großen Findlingen eingefasst ist. Dahinter steigt eine leichte Böschung an, die ebenfalls mit Feldsteinen befestigt wurde. Oberhalb der Böschung stehen Gehölze und Bäume, unter denen sich der Taschentuchbaum *(Davidia involucrata)* mit seinem winterlichen Fruchtbehang und die Magnolie *(Magnolia loebneri)* mit tausenden graupelzigen Knospen besonders hervorheben. Die Wasserfläche reflektiert die unterschiedlichen Lichtverhältnisse des Winters und bringt damit Bewegung

„AM TEICH IM ‚WEISSEN GARTEN‘ EROBERTEN SIMSE UND SEGGE GEMEINSAM DIE GESAMTE UFERZONE.“

TIPP

01
Als Uferbepflanzung bewährt sich die Sumpfdotterblume (Caltha palustris). *Wir warnen vor allen Simsen- und Schilfarten!*

ins Bild. Zeitweise bedeckt eine Eisschicht die Wasseroberfläche, und besonders reizvoll ist es, wenn der Schnee ein unberührtes weißes Oval hinterlässt. Gerade wenn sich im Winter das Leben überwiegend im Haus abspielt, haben wir uns ein solch ansprechendes Gartenbild gewünscht, das man vom Esstisch aus bequem betrachten kann.

OBEN
Selbst wenn im Herbst der Blick auf die buntbelaubten Bäume und Gehölze gelenkt wird, strukturiert der Teich auch ohne blühenden Bewuchs den „Wiesengarten".

Der „Wiesenteich" ist vom Haus aus nicht zu sehen. Trotzdem erfüllt auch er im Winter eine gestalterische Funktion. Wenn der Bewuchs des Wiesengartens spätestens im Januar ganz abgeschnitten ist, betont der kreisförmige Teich die tiefste Stelle der kleinen Mulde. Von hier aus steigt der nordöstliche Teil des Geländes bis zum höchsten Punkt, der „Sissinghurst-Bank", an. Zwi-

Die weiße Wasseriris (Iris laevigata ´Alba´) ist ein Blickfang im „Weißen Garten", wenn die Narzissen- und Tulpenblüte beendet ist. Leider neigt diese elegante Wasserpflanze zum Wuchern und muss regelmäßig reduziert werden.

schen dem Teich und der Bank verläuft ein leicht seitlich versetzter Weg und betont diese Sichtachse. Während der Sommermonate ist das Relief durch den dichten Bewuchs kaum sichtbar, doch in den Wintermonaten tritt es deutlich hervor. Mit der Blüte der Schneeglöckchen, die den Garten zu Tausenden überziehen, rückt die Bepflanzung dann von Monat zu Monat wieder mehr in den Vordergrund.

Erfahrungen bei der Bepflanzung

Bei beiden Teichen erwies sich die Bepflanzung als problematisch. Die Uferzone im „Weißen Garten" haben wir entsprechend unserer damaligen Kenntnisse naturnah mit der gewöhnlichen Teichsimse (*Schoenoplectus*) und der Zweizeiligen Segge *(Carex disticha)* bepflanzt. Dazu kamen Pfeilkraut *(Sagittaria)* und Froschlöffel *(Alisma plantago-aquatica)*. An der tiefsten Stelle des Teiches wurde ein Korb mit einer großblütigen weißen Seerose *(Nymphaea)* versenkt. Sumpfcalla *(Calla palustris)*, Fieberklee *(Menianthes trifoliata)* und Schwanenblume *(Butomus umbellatus)* pflanzten wir in der Flachwasserzone. Da wir uns in der Phase des „Alles-Haben-Wollens" befanden, gaben wir auch noch Froschbiss *(Limnobium laevigatum)* in den Teich. Welche explosive Mischung wir uns damit bereitet hatten, stellte sich erst fünf Jahre später heraus.

Bei der Anlage des zweiten Teiches, etwa drei Jahre später, verfolgten wir diese Richtung weiter. Denn der „Wiesenteich" sollte erst recht eine naturnahe Bepflanzung erhalten, und so gestalteten wir seine Ufer mit Schilf, Rohrkolben, Wasseriris und Sumpfdotterblumen. In den ersten Jahren entwickelten sich die Pflanzen an beiden Teichen noch zögerlich, aber dann merkten wir, dass wir einen Verdrängungskampf inszeniert hatten.

Am Teich im „Weißen Garten" verbanden sich Simse und Segge zu einem dichten Polster und eroberten gemeinsam die gesamte Uferzone. Es dämmerte uns langsam, dass ein Gartenteich eine prinzipiell andere Situation darstellt, als ein natürlicher Teich in der Landschaft. Simse und Segge versperrten außerdem den Blick auf die Wasserfläche. Uns blieb nichts anderes übrig, als die gesamte Bepflanzung wieder herauszunehmen. Nach drei Tagen harter Arbeit war die Uferzone völlig vom Bewuchs befreit. Die Teichfolie hatte dabei Schaden genommen, konnte aber geflickt werden. Jetzt pflanzten wir gezielt und wenig und nicht mehr „naturnah": eine Japanische Sumpf-Schwertlilie *(Iris laevigata)*, dazu Froschlöffel und Pfeilkraut. Die Sumpf-Schwertlilie ist eine elegante Pflanze, die zudem noch üppig weiß blüht. Aber auch sie neigt wie fast alle Wasserpflanzen zum Wuchern. So ist es eine jährlich wiederkehrende Aufgabe, die Teichbepflanzung zu reduzieren. Da die Schwertlilie Wurzeln von bis zu einem Meter Länge hat, ist das ein ziemlicher Kraftakt.

Beim „Wiesenteich" hatten wir unsere Bepflanzungsfehler sogar noch überboten, indem wir Schilf, Rohrkolben und Gelbe Sumpf-Schwertlilie *(Iris pseudacorus)* einsetzten. Damit lösten wir einen Wachstumswettbewerb aus, der keinen Sieger erkennen ließ, wohl aber Verlierer. Wir Amateurgärtner mussten ständig verhindern, dass der flache Teich verlandete. Immer wieder versuchten die schlauchartigen Wurzeln des Schilfs bis zur kleinen Seerose in der Teichmitte vorzudringen. Dabei wurden die Halme jedes Jahr höher und dicker und bildeten eine störende Sichtsperre. Uns blieb nichts anderes übrig, als die Uferzone regelmäßig abzuschneiden. Irgendwann war der Zeitpunkt gekommen, an dem wir überlegten, den ganzen Teich aufzulassen, um wieder bei „Null" anzufangen. Und als wir den Beschluss fassten, im Herbst des Jahres die Arbeit in Angriff zu nehmen, blühten zum ersten Mal Wildorchideen (Knabenkräuter) in der Sumpfzone. Da sie sich von selbst eingefunden hatten – und diese Tatsache empfanden wir als Kompliment der Natur an unseren

TIPP

02
Bedenken Sie, dass ein Gartenteich eine andere Situation darstellt als ein natürlicher Teich in der Landschaft. Er nimmt die Bepflanzung anders an.

„SCHWÄRME VON STICHLINGEN ZOGEN AN DER WASSEROBERFLÄCHE DAHIN, DARUNTER EBENSO VIELE JUNGE ROTFEDERN."

Garten – gaben wir unser Vorhaben auf. Wir hätten anderenfalls auch gegen Naturschutzbestimmungen verstoßen. Jetzt wird der gesamte Bewuchs zweimal jährlich von Hand abgeschnitten, besonders vorsichtig dort, wo sich die Orchideen langsam vermehren. Mit finsteren Gedanken sind wir dann immer bei den Verfassern jener Empfehlungsschrift zur Anlage von Gartenteichen mit naturnaher Bepflanzung, die aus dem Umweltministerium Nordrhein-Westfalen stammte. Es sind aber nicht nur die Orchideen, die rigorose Maßnahmen verhindern. Bei genauer Betrachtung wirkt der Teich in seinem Gesamtbild nur in den Monaten Juli und August zwiespältig – in den übrigen zehn Monaten des Jahres sind wir mit ihm zufrieden.

Lebensgrundlage für Tiere

Eine ganz eigene Geschichte ist der Tier- bzw. Fischbesatz der Teiche. Wir planten, dass der größere Teich im „Weißen Garten" den Fischen und der kleinere tümpelartige „Wiesenteich" den Amphibien vorbehalten sein sollte. Die Entwicklung der Amphibien haben wir mit etwas Froschlaich in Gang gesetzt. Zunächst lebten dort Grasfrösche, die wenig hörbar sind. Später wichen sie eingewanderten Wasserfröschen, die uns im Mai mit ihrem lauten – von uns durchaus erwünschten – Konzert begleiten.

Zum Fischbesatz lässt sich ein Erfahrungsbericht in dramaturgischen Abschnitten erzählen. Goldfische oder Orfen wollten wir nicht, etwas abwertend bezeichnen wir sie als „Gartenzwerge der Teiche". Unter der Wasseroberfläche sollte sich vielmehr ein geheimnisvolles Leben im Verborgenen abspielen, das sich nur durch Beobachtung ergründen ließe. Der Erstbesatz mit kleinen Spiegel- und Graskarpfen war dazu allerdings wenig geeignet, wir waren ja Anfänger. Im dritten Jahr hatten sich die Karpfen zu fünfzehn Zentimeter großen Dauerfressern entwickelt. Ständig waren sie auf Futtersuche und wühlten in der Uferzone und im Schlamm, sodass sich das Teichwasser dauerhaft eintrübte. Deshalb holten wir Hilfe, das Wasser wurde abgesaugt und die Karpfen kamen in einen großen Naturteich in der Nähe unseres Gartens. Lediglich ein einzelner Graskarpfen entging dem Netz.

Als neuer Fischbestand wurden nun typische Teichfische wie Stichlinge, Grünlinge und Rotfedern eingesetzt. Die Entwicklung der folgenden drei Jahre verlief zu unserer Zufriedenheit. Wenn wir am Teich saßen, blitzte manchmal ein silbriger Fischleib auf und dank seiner roten Flossen konnte man seine Bahnen bis in die Tiefe verfolgen. Unvergessen das große Staunen im folgenden Frühling: Schwärme von Stichlingen zogen an der Wasseroberfläche dahin, darunter ebenso viele junge Rotfedern. Beide Fischarten hatten sich ohne natürliche Feinde explosionsartig vermehrt. Dieser hohe Fischbestand bedrohte nun die Wasserqualität, und fünf kleine Hechte wurden zur Herstellung des Gleichgewichtes ausgesetzt. Recht schnell kam es zu einer Reduzierung auf Normalmaß.

Wiederum im hellen Sonnenlicht des darauffolgenden Frühlings entdeckten wir einen über dreißig Zentimeter großen Hecht, der im Schutz von Seerosenblättern lauerte. Es war ein unbeschreiblich schöner Anblick, seine besondere Zeichnung erkennen zu können. Die Wasserverhältnisse waren optimal, und er ließ sich auch regelmäßig von unseren Gartenbesuchern beobachten. Zudem entdeckten wir, dass es noch immer den Karpfen gab, der inzwischen deutlich größer geworden war. Der Bestand an Rotfedern nahm kontinuier-

OBEN

Ohne unser Zutun haben sich in der Sumpfzone des Wiesengartens Knabenkräuter (Dactylorhiza) *angesiedelt, die sich langsam vermehren.*

UNTEN

Ein Bepflanzungsfehler des Teichufers mit Schilf aus den Anfangsjahren erfordert jährlich mehrmaliges Schneiden der Halme, damit die Orchideen nicht erstickt werden.

OBEN
Der „Wiesenteich“ im April.

UNTEN
... im Mai.

OBEN
... im November.

UNTEN
... im Januar.

lich ab und mit Grauen mussten wir eines Tages feststellen, dass dem Karpfen Stücke aus dem Rücken gerissen worden waren. Bald darauf war er verschwunden. Wovon der Hecht sich jetzt ernährte, war zunächst nicht festzustellen. Im folgenden Jahr war er noch größer geworden. Hin und wieder bemerkten wir Federn auf dem Wasser treiben, dachten uns aber nichts dabei, bis wir beobachteten, dass der Hecht einem Vogel nachsprang und klatschend auf der Kiesfläche vor dem Teich landete. Mit Schlingerbewegungen wand er sich wieder ins Wasser zurück. Unsere Katzen kamen nicht mehr zum Trinken an den Teich. Wir träumten von Hechtklößchen und baten einen Angler, das Problem zu lösen. In den folgenden vier Wochen probierten Vater und Sohn, zwei begeisterte Angler, alle denkbaren Methoden aus, um den Hecht aus unserem relativ kleinen Teich zu fangen. Vom Anfüttern über Nachtangeln bis zum Überspannen des Teiches mit an Drähten befestigten Ködern wurden sämtliche Anglertricks erfolglos angewandt. Der Hecht biss nicht an, und unvergessen ist uns, wie Vater und Sohn kopfschüttelnd ihre Angelgeräte einpackten und frustriert von dannen zogen.

Der nächste Winter löste das Problem auf brutale Weise. Wahrscheinlich war der Hecht verhungert, denn er trieb tot im Wasser – zuletzt mit einer stattlichen Länge von etwa siebzig Zentimetern. Jetzt blieb der Teich ohne Fischbesatz, und die Frösche und Molche besiedelten auch diese Wasserfläche. Die Nächte im Mai sind nun erfüllt vom Froschkonzert. Wach werden wir nur, wenn sie plötzlich verstummen, weil vielleicht eine Katze um den Teich streicht.

„DIE NÄCHTE IM MAI SIND NUN ERFÜLLT VOM FROSCHKONZERT.“

Ende gut, alles gut

Das Fazit unserer fünfundzwanzigjährigen Teich-Erfahrungen fällt positiv aus. Beide Teiche haben ihren festen Platz in der Gartengestaltung, obwohl ihre Bepflanzung fortlaufende Herausforderungen an uns stellt. Welchen Stellenwert beide Wasserflächen im ökologischen Gefüge unseres Gartens haben, können wir nur vermuten. Wie weit sie zu dem vielfältigen und dichten Vogelbestand beitragen, ist ungefähr zu ermessen. Da auch viele verschiedene Libellenarten vorkommen, vermuten wir, dass die Insektenvielfalt ebenfalls von den Teichen profitiert. Auf jeden Fall wäre unser Garten ohne die Teiche ein Stück ärmer. Wir wissen jetzt, wie kostbar Naturteiche in der Landschaft sind. Und wir wissen auch, was es bedeutet, einen Gartenteich anzulegen: Es ist Abenteuer und Spielerei zugleich!

UNTEN
Die Uferbepflanzung droht ständig, die Wasserfläche zu erobern. Um eine Verlandung zu verhindern, muss regelmäßig eingegriffen werden.

RECHTS
Mit alten Materialien haben wir eine kleine Sitzfläche am „Wiesenteich" gestaltet – eine niedrige Mauer, die mit Basaltblöcken belegt ist. Ein Bronzefrosch setzt zum immerwährenden Sprung an.

KAPITEL 08

Materialien – Der Winter bringt es an den Tag

OBEN
Diese Gartenbank steht am Endpunkt einer Sichtachse. Sie wird im Frühjahr mit Tulpentöpfen eingerahmt.

Wenn im November die letzten Blüten vergangen sind und das leuchtende Herbstlaub gefallen ist, treten die Materialien, mit denen Wege, Plätze und Terrassen belegt wurden, besonders deutlich in den Vordergrund. Ebenso rücken alle anderen Ausstattungsstücke wie Pflanztöpfe und Kübel stärker ins Bild. Zusammen mit den Baumkronen und den Hecken machen sie die Struktur unserer Anlage aus und prägen im Winter das Erscheinungsbild des Gartens. Zwar gibt es auch in der kalten Jahreszeit blühende Pflanzen, die uns das Wintergrau erträglich machen, aber entscheidender sind dann die Gestaltungselemente, die wir in vielen Jahren zusammengetragen haben.

Da es sich ursprünglich um ein kleinbäuerliches Anwesen in ländlicher Umgebung handelte, sind wir dieser Herkunft immer verpflichtet geblieben. Als Pflanz- und Wasserbehälter dienten von Anfang an alte Futtertröge aus Sandstein oder Granit. Auch bäuerliche Vorratsgefäße aus Keramik, in die die Plastiktöpfe eingesetzt werden, gehörten zur Erstausstattung. Später wurde es dann vorsichtig eleganter mit handgefertigten Holzkübeln und frostfesten Impruneta-Töpfen.

Bodenbelag

Die große Einfahrt entstand ganz nach den Empfehlungen unserer gärtnerischen Mentorin. Sie

empfahl dafür einen Kiesbelag, damit diese große Fläche kein zu gewichtiges eigenes Element würde. Die 4,50 Meter breite und 25 Meter lange Einfahrt sollte sich in den Garten einfügen und ihn nicht dominieren. Alle anderen Beläge hätten tatsächlich die Größe der Fläche betont und das begleitende Beet und dessen Bepflanzung abgewertet. Auch in den bautechnischen Details folgten wir den Empfehlungen der alten Dame, wenn auch etwas widerstrebend, weil uns der Aufwand übertrieben schien. Der Unterbau besteht aus drei Schichten, die jeweils gewalzt wurden. Es sind circa 70 Zentimeter Bauschutt, auf den 20 Zentimeter grober Schotter folgt. Darauf liegt eine 10 Zentimeter starke Schicht aus feingemahlenem Schotter,

OBEN
Die relativ große Fläche des Platzes fügt sich durch den Kiesbelag dezent in die Gartenanlage ein. Im Sommer sind die Hortensientöpfe an dieser Stelle der florale Schmuck.

der an einem heißen Tag angefeuchtet und festgewalzt wurde. Die oberste Lage bildet schließlich eine dünne Schicht Kies. Wenn wir damals, leicht murrend ob des Aufwands, respektvoll den Anweisungen folgten, können wir nach fünfundzwanzig Jahren von allen möglichen erfolgreichen Belastungsproben berichten: Schwertransporte, besonders während des Hausbaus, hat die Einfahrt unbeschadet überstanden.

Gesamtbild

Entscheidend ist aber die Stimmigkeit des Bildes in der Gesamtanlage. Lebendig, einladend und in keiner Weise repräsentativ wirkt der Eingangsbe-

TIPP

01
Bänke eignen sich als Endpunkt einer Sichtachse und haben einen einladenden Charakter.

reich unseres Gartens. Am Ende der Einfahrt befindet sich ein kleiner Platz, damals als Parkplatz vorgesehen, auf dem eine wetterfeste Bank ganzjährig den einladenden Charakter betont. Diese Bank wird im Frühjahr von Tulpen in Töpfen und später von großen Hortensien in denselben Töpfen flankiert.

Sensibler Umgang

Wir hatten bei der Planung der Einfahrt gelernt, sensibel mit Materialien im Garten umzugehen, denn es gab bereits einen mit Betonpflaster belegten Weg zur Haustür. Die Entscheidung dafür war nicht aufgrund besonderer Überlegungen erfolgt. Der einfache Grund lag darin, dass in unserer Gegend dieser praktische Wegbelag überall verwendet wurde. Es lag also nahe, dies auch bei uns zu tun. Wie brutal und abweisend eine solche Fläche wirken kann, war uns jetzt deutlich geworden. Seit dieser Zeit achten wir bei den Wegen immer auf eine harmonische Einbindung in die Gartenanlage.

Im Gemüsegarten wählten wir für die Wege hellen Sand. Er lässt sich gut begehen und ist leicht zu pflegen. Allerdings muss alle drei bis vier Jahre neuer Sand aufgetragen werden, weil er durch Regen langsam in den Boden eingewaschen wird. Für den naturnah gestalteten Bereich wählten wir Rindenmulch als Belag, auf dem es sich weich und angenehm geht wie auf einem Waldboden. Diese

LINKS
Die Wege des Gemüsegartens sind mit hellem Sand gestaltet. Dieser Belag ist pflegeleicht und unauffällig.

RECHTS
Im formal gestalteten „Blauen Garten" sind die Wege mit niederländischen Pflasterklinkern („Waaltjes") befestigt. Besonders auffällig ist ein alter Schleifstein, der als Stufe dient.

GANZ RECHTS
Wesentlich dezenter – und diesem Gartenbereich angemessen – ist der Mulchbelag auf den Wegen um den „Wiesengarten".

Wege haben einen Unterbau aus einer 20 Zentimeter starken Schicht Mineralasche, die wasserdurchlässig ist. Ohne diesen Unterbau würde der Mulch bei Regen schnell faulen und der Weg matschig werden.

Diverse Elemente

Im südlichen Teil unserer Anlage haben wir Elemente eines formalen Gartens geschaffen. Dort sind die Wege mit niederländischen Pflasterklinkern, sogenannten Waaltjes, befestigt. Wir konnten alte, gebrauchte Waaltjes erwerben, die unregelmäßiger sind und damit nicht so steril wirken wie neue Ware. Dafür akzeptierten wir auch den höheren Preis. Die streng rechtwinkeligen Wege und die Klinker betonen den formalen geometrischen Charakter dieses Gartenteils.

Der Weg zu unserem Haus hebt sich von allen anderen ab. Da kein Tor unser Grundstück nach außen abschließt, sollte der Weg zur Haustür eine gewisse Distanz ausdrücken. Zu diesem Zwecke wurde er schnurgrade über eine Länge von 15 Metern durch das ursprünglich zusammenhängende Cottage-Beet geführt. Der 1,60 Meter breite Weg ist nicht wie die anderen Wege der Gartensituation angepasst, sondern dem Haus zugeordnet. Damit er nicht zu monumental wirkt, wurde der ein Meter breite Mittelstreifen mit dunklem Basalt gepflastert. Rechts und links bilden 30 Zentimeter breite Basaltkanten eine begehbare Einfassung. Zum Haus hin wird diese massive Begrenzung asymmetrisch durch großes Granitstein-Pflaster aufgelöst. So entstand ein fließender Übergang zur kleinen Terrasse an der Nordseite. Dass dieser Weg seine Funktion erfüllt, kam in einer ersten Reaktion eines guten Freundes zum Ausdruck: „Das ist ja eine Prozessionsstraße!“ lautete sein Kommentar. Dieser Zugangsweg ist außerdem so konzipiert, dass er sich bei geöffneter Haustüre zu einer Sichtachse quer durch das Haus in den südlichen Gartenbereich fortsetzt.

Wir beide teilten von Anfang an eine Vorliebe für alte Materialien, obwohl der Garten unserer Mentorin eine perfekte, von Gärtnern gepflegte, Anlage der 60er-Jahre war mit einem entsprechend großzügigen Haus in Waldrandlage. Beeindruckend – und letztlich prägend – war die Atmosphäre aus Garten und Kunst, Haus und Lebensstil.

Eigenen Stil finden

Für unser bäuerliches Anwesen suchten wir einen eigenen Stil, der zu unseren Möglichkeiten und zum Umfeld passen sollte. Bei unserem ersten Besuch des Gartens von Sissinghurst in Kent faszinierte uns neben der Bepflanzung auch das alte Mauerwerk, die Reste der Schlossruine, die dort ein wesentliches Gestaltungselement sind. Diese Backsteinmauern mit ihren Zeitspuren aus Jahrhunderten waren für uns ein Anstoß, verstärkt nach alten Materialien zu suchen. Über Jahre stand uns eine Scheune im Nachbardorf zur Verfügung, in die alles eingelagert werden konnte, was wir in der Folgezeit zusammentrugen. Das waren in erster Linie Feldbrandsteine von Abbrüchen alter Bauwerke, dazu Fensterbänke und Einfassungen aus Naturstein, Treppenstufen und Bordsteinkanten. Auch Bodenplatten aus Sandstein und Blaustein, zum Teil jahrhundertealt, kamen in das Lager, ohne dass es eine direkte Verwendungsmöglichkeit gab. Als 1988 kurzerhand der barocke Alterssitz des Fürsten Johann Moritz von Nassau-Siegen abgerissen wurde, konnten wir einige Architekturelemente vor der Schuttdeponie bewahren. Dieser Fürst hatte als brandenburgischer Statthalter in Kleve ab 1650 eine einzigartige Garten- und Parkanlage geschaffen, die Vorbild für die Berliner Prachtstraße „Unter den Linden“ und den „Tiergarten“ war. Die Türschwelle zu seinem Alterssitz aus einem Basaltblock ziert jetzt die Schwelle unseres Hauses.

TIPP

02
Der Wegbelag sollte immer zum Charakter des Gartens passen.

Verarbeitung und Verwendung

Bei der Verarbeitung der gehorteten Materialien haben wir nicht immer die richtige Verwendung gefunden. So wurde hinter dem damaligen alten Haus mit einem Teil der Feldbrandsteine eine große

RECHTS
Der Weg zur Haustür hat eine begehbare Einfassung erhalten, damit er nicht zu breit wirkt.

OBEN
Auch wenn dieser Terrassenbelag auf dem Foto sehr stimmungsvoll wirkt, sieht man bei genauem Betrachten die vielen Frostschäden. Alte Feldbrandsteine sind für Mauern gedacht und kein geeigneter Bodenbelag.

Terrasse gestaltet. Nach einigen Jahren traten nach jedem Winter immer mehr Frostschäden auf, weil diese Steine nicht hart genug gebrannt sind, um als Bodenbelag zu dienen. Heute wirkt die Terrasse schon sehr alt, und oft wird als „Patina" bewundert, was eigentlich nur Frostschäden sind. In den nächsten Jahren müssen wir dieses Problem angehen.

Eine bessere Verwendung fanden die Feldbrandsteine in Mauerelementen. Als Endpunkt eines Weges und einer Sichtachse ließen wir eine halbrunde Mauer errichten. Es ist eine stark verkleinerte Kopie der Mauer, die sich am Ende des Rosengartens auf Sissinghurst befindet. Bei uns steht ebenfalls eine Lutyens-Bank in passendem Maßstab vor dieser Mauer, die bei uns „Sissinghurst-Bank" heißt.

Ein großer Posten der eingelagerten Feldbrandsteine fand später Verwendung beim Bau des Gartenhauses. Wir hatten uns schon länger mit traditionellen Bauformen des Niederrheins beschäftigt und entwarfen ein Gebäude in Anlehnung an Remisen, die es als Karrenschuppen auf vielen Bauernhöfen gab. Ein Architekt setzte unseren Entwurf in einen Bauantrag um, und es entstand ein Gebäude, das mit Feldbrandsteinen verklinkert wurde. Es fügt sich organisch ins Gesamtbild der Gartenanlage ein.

Neubau

Dieser erste Bau nach eigenem Entwurf ermutigte uns dazu, ebenso beim Neubau des Wohnhauses zu verfahren. Das vorhandene alte Haus war nicht zu renovieren und musste durch einen Neubau ersetzt werden. Damals wohnten wir im Pfarrhaus in Moyland und konnten dieses Vorhaben ohne Zeitdruck angehen. Wir standen vor der außergewöhnlichen Aufgabe, zu dem damals schon fünfzehn Jahre alten Garten ein passendes Haus zu bauen. Der Grundriss des alten Hauses war die Vorgabe für den Bau im Außenbezirk. Da das alte Haus in Ost-West-Ausrichtung erbaut worden war, konnten die zentralen Wohnräume nach Süd-

Osten angelegt werden. Dadurch können wir das Tageslicht optimal ausnutzen.

Durch die großen Fenstertüren erleben wir im Osten den „Weißen Garten“ und im Süden den „Blauen Garten“ mit seinen jahreszeitlich wechselnden Bildern ganz unmittelbar. Mit dem Satz: „Die Fenster sind unsere Monet-Bilder, die wir alle vier Wochen auswechseln“, beschreiben wir gerne unser Gartenerlebnis. Die äußere Form des Hauses ist ebenfalls der Gartensituation angepasst. Durch ein ausgewogenes Verhältnis von Mauer- und Fensterflächen ist das Wohnhaus optisch klein gehalten, sodass die tatsächlichen Ausmaße (25 Meter Länge) nicht auffallen. Da das Haus außerdem in verschiedene Baukörper aufgeteilt ist, die durch Vorsprünge die Länge kaschieren, bleibt der Eindruck eines kleinen, niederrheinischen Bauernhauses gewahrt.

Die Errichtung unseres Hauses, passend zum Garten, war der ungewöhnliche Höhepunkt unserer Gesamtgestaltung. Es galt nun, die Übergangszone zwischen Haus und Garten harmonisch einzufügen. An der Nordseite entstand eine kleine Terrasse, die sogenannte „Fuchsien-Terrasse“, die in erster Linie für schattenverträgliche Kübelpflanzen gedacht ist. Als Belag wählten wir ein Patchwork-Pflaster: Schleifsteine aus Sandstein und verschiedene Bruchstücke lockern das Grauwacke-Pflaster, ein besonderer dunkelgrauer Sandstein, auf.

Die Hauptterrasse in Süd-Ostlage besteht aus dem beschriebenen, inzwischen problematischen Belag mit Feldbrandsteinen. An der Südseite, auf einer Fläche von 4 x 10 Metern, haben wir die Spielerei mit alten Materialien in besonderer Weise zugespitzt. Es entstand eine Mischung aus Terrasse, Senkgarten und Steinbild. Um den Niveauunterschied zwischen Haus und südlichem Garten aufzufangen, wurde parallel zum Haus eine 70 Zentimeter hohe Stützmauer errichtet. Nach Osten trennt eine 2,50 Meter hohe Mauer diesen Bereich ab. Auf der Fläche sind große rechteckige Sandsteinblöcke, Kalkstein-Bodenplatten aus dem Mittelalter und, als rundes Element, die Unterseiten von Handmühlen zu einem Bild arrangiert. Für Ruhe sorgen die quadratisch geschlagenen Grauwacken, sogenannte „Lütticher Platten“, mit denen die Zwischenräume ausgefüllt sind. Kriechender Thymian in verschiedenen Sorten belebt diese Steinfläche an einigen Stellen. Vom Garten aus blickt man auf die tiefer liegende Fläche wie auf einen Senkgarten und erkennt das Arrangement der verschiedenen Materialien. Von den Wohnräumen aus gesehen, bildet die Terrasse den Vordergrund für die erhöht liegenden Beete des südlichen Gartenbereichs. Außerdem können wir sämtliche Blüten dort im Jahresverlauf – vom frühen Krokus im Februar bis zu den späten Astern im Oktober – vom Haus aus dieser Perspektive erleben.

„SISSINGHURST WAR FÜR UNS EIN ANSTOSS, VERSTÄRKT NACH ALTEN MATERIALIEN ZU SUCHEN.“

Langfristige Gestaltung

Die Ausgestaltung unseres Gartens durch Bauten, Wege und Plätze hat sich über zwanzig Jahre erstreckt. Es hat Spaß gemacht, immer wieder nach Verbesserungen zu suchen – jetzt sind die Möglichkeiten bis auf einige Randbereiche erschöpft. Weitere gewichtige Elemente würden den Garten überfrachten. So müssen wir unser Stöbern und Suchen nach Materialien einstellen, und manchmal ist es schwierig, ein schönes Fundstück beim Händler oder auf einem Bauernhof zurückzulassen.

TIPP

03

Zum Verladen des Rindenmulches verwenden wir eine „Rübengabel“. Die Zinken haben keine Spitzen, sondern eine leichte Verdickung, die verhindert, dass die Rüben aufgespießt werden.

KITSCH ODER KUNST?

AUSSTATTUNG IM GARTEN

EIN HEIKLES THEMA, DAS VIELE GESCHMACKSFRAGEN BERÜHRT, IST DIE AUSSTATTUNG EINES GARTENS. WIR WOLLTEN KEINEN „DEKORIERTEN" GARTEN – SCHON ALLEIN DER IN DIE UMGANGSSPRACHE EINGEGANGENE BEGRIFF „DEKO" VERURSACHT UNS HEFTIGEN WIDERWILLEN.

Bei der Ausstattung unseres Gartens haben wir daher immer darauf geachtet, dass es handwerkliche Arbeiten sind und keine industrielle Massenware, die derzeit den Markt überschwemmt. Auch Erzeugnisse aus rostigem Eisen können kitschig sein, wenn sie in Serie gefertigt wurden. Die Hersteller zielen mit solchem Kitsch auf eine breite Käuferschicht und deren Geschmack. Manch so „verzierter" Garten verrät viel von der Gefühlswelt seiner Besitzer, so wie früher wohl die Gartenzwerge die Sehnsucht nach einer heilen Zwergenwelt ausdrückten.

Wir sammeln lieber altes bäuerliches Handwerk. Die aufwendig bemalten Tongefäße zeugen von dem Wunsch früherer Generationen, ihren Alltag ästhetisch zu gestalten. So entstand bäuerliches Kunsthandwerk, dem lange vor dem Garten unser Interesse galt. Solche Ausstattungsstücke suchten wir für unseren Garten.

Auch hier durchliefen wir wieder verschiedene Entwicklungsphasen. Am Anfang sammelten wir alte Steintröge und bäuerliche Vorratsgefäße, die wir als Pflanzkübel für Sommerblumen verwendeten. Futtertröge aus Granit, Sandstein oder Blaustein haben uns immer fasziniert, weil sie vor Jahrhunderten mit der Hand aus dem Gestein gehauen wurden. Die ungleichmäßigen Bearbeitungsspuren zeugen noch von der Energie, die für diese Arbeit notwendig war und die bis heute spürbar ist. Diese Dinge fanden wir in den Anfangsjahren als die passenden Gestaltungselemente für unseren Garten um die alte niederrheinische Kate.

Mit den Jahren entwickelte sich unser Geschmack weiter und die ausgesuchten Stücke wurden etwas „eleganter". Zunächst suchten wir Stühle und Bänke aus, die neben ihrer praktischen Verwendung auch zum Gestaltungselement wurden. Heute stehen am Ende der Sichtachsen Gartenbänke an exponierten Stellen. Mit der halbrunden Mauer am höchsten Punkt unseres Gartens machten wir den Anfang. Dort steht die „Lutyens-Bank" als logischer Abschluss einer Sichtachse (vgl. S. 156).

Ebenso verfuhren wir im Gemüsegarten: Dort endet der Mittelweg auf einem kleinen erhöhten Platz, auf dem eine weiße Bank aus dem 19. Jahrhundert steht. Eingerahmt wird sie von zwei gusseisernen Vasen aus der gleichen Zeit. Zwei Rank-

LINKS
Das bunte Mosaik bedeckt die ganze Wand des Wirtschaftsgebäudes. Hier eine Detailansicht mit Wassertrog und blühender Wisteria.

OBEN
Ein dramatisch krähender Hahn aus Bronze krönt einen Torpfosten. Er wird gerne von Vögeln angeflogen.

Über Jahre hinweg haben wir so passende Ausstattungselemente aus ganz Westeuropa zusammengetragen. Jetzt ist leider der Zeitpunkt erreicht, an dem unser Garten kaum noch neue Vasen, Stühle oder Bänke „verträgt", denn wir wollen ihn auf keinen Fall überfrachten.

Auch an Kunst für den Garten haben wir uns erst langsam herangewagt. Mehr dem guten Handwerk als der Kunst zuzuordnen, war ein ursprünglich barockes Element vom Dach der Moyländer Schlosskirche aus dem 17. Jahrhundert. Dort mussten die großen, mit Zink verkleideten Holzkugeln dringend erneuert werden. Von einer dieser Kugeln haben wir einen Blei-Abguss anfertigen lassen und sie auf einen alten Grabsteinsockel gestellt, den wir im Lager eines Steinmetzes fanden. Diese Bleikugel ist jetzt ein optischer Ruhepunkt zwischen Obstgarten und Wiesenteich.

Verschiedene Künstler haben in den vergangenen Jahren in unserem Garten ihre Werke ausgestellt. Dabei merkten wir, dass unser Garten keine „bedeutungsschwere" Kunst verträgt. Die Bleikugel war zum Maßstab geworden, weil sie unspektakulär ist und doch einen Akzent setzt. Wir wählten nach und nach Kunstwerke des Bildhauers Wolfgang Frische aus, der abstrakte Tierfiguren gestaltet. Es steckt ein tiefgründiger Humor in seinen Skulpturen – vergleichbar mit den Fabeln von La Fontaine, in denen Tiere menschliche Eigenschaften zugesprochen bekommen und diese zugleich karikiert werden. Bezeichnenderweise hielt er einen dramatisch krähenden Hahn für die geeignete Bekrönung eines Torpfostens an der Einfahrt zu unserem Männerhaushalt!

Ein ganz eigenwilliges Kunstwerk hat unser langjähriger niederländischer Malerfreund Frans Smeets geschaffen, der unser Leben und die Entwicklung unseres Gartens seit zwanzig Jahren begleitet. Für die Wand des Wirtschaftsgebäudes, das die südöstliche Terrasse nach Norden begrenzt, hat er ein großes Mosaik in ausdrucksvoller Farbigkeit gestaltet. Auf den ersten Blick verbirgt sich die Tiefgründigkeit hinter einer vordergründigen Naivität. Runde, quadratische und rechteckige Elemente sind über eine Fläche von 2,20 Meter Höhe und 8 Meter Breite verteilt. Den Mittelpunkt bilden verschieden große Kreise, die durch ihre Anordnung scheinbar in Bewegung gesetzt sind. Wer genauer hinsieht, dem erschließt sich ein ganzer Kosmos mit angedeuteten Pflanzen, Tieren und Menschen. Dieses Kunstwerk ist eine Verbindung zwischen dem Innenleben des Hauses und dem Garten. Vom Esszimmer aus werden bei den wechselnden Lichtverhältnissen der Tages- und Jahreszeiten immer neue Aspekte dieses Werkes sichtbar. Mit seinem Mosaik, das auch an florale Ornamentik erinnert, hat er unser Lebensgefühl genau auf den Punkt gebracht.

09 KAPITEL / Krankheiten – Der Garten als Seismograph für die Umwelt

Seit etwa zehn Jahren sind wir mit Entwicklungen konfrontiert, die zu erheblichen Beeinträchtigungen und Veränderungen im Garten führen. Neuartige Pflanzenkrankheiten, eingeschleppte tierische Schädlinge und die aggressive Ausbreitung einiger hartnäckiger Wildpflanzen machen uns Gärtnern zunehmend zu schaffen. Fachleute aus dem Gartenbau verwiesen uns bisher immer auf Pflanzenschutzmittel, um auf die Probleme zu reagieren. Da wir aber seit fünfundzwanzig Jahren in unserem Garten keine Gifte einsetzen, scheidet dieser Weg grundsätzlich aus.

Buchs-Krankheiten

Die Krankheiten am Buchsbaum haben uns besonders betroffen gemacht, zumal wir uns mit dem Problem ziemlich allein gelassen fühlen. Eine alte Pflanze, die in beschnittener Form bereits die Atrien römischer Häuser zierte, die über Klostergärten Einzug in Bauerngärten hielt und die in den Gärten des Barock entscheidendes Gestaltungselement war, stirbt seit zehn Jahren vor sich hin! Erdgeschichtlich hat sich der Buchs, ähnlich wie die Eibe, den durch die Eiszeiten veränderten Klimabedingungen anpassen können. Eine solche Pflanzengattung, die erhebliche Bewährungsproben in der Evolutionsgeschichte bestanden hat und die seit zweitausend Jahren zur europäischen Gartenkultur gehört, ist jetzt schlagartig bedroht. Für uns, die wir den Garten als Schnittmenge der Natur betrachten, ist diese Entwicklung ein Alarmzeichen!

Im Gartenbau, der naturgemäß stark von kommerziellen Interessen geprägt ist, wurde das Problem lange Zeit klein gehalten oder sogar ignoriert. Als die Krankheiten am Buchs nicht mehr zu übersehen waren, wurde ganz schnell auf Ersatzpflanzen wie den immergrünen Strauch *Ilex crenata* aus der Gattung der Stechpalmen verwiesen, ohne dass dazu langfristige Erfahrungen vorlägen.

Tatsache ist, dass der Buchs vor allem von zwei Pilzarten bedroht wird: von *Volutella buxi* und *Cylindrocladium buxicola* (vgl. Sonderthema Krankheiten, S. 181).

Volutella buxi

Der Pilz *Volutella buxi* verursacht das Zweigsterben am Buchsbaum. Der Befall beschränkt sich in

RECHTS
Als wir feststellen mussten, dass nach dem Sommerschnitt die Buchshecken besonders schnell erkrankten, haben wir zunächst gar nicht mehr geschnitten. Den Winterschnitt haben wir eingeführt, als das Schneiden unumgänglich wurde.

unserem Garten bisher auf die Sorte 'Suffruticosa', die wir für eine kleine Einfassungshecke verwendet hatten. Im Gemüsegarten blieb uns daher nur deren Entfernung übrig (vgl. S. 127), bis auf die Buchs-Einfassung eines beschatteten Randbeetes, die bis heute nicht erkrankt ist. Die Eckpyramiden aus der Art *Buxus sempervirens* und der Sorte 'Blauer Heinz', die wir vereinzelt zwischen dem Einfassungs-Buchs gepflanzt hatten, blieben ebenfalls verschont. Dieses Phänomen haben wir auch an einer anderen Buchshecke beobachtet, die überwiegend aus der Sorte 'Blauer Heinz' und einzelnen 'Suffruticosa'-Pflanzen besteht. Die Krankheit ging nicht auf den 'Blauen Heinz' über, obwohl die erkrankten Zweige der Sorte 'Suffruticosa' in diese Pflanzen hineinragten.

Alle Theorien über Ansteckung, etwa durch Kontakt mit kontaminierten Heckenscheren, treffen unserer Meinung nach nicht zu! Dieser Pilz ist sortenspezifisch und verbreitet sich an besonnten Standorten besonders stark. Das Schneiden der Hecken im Sommer, selbst an bedeckten Tagen, beschleunigt die Erkrankung. Seit drei Jahren ex-

LINKS
Die Buchkugeln aus Buxus sempervirens *sind bisher gesund geblieben.*

TIPP

01
Fungizide können den Buchs nicht retten, Pflanzenstärkungsmittel haben aber schon Erfolge aufzuweisen.

perimentieren wir daher mit Winterschnitt in den Monaten Januar bis März, also zu einer Jahreszeit, in der die Sonneneinstrahlung nicht so intensiv und das Klima für das Pilzwachstum ungünstig ist.

Cylindrocladium buxicola

Auch der Pilz *Cylindrocladium buxicola* führt zu Blattflecken und zum Absterben ganzer Triebe, wobei zunächst wieder nur die Sorte `Suffruticosa´ betroffen war. Junge Blätter zeigten orange-braune Flecken mit einem dunklen Rand; ältere Blätter hatten braune Flecken und fielen schließlich ab.

Inzwischen ist sicher, dass Fungizide den Buchs nicht retten können, denn die Wirkung hält nur drei bis vier Wochen an. Dagegen hat der Einsatz von Pflanzenstärkungsmitteln Erfolge aufzuweisen, wie uns verschiedene Gartenbesitzer bestätigten. Auch wir setzten 2012 erstmalig ein Stärkungsmittel ein, mit dem verblüffenden Ergebnis, dass die Ausbreitung des Pilzes *Cylindrocladium* sofort gestoppt wurde.

Im Sommer 2013 zeigten erstmalig auch Pflanzen der Sorte `Blauer Heinz´ einen Befall, obwohl wir das Stärkungsmittel eingesetzt hatten. Allerdings trat ein anderes Schadbild auf: Die Pflanzen wurden nur an der Oberseite befallen – dort verfärbten sich die Blätter gleichmäßig dunkelbraun ohne erkennbare Flecken. An den Seitenflächen traten keine Schadstellen auf. Die Ausbreitung ging nur langsam vor sich und stoppte sofort, als wir das Stärkungsmittel verabreichten. Wir fühlten uns in unserer Beobachtung bestätigt, dass es einen Zusammenhang zwischen Sonneneinstrahlung und Krankheitsbefall gibt.

Auch unsere Pyramiden aus der Art *Buxus sempervirens* wurden im Jahr 2013 erstmals befallen, doch

RECHTS
Solche im Februar stark zurückgeschnittenen Hecken erholen sich wieder, allerdings braucht es dazu zwei Jahre.

GANZ RECHTS
Da es vor einigen Jahren keinen Erfahrungsaustausch über die Buchskrankheiten gab, haben wir verschiedene Möglichkeiten ausprobiert. Als ein Weg mit teilweisem Erfolg erwies sich der Winterschnitt.

das Krankheitsbild sah wiederum anders aus: Im unteren, erdnahen Bereich starben einzelne Zweige ab, die sich dunkel, ja fast schwarz, verfärbten. Verschont blieben sämtliche `Sempervirens-Büsche´, die wir in Töpfe oder Kübel gepflanzt hatten. Hier spielt das Sonnenlicht offenbar keine Rolle – vielmehr greift der Pilz wohl vom Boden aus an.

Keine Abhilfe?

Inzwischen scheint auch die Fachwelt die Erkenntnis zu teilen, dass Gifteinsatz keine Abhilfe schafft. Der Besitzer einer der größten niederländischen Baumschulen, in der sich die nationale Buchsbaum-Sammlung befindet, berichtete uns vom erfolgreichen Einsatz von Mikroorganismen, die er aus Japan bezieht. Uns erscheinen damit zu viele Unwägbarkeiten verbunden und deshalb bleiben wir lieber bei unseren Pflanzenstärkungsmitteln. Aus unseren Erfahrungen und den verschiedenen Berichten von Gartenbesuchern schließen wir, dass der Auslöser für die Buchserkrankungen in veränderten Umweltfaktoren liegt, die zu einem Ernährungsdefizit geführt haben. Aber letztlich sind wir privaten Gartenbesitzer ohne Ursachenforschung mit diesem Problem überfordert.

Noch ist die Forschung weit davon entfernt, eine Strategie zur Rettung des Buchs präsentieren zu können, da gibt es schon das nächste Problem: Der Buchsbaum-Zünsler, ein kleiner Falter aus Ostasien, der zuerst den Süden Deutschlands eroberte und sich nun langsam nach Norden ausbreitet. Noch sind wir am Niederrhein von ihm verschont geblieben, aber es scheint nur eine Frage der Zeit zu sein, bis der Zünsler auch uns erreicht. Wir haben mit Gartenbesitzern in Südhessen gesprochen, die nicht resignierten, sondern unkonventionelle Wege bei der Bekämpfung gegangen sind und die Raupen des Zünslers mit dem Staubsauger absaugten. Anschließend düngten sie die befallenen Buchsbäume, wodurch die Schäden in diesem Garten zumindest fürs Erste behoben waren.

Befall beim Gemüseanbau

Lange hegten wir die Hoffnung, der Befall am Buchsbaum trete nur periodisch auf, ähnlich wie wir es im Gemüseanbau erlebt hatten. Dort kämpften wir vor zehn Jahren mit dem Problem, dass die Spinat-Keimlinge nach kurzer Entwicklungszeit abstarben. Damals konnten wir Spinat nur noch unter einem schützenden Vlies heranziehen, das nach drei Wochen wieder entfernt werden konnte, wenn sich die ersten Blätter entwickelt hatten. Ebenso erging es uns beim Dill, dessen Anzucht früher nie besonders schwierig gewesen war. Etwas Ähnliches beobachteten wir auch beim roten Weinbergpfirsich, den wir einfach vermehrten, indem wir Kerne in den Garten warfen. Plötzlich funktionierte das nicht mehr. Zwar entwickelten sich Keimlinge, aber sie starben nach vier bis fünf Wochen wieder ab, noch ehe sie zehn Zentimeter Höhe erreicht hatten. Ebenso wie bei Spinat und Dill verfärbten sich die Blätter hellgelb und starben schließlich von der Spitze her ab.

Positive Entwicklungen

Seit drei Jahren gibt es eine Wendung zum Guten: Spinat keimt ohne Vlies, Dill gibt es durch Selbstaussaat im Überfluss und aus Pfirsichkernen wachsen wieder problemlos junge Bäume heran. An unseren Anbaumethoden hat sich nichts verändert. Einige Gartenbesitzer in unserer Region, die ihr Gemüse selbst ziehen, haben ganz ähnliche Erfahrungen gemacht. Das Erscheinungsbild dieser Krankheit könnte darauf schließen lassen, dass es sich um Wurzelfäule *(Phytium)* gehandelt habe, gegen die es kein wirksames Fungizid gibt. In diesem Fall wäre es aber um so erstaunlicher, dass ein einfaches Abdecken mit einem Vlies die Ausbreitung der Krankheit verhindert hat.

Rhododendren

An einigen unserer Rhododendren beobachten wir seit etwa zehn Jahren schwarze Knospen, die sich nicht mehr zur Blüte öffnen (Knospenbräune). Das Schadbild tritt auch hier sortenspezifisch auf, denn betroffen sind vor allem die alten Sorten `Catabiense´ und `Cunnigsham White´. Dagegen zeigen sich bei uns alle Yakushimanum-Hybride resistent. Zunächst ging die Fachwelt davon aus, dass die glänzend grüne Rhododendron-Zikade

„NOCH IST DIE FORSCHUNG WEIT DAVON ENTFERNT, EINE STRATEGIE ZUR RETTUNG DES BUCHS PRÄSENTIEREN ZU KÖNNEN."

LINKS
Solch gesunde Spinatbeete hatten wir nur noch, wenn sie in den ersten fünf Wochen nach der Aussaat mit einem Vlies abgedeckt worden sind.

den Pilz *Seifertia azaleae* bei der Eiablage überträgt. Inzwischen ist diese Theorie von Rhododendron-Kennern infrage gestellt worden, vor allem, weil die Zikade auf allen Sorten zu finden ist, die Pilzkrankheit aber nicht. Das deckt sich mit unseren eigenen Beobachtungen. Zudem haben wir den Eindruck, dass der Befall periodisch auftritt, denn in den letzten zwei Jahren sind in unserem Garten deutlich weniger schwarze Knospen festzustellen. Das Knospensterben tritt übrigens nicht nur in Deutschland auf, sondern auch in den USA, in Japan und in weiteren europäischen Ländern.

Blumen-Hartriegel

Sorgen bereitet uns zudem ein Pilz mit Namen *Discula destructiva*, der beim Blumen-Hartriegel *(Cornus florida* sowie *Cornus nuttallii)* Blattbräune und Triebsterben verursacht. Vor Jahren schon hatte die Art *Cornus nuttallii* als Erste aus dieser Gehölzgattung erkrankte Blätter und junge absterbende Triebe gezeigt. Bei unserem einzigen Exemplar beobachten wir, dass die Erkrankung nicht den ganzen etwa vier Meter hohen Strauch erfasst, aber das Erscheinungsbild nach der Blüte erheblich beeinträchtigt. Ab Juni zeigen viele Blätter kranke Blattspitzen oder Ränder. Zudem sterben einzelne neue Triebe komplett ab und müssen herausgeschnitten werden.

Die Art *Cornus florida* ist von dem Pilz noch stärker beeinträchtigt. Bei uns sind immer wieder ganze Äste abgestorben. So hat der viele Jahre alte `Cherocee Chief´ mit seinen weinroten Blüten, ehemals ein ansehnliches Gehölz, seine Form dadurch verloren. Bei einem unserer weißblühenden Blumen-Hartriegel werden in jeder Vegetationsperiode einzelne Äste krank und müssen entfernt werden. Noch halten sich Zuwachs und Erkrankung die Waage.

„NOCH HALTEN SICH ZUWACHS UND ERKRANKUNGEN DIE WAAGE.“

Thujen

Selbst Thujen werden mittlerweile von einem Pilz dahingerafft, der sogar ganze Hecken absterben lässt. Wir halten zwar die vielen, in den vergangenen fünfzehn Jahren, gepflanzten *Thuja*-Hecken nicht für eine Bereicherung der Gärten, trotzdem ist diese Krankheit besorgniserregend. Die Rheinische Landwirtschaftskammer nennt als Ursache das Zusammenwirken verschiedener Faktoren wie die hohen Niederschlagsmengen der letzten Jahre, die milden Temperaturen, strenger Schnitt, Bodenverdichtung sowie stark wechselnde Feuchtigkeitsverhältnisse im Wurzelbereich. Das deckt sich mit unseren Beobachtungen bei der Entstehung neuer Krankheiten – ergänzen möchten wir dazu noch Faktoren wie die veränderte Sonneneinstrahlung, den jahrelangen „Sauren Regen“ und den hohen Stickstoffgehalt der Luft.

Mehltau-Befall

Was wir seit Neuestem in unserem Garten beobachten: Der Befall mit Mehltau nimmt deutlich zu. Seit etwa zwei Jahren überzieht Mehltau beispielsweise die Blätter unserer Felsenbirne und verhindert damit die schöne Herbstfärbung. Im Sommer 2013 wurde auch unsere große Purpur-Magnolie *(Magnolia lilliiflora* `Nigra´) von einer aggressiven Variante des Mehltaus befallen, die sich innerhalb von vierundzwanzig Stunden ausbreitete. Zunächst dachten wir an einen Einzelfall, der sich auf unseren Garten beschränkte. Da es in den Augusttagen 2013 besonders heiß war, hielten wir die verschrumpelten und abgefallenen Blätter für ein typisches Zeichen von Wassermangel. Bei genauer Betrachtung zeigte sich aber auf den verformten Blättern ein grau-brauner Belag, der auf eine Mehltau-Variante schließen ließ. Ein Gespräch mit einem Mitarbeiter des Botanischen Gartens in Hamburg ergab, dass dort ebensolche Beobachtungen gemacht wurden. Das gleichzeitige Auftreten derselben Krankheit an Orten, die Hunderte von Kilometern entfernt liegen, ist in der jüngsten Vergangenheit schon mehrfach beobachtet worden. Fachleute, die wir dazu befragten, konnten diese Mehltau-Form nicht einordnen.

In einer kürzlich erschienenen Gartenkolumne stand zu lesen, dass ein Gartenbesitzer nach einem Rundgang durch seinen Garten nicht mehr genau wisse, ob er neue Krankheiten entdeckt habe oder Gefahr laufe, ein „Gartenhypochonder“ zu werden. Das trifft exakt unsere Empfindung: Abweichende Erscheinungsbilder in der Pflanzenwelt verunsichern uns.

Schädlinge

Neben den Virus- und Pilzerkrankungen machen eingeschleppte Schädlinge unseren Pflanzen das

Nicht alle Rhododendren werden von der Knospenbräune befallen. Die Sorte ´Germania´ (oben) und die Sorte ´Viscy´ (unten) gehören zu den resistentesten Rhododendren unseres Gartens.

Schritt / 01

Wir schneiden unsere Buxus *überwiegend in den Monaten Februar / März, um der Pilzkrankheit* Volutella *keine Angriffsstellen durch die frischen Schnittstellen zu geben. Unseren Beobachtungen zufolge breitet sich dieser Pilz nach dem Sommerschnitt besonders schnell aus.*

OBEN LINKS
Ehemals schöne Buxus *werden durch die Krankheit entstellt.*

UNTEN RECHTS
Die Erkrankung wird nicht durch Ansteckung weitergegeben, sondern ist sortenspezifisch.

Schritt / 03

Der Buxus suffruticosa *im Vordergrund ist an* Cylindrocladium *erkrankt, hat aber seinen direkten Nachbarn, einen* Buxus *'Aureo-Variegeta', nicht angesteckt – ein Beleg dafür, dass es auch resistente Sorten gibt.*

Schritt / 02

Die im Vorjahr an dem Pilz Cylindrocladium erkrankten Pflanzen werden mit einem Stärkungsmittel behandelt. Der Neuaustrieb ist kräftig und gesund. Es sieht nicht schön aus, aber wir suchen Wege, die Krankheit einzudämmen. Deshalb müssen wir experimentieren.

OBEN LINKS
Diesen unschönen Zustand ertragen wir, um neue Erfahrungen zu sammeln.

UNTEN RECHTS
Keine Katzen oder Hunde sind die Ursachen für diese Verfärbungen, sondern der Pilz.

Schritt / 04

Der Pilz Volutella scheint nach unseren Eindrücken in den letzten Jahren weniger aggressiv aufzutreten. Zurzeit gibt es nur die Möglichkeit, die erkrankten Pflanzenteile herauszuschneiden. Wir hoffen, dass diese Krankheit eine periodische Erscheinung ist.

Leben schwer. So hat die aus China stammende *Pieris*-Wanze inzwischen viele Bestände der Lavendelheide *(Pieris)* vernichtet. Unsere wenigen eigenen Büsche sind zwar bisher verschont geblieben, aber wir werden keine neuen Pflanzen mehr kaufen, obwohl sich die Lavendelheide sehr gut als Hintergrundpflanzung eignet. Mit ihrem schönen Blattgrün ergänzt sie die Sträucher-Gruppen als ideales „Unterholz", da sie auch in vollem Schatten wächst. Jetzt, da unsere Magnolien, Hartriegel und Felsenbirnen eine respektable Größe erreicht haben, aber von unten verkahlen, wäre die schwachwüchsige Lavendelheide eine ideale Ergänzung gewesen.

Nacktschnecken

Über Jahre hinweg zählten besonders die großen Nacktschnecken zu den Plagen in unserem Garten. Von Ende Mai bis in den September hinein gehörte ein abendlicher „Schneckengang" daher zum Tagesablauf dazu. Wir wendeten grausame Methoden der Vernichtung an, um nicht in das Gefühl hilfloser Resignation zu verfallen: Mit Salz bestreuen oder mit der Grillzange einsammeln und anschließend mit kochendem Wasser verbrühen. Zuletzt haben wir die Tiere einfach mit der Gartenschere durchgeschnitten.

Bei den Gartenbesuchern wurde die Schneckenplage regelmäßig thematisiert. Es hatte etwas Grausames, was da alles über Vernichtungsmethoden berichtet wurde. Zeitweilig haben wir diese Schnecken-Geschichten gesammelt, denn sie enthielten häufig eine besondere Komik. Unvergessen ist uns, wie eine elegante Dame sich immer mehr in Rage redete. Sie sammelte, mit Gummihandschuhen geschützt, die Schnecken in einer Plastiktüte: „Und dann lege ich die Tüte vor das Auto und fahre mehrmals darüber!" – Wer dann für die „Tatort-Reinigung" zuständig war, haben wir nicht mehr erfahren, aber sicherlich hat diese Methode erheblich zur emotionalen Entlastung der Gartenbesitzerin beigetragen.

Auch bei uns waren die Aktionen zur Schneckenbekämpfung von einem latenten Panik-Gefühl begleitet, denn wir konnten einfach nicht zusehen, wie die Schäden durch Schneckenfraß immer größer wurden. Lockmittel wie Schneckenkorn oder Bierfallen kamen nicht in Frage, denn die an unseren Garten angrenzende Wiese war ebenfalls voller Schnecken und hätte womöglich noch weitere in den Garten gelockt.

OBEN
Die Blüte der späten Magnolia liliiflora *'Nigra' duftet zart nach Zitrone.*

LINKS
Im Mai 2013 stand diese Magnolie in voller Blüte. Im Juli bekamen ihre Blätter innerhalb von 24 Stunden einen mehltauartigen Belag und fielen ab. Ungewiss also, was in den kommenden Jahren sein wird.

Und dann kam die überraschende Wende: Im Frühjahr 2012 gab es plötzlich keine Schnecken mehr. Mit fast verzweifelter Ausdauer hatten wir unseren „Schneckenkrieg" auch 2011 geführt, ohne dass wir im Vergleich zu den Vorjahren eine Veränderung festgestellt hätten. Während des ganzen Jahres 2012 zählten wir nur circa dreißig Schnecken. Voller Skepsis sahen wir dem nächsten Jahr entgegen und konnten im Oktober 2013 ein zweites Jahr ohne Schnecken vermelden – wir zählten kaum ein Dutzend. Unter den Pflanzkübeln hatten sich immer einzelne Schnecken versteckt – im Jahr 2013 waren sie auch dort nicht zu finden. Dabei klagten die Nachbarn ringsherum weiter über Fraßschäden, und auch in der benachbarten Wiese konnten wir die schleimigen Kriechtiere beobachten. Es ist uns etwas unheimlich, dass unser Garten nun seit zwei Jahren „schneckenfrei" ist, ohne dass die Ursache für uns erkennbar wäre. Vereinzelt berichten uns Gartenbesucher von ähnlichen Erlebnissen. Doch die Mehrzahl klagte weiterhin über die „Schneckeninvasion" im Garten. Es bleibt abzuwarten, ob die Bauchfüßer in den nächsten Jahren wieder bei uns auftreten werden, zumal wir nicht wissen, weshalb unser Garten für zwei Jahre zur „schneckenfreien Zone" geworden ist.

Wildkräuter

Zu den großen Veränderungen in unserem Garten gehört das Aufkommen von sich aggressiv ausbreitenden Wildkräutern, allen voran die Zaunwinde *(Calystegia sepium)*. Vor sieben Jahren entdeckten wir sie erstmalig in unserem Garten. Es war naheliegend, dass sie mit einem Pflanzenkauf eingeschleppt worden war. Andere Gartenbesitzer klagten ebenfalls zunehmend über diese Wildpflanze. Als wir dann mitten im Stadtzentrum von Paris im Garten des Palais Royal heftig wuchernde Zaunwinde sahen, wurde uns klar, dass es sich nicht um ein individuelles Problem handelte. Inzwischen sieht man sie immer häufiger in öffentlichen Anlagen, Privatgärten, auf den Feldern und in Wildhecken quer durch Deutschland und Europa. Die Zaunwinde gehört zwar ins Landschaftsbild Mitteleuropas, doch dass sie jetzt mit

„WIR KONNTEN EINFACH NICHT ZUSEHEN, WIE DIE SCHÄDEN DURCH SCHNECKENFRASS IMMER GRÖSSER WURDEN."

einem derart ungeheuren Eroberungswillen Gärten und Landschaft überwuchert, ist neu. Moorige Böden, wie im Ammerland, scheint sie nicht zu lieben, denn dort konnten wir sie bisher nicht ausmachen.

Ebenfalls auf dem Vormarsch befindet sich die Ackerwinde *(Convolvulus arvensis)*. Die Bekämpfung kann nur manuell erfolgen, denn selbst dort, wo man Gift spritzen würde, träfe man damit vor allem ihre Trägerpflanzen. Die Zaunwinde sitzt im Wurzelwerk anderer Gewächse, die sie dann durchrankt. Das ausgebreitete und tief in die Erde getriebene Geflecht aus zerbrechlichen, dicken weißen Wurzeln kann nie restlos entfernt werden. Also bleibt nur die stetige Entfernung dieser Ranken übrig, bevor sie die jeweilige Pflanze erstickt.

Eine neue Daueraufgabe bereitet dem Gärtner auch der Hornfrüchtige Sauerklee *(Oxalis corniculata)* mit braun-rotem Blattwerk und kleinen gelben Blüten. Bis zu sieben Zentimeter tief treibt dieses Kraut seine Pfahlwurzel in den Boden und entwickelt dann schnell eine flache, aber doch recht kompakte Pflanze, die in kurzer Zeit blüht und ihre Samen verbreitet. Sie setzt sich bei uns sowohl in Kübelpflanzen, als auch auf Kiesflächen fest, die mit dichtem Netzvlies unterlegt sind. Selbst durch dieses feine Gewebe schiebt der Klee seine Wurzeln, die dann mühselig entfernt werden müssen.

Bei uns am Niederrhein breiten sich zudem zwei Ackerwildkräuter aus der Familie der Süßgräser *(Poaceae)* aus: Das eine Kraut ist die Hühnerhirse *(Echinochloa crus-galli)*, die schnell eine Höhe von bis zu 80 Zentimetern erreicht. Sie bildet gewaltige Horste mit schweren Samenähren, die ihren aggressiven Verbreitungswillen deutlich erkennen lassen. In unserem Garten stellt diese Hirse, die wohl über Gülle verbreitet wird, kein großes Problem dar, weil wir die Jungpflanzen konsequent entfernen.

Bei dem zweiten Kraut handelt es sich um die Faden-Fingerhirse *(Digitaria ischaemum)*, die zunächst aussieht wir Gras. Sie verbreitet sich sehr schnell in den Beeten und setzt sich zwischen Stauden fest.

Wege finden

All diese Beispiele von Krankheiten, Schädlingen und sich aggressiv verbreitenden Wildkräutern bereiten uns großen Kummer. Unser Unbehagen wird noch verstärkt, weil nicht erkennbar ist, dass Ursachenforschung konsequent betrieben wird. Die bisherige Strategie, Krankheiten und Schädlinge mit der „chemischen Keule“ zu bekämpfen, greift sichtbar zu kurz. Es müssen andere Wege begangen werden, aber klar ist, dass Viren und Pilze flexibler sind als wir dachten. Sie können sich schnell verändern und dann auf andere Pflanzenarten übergehen. Man denke nur an die *Monilia*-Spitzendürre. Diese Pilzerkrankung war lange auf Sauerkirschbäume beschränkt, griff dann auf Zierkirschen über und befällt mittlerweile auch Süßkirschen und sogar Forsythien.

LINKS
Die schöne Blüte der Zaunwinde täuscht darüber hinweg, dass sie ihren Wirt erdrosseln will.

RECHTS
Die Ranken der Zaunwinde ziehen den Rittersporn nach unten, wenn sie nicht entfernt werden.

BUCHSBAUM

SCHADBILDER

ALS DIE BUCHSKRANKHEIT *VOLUTELLA* VOR MEHR ALS ZEHN JAHREN AUFTRAT, WURDE SIE LANGE IGNORIERT. ERST ALS IN GROSSEN HISTORISCHEN ANLAGEN DIE HECKEN ERKRANKTEN, ERKANNTE MAN DIE GEFAHR. DIE ZWEITE NEUE KRANKHEIT *CYLINDROCLADIUM* IST BEI UNS EINE ENTWICKLUNG DER LETZTEN SECHS JAHRE. ES GIBT ABER BIS HEUTE KEINE PUBLIZIERTE ERKENNTNIS ÜBER DIE URSACHEN DER KRANKHEITEN, DIE EINE 2000 JAHRE ALTE KULTURPFLANZE BEDROHEN

VOLUTELLA-ZWEIGSTERBEN

Der Pilz *Volutella buxi* verursacht folgendes Schadbild: Zunächst entsteht der Eindruck, eine Katze habe ihr Revier markiert. Die Blätter zeigen eine mattgrüne Färbung und vertrocknen. In der Folgezeit greift die Verfärbung auf die ganze Pflanze über, die dann komplett abstirbt. Von der ersten Erkrankung bis zum völligen Absterben können mehrere Monate oder bis zu einem Jahr vergehen. Besonders anfällig zeigte sich Buchs der Sorte `Suffruticosa´ an vollsonnigen Standorten. Dort griff der Pilz sehr aggressiv an, vor allem nach dem Formschnitt.

CYLINDROCLADIUM-TRIEBSTERBEN

Auch der Pilz *Cylindrocladium buxicola* verursacht Blattflecken und Triebsterben am Buchsbaum. Er tritt besonders im Sommer an feucht-warmen Tagen auf. Junge Blätter verfärben sich orangebraun mit einem deutlichen dunklen Rand; ältere Blätter zeigen braune Flecken und fallen schließlich ab. Der Krankheitsverlauf vollzieht sich rasant innerhalb weniger Tage, manchmal Stunden. Nachdem die erkrankten Blätter abgefallen sind, treibt der Buchs Wochen später spärliche Blätter aus. Die geschwächten Buchsbäume wurden bei uns im nächsten Frühjahr überwiegend vom Pilz *Volutella* befallen und starben ab.

LINKS
Im Winter macht sich das Fehlen der ehemals bestehenden kranken Buchshecken im Gemüsegarten schmerzlich bemerkbar. Nur die bisher resistenten Pyramiden der Art Buxus sempervirens *sind geblieben.*

RECHTS
Für die Beeteinfassung im Gemüsegarten sind 8 mm starke Eisenbänder verwendet worden. Sie können die immergrünen Buchshecken nicht ersetzen, sind aber praktisch.

10

KAPITEL

Der Boden – Grundlage allen Wachstums

In unserer Gegend war es früher ein gewohnter Anblick, wenn im Frühjahr Trecks mit Jungvieh, die hinter Pferdekarren und später hinter Traktoranhängern angebunden waren, in Richtung Rhein-Niederung zogen – auf die „saftigen Wiesen", wie es hieß. Das hatte mit den Bodenverhältnissen in unserer Gegend zu tun, denn die Wiesengräser in dem ehemaligen Heidegebiet enthielten zu wenig Nährstoffe, sodass das Jungvieh kranke Gelenke im Wachstum bekommen konnte. Man wusste Bescheid um die geringe Fruchtbarkeit des Bodens in den Kolonistendörfern. Diese Tatsache war auch uns bekannt, als wir mit unserem Garten begannen. Ansonsten haben wir über den Boden anfangs kaum nachgedacht. Er war ganz selbstverständlich da, im Gemüsegarten, im Staudenbeet oder auf den Feldern in der Nachbarschaft. Er wurde bearbeitet und brachte Ertrag. Wetter und Dünger waren die Variablen, von denen die Ernte und die Üppigkeit der Stauden und Gehölze scheinbar allein abhingen.

Viel zu beachten

Dass es beim Boden noch um viel mehr geht als nur um Bodenfruchtbarkeit – dafür öffnete uns erst unsere Mentorin die Augen. Sie verbot uns strikt den Einsatz von Radladern oder Baggern im Garten. Nur bei der Anlage der Einfahrt durfte ein Radlader eingesetzt werden (vgl. S. 151), alle anderen Erdarbeiten mussten wir per Hand mit Spaten oder Grabegabel erledigen. Erst später begriffen wir, dass die alte Dame unseren Gartenboden so vor Verdichtung bewahrt hat, die kaum wiedergutzumachen ist. Mehrfach haben wir bisher hoffnungslos verdichtete Böden gesehen, besonders wenn es sich um Lehmböden handelte. Die Folgen sind ein erschwerter Wasserabzug und Staunässe. Auch der kapillare Aufstieg aus dem Grundwasserbereich ist versperrt. In einigen Fällen haben noch nicht einmal tiefe Bohrungen Abhilfe schaffen können. Auf derart verdichteten Böden können Pflanzen nur noch sehr eingeschränkt wachsen.

Dann kam die Zeit, in der wir feststellen mussten, dass trotz unserer Vorsicht vor Bodenverdichtung nicht alle Pflanzen gesund und üppig wuchsen. Um unseren Boden mit seinen Möglichkeiten kennenzulernen, half der Blick in den Garten von Freunden. Die geringe Fruchtbarkeit unseres Bodens fiel ins Auge, wenn die gleichen Pflanzen in deren Gärten kräftig heranwuchsen, sich bei uns aber nur mäßig entwickelten. Wir konnten uns davon überzeugen, wie unterschiedlich sich zum Beispiel Lilien entwickelten, obwohl sie vom gleichen Züchter stammten. Bei uns erreichten sie nur knapp einen Meter und hatten so dünne Stängel, dass sie angebunden werden mussten. Im Garten der Freunde wuchsen aus den Zwiebeln fast zwei Meter hohe Stiele, die daumendick waren. Andere Pflanzen gediehen wiederum bei uns prächtig, dort aber nicht.

TIPP

01
Seien Sie vorsichtig beim Einsatz von Radladern oder Baggern. Lieber nehmen Sie den Spaten in die Hand.

LINKS
Wir schenken der Erde unseres Gartens große Aufmerksamkeit. Sie ist die Grundlage für langfristigen gärtnerischen Erfolg.

Bodenarten

Da Stauden und Gehölze über Jahre am selben Standort stehen, brauchen sie die ihnen gemäßen Bodenverhältnisse. Damit sind die passenden Bodenarten gemeint, angefangen von den leichten Sand-, über Lehm- bis zu den schweren Tonböden. Dazwischen liegt ein ganzes Spektrum verschiedener Bodenformen, wie etwa torfiger Moorboden. Unvergessen ist uns ein Besuch in einem Garten im Ammerland. Dort präsentierte die Besitzerin den Besuchern in sechs Schälchen die verschiedenen Bodenarten ihres Gartens. Die Grundmoräne der letzten Eiszeit hatte auf kleinstem Raum diese unterschiedlichen Böden geschaffen.

Und für all diese Bodenarten hält die Natur eine spezifische Pflanzenwelt bereit, wobei es auch

Überschneidungen gibt. Der Purpurdost *(Eupatorium fistulosum* 'Atropurpureum') wuchert bei uns zum Beispiel an einem ausgesprochen trockenen Platz, obwohl er sonst eigentlich feuchte Standorte bevorzugt. Wahrscheinlich liegt es daran, weil wir an dieser Stelle eine Bodensenke mit einer fast ein Meter starken Kompostschicht ausgeglichen haben. Die Pflanzenwelt ist voller überraschender Ausnahmen, weil sich viele Stauden mit verschiedenen Bodenstrukturen arrangieren können. Zudem spielt häufig der pH-Wert des Bodens eine entscheidende Rolle, der darüber Aufschluss gibt, welche Pflanzen im jeweiligen Boden wurzeln können. Ein Sandboden kann kalkhaltig oder eher sauer sein, so wie in unserem Garten. Dort liegt der pH-Wert bei 5,7, also deutlich unter dem Mittelwert von 6,5 bis 7. Daher wachsen Rhododendren bei uns auf sandigem Boden, obwohl sie sonst eigentlich Moorböden bevorzugen.

Natürliche Selektion

Bis wir um diese Sachverhalte wussten, hatten wir vor allem Pflanzen gekauft, die uns gefielen. Es fand dann eine „natürliche" Selektion statt: Pflanzen, die mit unseren Bodenverhältnissen nicht zurecht kamen, gingen ein. Also lernten wir, mit Gewächsen den Garten zu gestalten, denen die Bedingungen bei uns zusagten. Nur fanden wir uns nicht einfach mit den Gegebenheiten ab. Vom Gemüsegarten her wussten wir, dass durch Bodenbearbeitung die Möglichkeiten zwar nicht grundsätzlich verändert, aber erweitert werden können. Dort haben wir von Anfang an Kuhmist, Hornspäne und -mehl, Urgesteinsmehl sowie Kalk zur Düngung und Bodenverbesserung eingesetzt. Bei Stauden, wie den hochgezüchteten Bart-Iris, erreichten wir mit Knochen- und Blutmehl einen guten Blütenansatz. Für die Narzissen verwenden wir nach wie vor einen stickstoffreduzierten Volldünger; Rosen und Rhododendren erhalten Spezialdünger. Doch mit der Zeit hat es sich gezeigt, dass Düngung allein nicht ausreicht, um die Defizite unseres Bodens auszugleichen.

Ausgleich schaffen

Nur im Gemüsegarten können wir durch Bodenbearbeitung und Düngung für die kurze Zeit, die Gemüsepflanzen bis zur Erntereife brauchen, einen Ausgleich schaffen. Dazu gehört auch die Bodenverbesserung mit Kompost, den wir grundsätzlich zwei Jahre lang lagern (vgl. S. 78). In einem 4000 Quadratmeter großen Garten fallen gewaltige Mengen Biomasse an, die wir aufschichten und dazu regelmäßig Brandkalk geben. Im zweiten Jahr wird der Kompost mit Kürbis bepflanzt und im folgenden Winterhalbjahr gesiebt und verteilt. Entgegen allen einschlägigen Empfehlungen haben wir die Erfahrung gemacht, dass sich die Wurzeln des Giersch rückstandslos kompostieren lassen. Diese Komposterde tragen wir vor allem im Gemüsegarten auf, aber auch immer wieder in anderen Gartenbereichen.

Ständige Bodenerneuerung ergibt sich bei uns aus der Art der Tulpenpflanzung – wir pflanzen jährlich bis zu 5000 Tulpenzwiebeln in Plastiktöpfen (vgl. S. 50). Die Erde dafür stammt aus dem Gemüsegarten im Herbst. Wenn im nächsten Jahr die neue Generation Tulpen gepflanzt wird, leeren wir die vorjährigen Töpfe in den jeweiligen Gartenbereichen aus. Das machen wir jetzt seit fünfzehn Jahren. Die Erde wird verteilt und eingearbeitet, die Oberfläche gelockert und damit das Pflanzenwachstum gefördert. Es ist ein bisschen wie in der alten Ballade vom Weinberg, den der sterbende Vater an seine Söhne mit dem Hinweis vererbt, dass dort ein Schatz lagert. Die Söhne graben und suchen danach, und die Bodenbearbeitung führt dann zu reicher Ernte und damit zu einem tatsächlichen Schatz. Vielleicht ist dies ein alter Beitrag zur positiven Wirkung der Bodenbearbeitung!

TIPP

02
Der pH-Wert des Bodens spielt eine wichtige Rolle beim Anbau, denn er gibt Aufschluss, welche Pflanzen im jeweiligen Boden wurzeln können.

„DIE PFLANZENWELT IST VOLLER ÜBERRASCHENDER AUSNAHMEN, WEIL SICH VIELE STAUDEN MIT VERSCHIEDENEN BODENSTRUKTUREN ARRANGIEREN KÖNNEN."

OBEN
Unser Kompost wird zwei Jahre gelagert und vor der Verwendung gesiebt. Auf diese Weise sondern wir die noch nicht vergangenen Holzteile und die Steine heraus.

Ständige Optimierung

Bodenverbesserung, Bodenbearbeitung und Düngung sind unsere Methoden, um die Bedingungen für das Pflanzenwachstum zu verbessern. Die ständige Optimierung der Verhältnisse ist unser Beitrag zum Gedeihen im Garten, so wie er sich im Laufe der Zeit präsentiert. Natürlich ist bei anderen Bodenqualitäten wie etwa bei Lößböden, eine breitere Pflanzenauswahl möglich. Doch viele Neuzüchtungen, bei denen die genetischen Bedingungen verändert wurden, kommen auch mit unseren Bodenverhältnissen zurecht, sodass es immer wieder neue Möglichkeiten in der Gartengestaltung gibt.

Im Laufe der Jahre haben wir eine Sensibilität für den Boden entwickelt. Gleichzeitig stieg damit die Lust, immer wieder auszuprobieren, welches Potenzial noch in unserem Garten steckt. Dabei muss jeder Gärtner seine eigenen Erfahrungen sammeln. Staudengärtner wären überfordert, zu jeder Pflanzenart die detaillierten Bodenansprüche zu nennen. Außerdem sind Überraschungen immer möglich, wenn etwa Züchtungen der Sibirischen Schwertlilie, die ursprünglich Wiesen- oder Sumpfiris hieß, bei uns an besonders trockenen Standorten wachsen und üppig blühen. Das ist ja gerade das Reizvolle am Gärtnern, immer wieder Neues auszuprobieren und zu beobachten, welche Vielfalt der vorhandene Boden zulässt.

In der industriellen Landwirtschaft ist der Boden längst zur reinen Produktionsfläche degradiert worden. Genaue Bodenanalysen machen eine gezielte Düngung der Monokulturen möglich. Es zählt nur, was der Boden im Augenblick hergibt. Wie lange solche intensive Ertragswirtschaft möglich ist, wird sich noch zeigen müssen. Langfristige Erfahrungen mit dieser Art der Landwirtschaft gibt es nicht.

Grundlage allen Wachstums

Wir Gärtner erleben die Erde anders: als Grundlage für das Pflanzenwachstum und die Gartengestaltung. Bodenanalysen geben nur einen groben Rahmen vor, etwa beim pH-Wert. Innerhalb dieses Rahmens sind viele Experimente möglich. Der Boden bleibt jedoch immer die in Jahrtausenden gewachsene Grundlage für alle unsere Bemühungen, der „Urgrund“, in dem der überwiegende Teil der Nahrungskette beginnt. Unsere Grundnahrungsmittel wie Getreide, Früchte und Gemüse sowie Tierfutter haben in ihm ihre Wurzeln. Wir gehen sachlich, aber respektvoll mit der Erde um, wie es früher gute bäuerliche Praxis war.

Der biblische Schöpfungsmythos erzählt von der Erschaffung des Menschen aus einem Lehmklumpen. Dass dies kein naturwissenschaftlicher Bericht ist, muss nicht extra erwähnt werden. Aber der alte Mythos zeigt die Verbundenheit des Menschen mit dem Boden und der Erde, auf der wir leben.

Bezugsquellen und Adressen

BAUMSCHULEN

Baumschule Bollwerk
Münsterdeich 22
46419 Isselburg
Tel. 02874-2183
www.baumschule-bollwerk.de

Baumschule Esveld
Rijneveld 72
NL-2771 XS Boskoop
Tel. 0031-172213289
www.esveld.nl

Baumschule Kretschmer
Inh. H.-P. Erkes
Eycksche Str. 4
47574 Goch-Pfalzdorf
Tel. 02823-5980
www.baumschulen-kretschmer.de

BLUMENZWIEBELN

Küpper Blumenzwiebeln
& Saaten GmbH
Hessenring 22
37269 Eschwege
Tel. 05651-80050
www.kuepper-bulbs.de

Horst Gewiehs GmbH
Italienischer Weg 1
37287 Wehretal
Tel. 05651-336249
www.gewiehs-blumenzwiebeln.de

IRIS UND HEMEROCALLIS

Staudengärtnerei
Gräfin von Zeppelin
Weinstr. 2
79295 Sulzburg-Laufen
Tel. 07634-69716
www.staudengaertnerei.com

Iris Cayeux
Postfach 2458
36243 Niederaula
Tel. 0800-1808996
www.iris-cayeux.com

KUNST IM GARTEN

Wolfgang Frische
Waldstr. 54
47551 Bedburg-Hau
www.wolfgangfrische.com

Atelier
Holger Hülsmeyer
Bürenbruch 23
58239 Schwerte
www.atelierholgerhülsmeyer.vpweb.de

Keramikvase auf dem Titelbild:
Jean-Jacques Fabre
Atelier de Poterie
La Confrérie, Rte. De Mirepoix
F-11270 Fanjeux
www.planters-contact-provence.fr

PAEONIEN

Pfingstrosen-Paradies
Stephan Tetzlaff
Kleinenbroicher Str. 85
41352 Korschenbroich
Tel. 02161-465499
www.pfingstrosen-paradies.de

ROSEN

W. Kordes' Söhne
Rosenstr. 54
25365 Klein Offenseth-Sparrieshoop
Tel. 04121-48700
www.kordes-rosen.com

Keltjens
(mehr als 1000 Sorten im Angebot!)
Grubbenvorsterweg 26
NL-5973 NB Lottum
Tel.0031-774631674
www.tuincentrumlottum.nl

Vierländer Rosenhof
Kirchwerder Hausdeich 182
21037 Hamburg
Tel. 040-72370763
www.vierlaender-rosenhof.de

STAUDEN

Staudengärtnerei
Dieter Gaissmayer
Jungviehweide 3
89257 Illertissen
Tel. 0703-7258
www.staudengaissmayer.de

Staudengärtnerei
Helmut Stade
Beckenstrang 24
46325 Borken-Marbeck
Tel. 02861-2604
www.stauden-stade.de

Kwekerij De Hessenhof
Hessenweg 41
NL-6718 TC Ede
Tel. 0031-318617334
www.hessenhof.nl

oder Reichtum,
Gärtnern ist ein
Lebensstil.

Dank

Zur Entstehung des Buches haben viele Personen beigetragen. Ein ganz besonderer Dank gilt Marion Nickig, die über vier Jahre hinweg unseren Garten in seinen besten Momenten im Bild festgehalten hat. Sie ist nicht nur eine hervorragende Fotografin, sondern auch eine ausgezeichnete Kennerin der Garten- und Pflanzenwelt, sodass sie bei besonderen Fragen einen Kontakt zu Fachleuten herstellen konnte. Deshalb gilt ein weiterer Dank der Rosenexpertin Eilika Vemmer und Hans-Peter Eickmann von den Dortmunder Staudenfreunden, die unsere Fragen mit ihren jeweiligen Fachkenntnissen beantwortet haben.

Danken möchten wir auch Frau Dr. Marcella Prior-Callwey für ihr Engagement. Sie ist für einen Sommertag aus der bayerischen Metropole an den Niederrhein gekommen, um das entscheidende Gespräch zu führen. Mit dem gleichen Engagement hat auch ihr Verlagsteam an der Produktion dieses Buches gearbeitet.

Die Zusammenarbeit mit der Lektorin Konstanze Neubauer war von einem ebenso witzigen wie konstruktiven Dialog begleitet – Dank dafür.

Manfred Lucenz & Klaus Bender
Schneppenbaum, im Frühjahr 2014